새로운 학교의 탄생

미래형 공교육 해밀교육마을의 학교자치 이야기

새로운 학교의 탄생

미래형 공교육 배말교육마을의
학교자치 이야기

유우석 외 23명 지음

도서출판
수류화개

들을수록 기분이 좋아집니다
"저 해밀에 다녀요"
《새로운 학교의 탄생》 발간을 축하하며

세종특별자치시교육감 최교진

고대문명부터 학교는 있었다. 중세와 근대를 거쳐 지금의 현대적인 학교에 이르기까지 상당한 변화를 거쳤다. 해밀초등학교의 학교 자치 이야기를 접하면서 학교의 역사를 떠올린 것은 책의 제목이 《새로운 학교의 탄생》이기 때문이다. 학교 앞에 '새로운'이라는 수식어가 주는 궁금증도 있었지만 '탄생'이라는 말에 관심이 쏠렸다. 어떤 자신감에서 '새로운'과 '탄생'을 썼는지 궁금하여 단숨에 읽어가며 동안 여러 번 고개를 끄덕였다.

교육감으로서 해밀초등학교의 설립과 운영과정 그리고 구성원들의 노력을 꾸준히 지켜보면서, 새로운 학교·특별한 학교에 대한 기대감이 컸다. 개교 4년 차 짧은 역사를 가진 해밀초는 그동안 다양한 도전과 실험을 시도했다. 4살짜리 어린아이를 상상해 보자. 아이는 항상 뛴다. 호기심이 있는 곳으로 달려간다. 관심 있는 것들을 만지고 물어뜯는다. 사물을 받아들이는 아이의 성장 과정이다. 그 과정에서 넘어지고 다치기도 한다. 해밀초의 4년은 4살짜리 어린아이의 습성처럼 그렇게 달려왔고, 어느새 보폭은 넓어졌으며 걸음걸이는 단단해졌다. 《새로운 학교의 탄생》은 그 과정을 고스란히 담고 있다.

학교는 배우고 가르치는 곳이다. 다만 무엇을 가르치고 어떻게 배울 것인지 생각하고, 학교가 상호작용하는 공간이라는 의미를 깊게 고민한다면 지식의 전달과 습득이라는 단순함을 넘어설 수 있을 것이다.

해밀초는 학교 구성원들을 공동체로 여기고, 구성원들은 스스로 공동체의 주인임을 자임한다. 전문적학습공동체의 형태로 운영되는 해밀의 작은공동체는 교직원자치, 학생자치, 학부모자치, 그리고 마을과의 연대기구 구성을 통해 아이들의 성장을 돕는다.

학생들의 성장은 연속적으로 이루어지는 데 반해 우리의 교육은 1년 단위의 학년제와 담임제로 단절되어 운영된다. 이에 해밀초는 성장의 연속성을 보장하기 위해 2009 개정교육과정에서 제시한 2년간의 학년군 교육과정을 현실화시켰다.

해밀초는 학교의 교육과정을 '햇살교육'이라 부른다. 햇살교육은 저마다 성장하면 모두가 특별해진다는 가치를 갖고, 한 아이의 성장을 다양한 곳에서 많은 사람들이 살피고 지원한다. 햇살교육은 마을과 이어지는 징검다리 프로젝트를 통해 1·2학년군, 3·4학년군, 5·6학년군이 서로 유기적으로 연계될 수 있도록 하고, 학년군의 특성을 반영해 마을과 끈끈한 관계를 맺게 했다.

　기초학력 보장을 위해서 담임선생님 혼자만이 아니라 해밀의 어른들이 함께 지원하고 참여했다. 아이의 성장을 위해 학급 내 지원, 학교 안 지원, 학교 밖 지원 등 3단계로 대응한 것도 눈여겨볼 대목이다

　우리 학생들이 민주시민으로 성장하도록 도와주는 일도 교육과정에서 대단히 중요하다. 해밀의 학생자치는 공동체의 한 사람으로서 생각하고 참여하는 기회를 스스로 만들 수 있도록 했다. 새로운 학교의 탄생이 시민의 탄생으로 이어지는 과정이다.

　초등학생들도 마을 사업을 제안할 수 있는 구조, 그것은 자율과 책임을 몸으로 익히는 것과 함께 모두가 마을의 주인이라는 의식을 심어준다. 해밀의 아이들은 공중화장실에 전등이 필요하다는 의견부터 거리의 쓰레기 줍기까지 스스로 기획하고 추진한다. 또한 무분별하게 놓여있는 킥보드와 자전거를 치우자는 캠페인을 벌이며, 필요한 거치대를 더 설치해달라고 동장이나 시의원에게 건의하는 것도 자연스럽다. 아이들은 주민총회를 지켜보면서 의견을 낼 수도 있다. 학습과 실천의 경험이 모아진 결과이다.

　학부모를 중심으로 학교 안에 사회적협동조합을 만든 일은 학교의 역할을 확장시킨 '새로운 탄생'이라고 불러도 손색이 없을 것이다. 해밀학교사회적협동조합은 학교 안에 있는 별개의 사업체이지만, 학교라는 지붕 아래 학부모회를 비롯해 학교 구성원 모두와 연대하고 협력한다는 점에서 또 다른 가르침과 배움이라고 할 수 있다.

　해밀교육의 유기적 연계성은 해밀유치원, 초등학교, 중학교, 고등학교의 여러 구성원이 참여하는 해밀교육협의회의 운영을 통해 확인할

수 있다. 협의회에서는 해밀학교 교육과정을 공유하고 학사일정을 조정하고, 마을축제를 공동개최하면서 마을의 공간을 학습공간으로 확장시키는 노력을 아끼지 않았다.

코로나19라는 상황을 겪으면서 해밀초의 구성원들은 학교라는 공간을 다시 한번 돌아보았다. 반성하고 성찰하면서 학교의 역할을 진지하게 자문했다. 처음에는 자신에게 물었고, 다음에는 동료 선생님에게 묻고 교직원이 함께 답을 찾아갔다. 학생과 학부모 그리고 마을과 함께 참여하고 나누면서 '새로운 학교의 탄생'을 이끌어 낸 것이다.

해밀의 교육은 한마디로 상호부조의 성격을 띠고 있다. 상호부조는 집단의 공동체가 행동을 통해 문제를 해결하는 참여적 성격을 지닌다는 점에서, 위기의 시대를 타개하는 중요한 실천이다. 감염병 시대에 교육은 위기를 겪었고, 저출산 고령화 시대를 맞아 우리 교육은 더 큰 위기의 파도를 넘어야 한다. 이러한 상황에서 해밀의 상호부조 교육은 많은 것을 시사한다.

아직 '탄생'이라는 말을 부르기에는 시기상조일 수 있을 것이다. 하지만 과정 하나하나에 진심을 담고, 교육의 주체가 함께 교육과정을 운영하고 참여했기 때문에, 해밀의 시도는 이미 새로운 학교의 모델로 충분하다. 아울러 이 책은 해밀초의 모델을 뛰어넘으라고 우리에게 주는 과제이기도 하다.

"저 해밀에 다녀요." 이런 말을 자신있게 하는 아이들의 꿈과 행복을 위해, 새로운 학교와 모두가 특별해지는 교육에 대한 문답은 계속 이어져야 할 것이다.

IV

내용을 담다 〈마을로, 세계로〉

V

함께 모여 햇살이 되다 〈해밀의 사람들〉

VI

학교, 아름다움을 꿈꾸는 곳

I

새로운 학교를 꿈꾸며
- 유우석

1.
오래된
질문

미래. 분명 설레는 말이다. 하지만 현재는 과거의 미래였듯 미래라는 말은 상대적일 뿐, 현재와 별개의 딴 세상도, 그렇게 '설렐'만한 일도 아니다. 과거, 현재 그리고 미래를 구분 짓는 것은 어렵다. 일련의 과정이고 연장선이기 때문이다.

그럼에도 우리는 미래를 현재와 다른 '절대적인 말'로 받아들인다. 지금과 다른, 지금보다 더 나을 것이라는 기대를 품기 때문이다.

이러한 미래에 대해 다시 생각하게 되는 사건이 있었다. 코로나19 팬데믹이었다. 특히 우리 학교는 2020년 9월에 개교한 만큼 코로나19의 한복판에서 학교를 열었다. 코로나19의 상황을 어떻게 맞이할 것인가, 그 안에서 앞으로 비전을 어떻게 만들어갈 것인가라는 두 가지 과제를 안고 있었다. 분명 코로나19는 우리 삶의 많은 부분을 바꿔 놓았다. 하지만 코로나19로 인해 미래가 바뀐 것은 아니다. 미래가 좀 더 일찍 열렸을 뿐이다.

오래전부터 '홍익인간', '전인교육', '존엄성', '동등한 교육'을 끊임없이 주장해 왔다. 알고 보면 같은 말이다. 지금까지 지향해야 할 지점이라고 여기고 조금씩 나아갔지만, 여전히 그 지향점에 대한 공백은 많다. 그 공백을 찾아 메우는 것이 곧 미래 교육이고 '새로운 학교'인 것이다.

해밀초는 코로나19라는 시대적 사건을 정면으로 맞닥뜨리며 개교했다. 우연과 필연으로 만난 사람들이 어쩌면 자의든 타의든 '새로운 학교'라는 무게를 지고 있었다.

2.
코로나19가
남긴 것은?

2020년 2월 22일 토요일, 세종시에 코로나19 첫 확진자가 발생했다. 정확하게는 첫 확진 판정을 받은 것이다. 국내 첫 확진자가 발생한 지 한 달쯤 지났을 때였다. 비로소 정체를 알 수 없는 감염병이 우리 가까이 있다는 것을 실감하였다. 주변은 순식간에 얼어붙었다. 번잡하던 상가 주변에 사람이 보이지 않았다. 간혹 지나가는 사람은 발소리조차 나지 않게 걸었다.

유례없는 일이 계속되었다. 3월 개학 연기, 온라인 개학, 원격수업, 등교 수업, 전면등교, 방역, 거리두기라는 용어가 일상적으로 사용되었다. 무엇보다 전 세계 사람들이 하나로 되는 상징이 '마스크'가 되었다는 사실은 믿기 어려웠다. 그러나 현실이었다. 약국에는 '마스크'를 사기 위해 긴 줄을 서는 사람들이 있었고, 텔레비전의 큰 뉴스는 확진자의 동선이었다. 확진자의 동선은 분 단위로 공개되었다. 감염으로부터 안전이 무엇보다 최우선이었다. 선진국이라고 불리는 나라들이 맥없이 무너졌다. 마스크가 없어 난리였고, 코로나19로 인한 사망자조차 제대로 처리하지 못했다. 세상을 움직이는 것은 코로나19였다. 코로나19는 온 세계를 번쩍 들어 올려 새로운 세상에 내려놓았다.

지침을 해석하라

3월을 맞이했지만 개학이 연기되고, 입학식도 연기되었다. '개학'을 하는 것은 말도 안 되는 상황이었다. 온 나라가 불안과 공포였다. 학교는 새 학기가 시작되었는지 아직 방학인지 구분이 되지 않았다.

1학년 담임 선생님은 입학식을 준비하다 멈췄다. 무슨 일을 할 때마다 방역에 대한 논의로 들어가면 끝이 없었다. 회의를 거듭하다 보면 제자리에서 앞으로 나아가질 못하고 뱅뱅 돌았다. 아무리 새로운 제안도 방역의 문턱을 넘지 못했다.

방역과 교육, 끝없는 도로를 두고 마주한 가로수 같았다. 마주한 가로수 사이에는 수많은 의문부호가 가득했다. 안전과 등교는 영원히 만날 수 없을 것 같았다. 아이들이 과연 '거리두기'가 가능한가? 하루 종일 마스크를 쓰는 일이 가능한가? 콧물을 흘리는 아이에게 '코로나!'라고 놀리지 않을까? 점심시간에 동선이 겹치는데? 숟가락은 어떻게 나눠주지? 문제는 이러한 의문을 아무도 대답해 줄 수 없다는 것이다.

학교는 교육청의 지침을 기다렸다. 온라인 개학, 수업, 등교, 순차 등교 등 상황이 수시로 바뀔 때마다 그에 맞는 지침을 기다렸다. 혹은 교장 선생님의 뜻(?)을 기다린다는 학교도 있었다. 분명 교장 선생님도 더 구체적인 지침을 기다리고 있었을 것이다.

상황이 바뀔 때마다 완벽한 지침을 내려달라고 했지만, 실제로 더 완벽한 답을 기다리는 것은 아니었다. 완벽한 방역이 있을 수 없다는 것은 누구나 아는 사실이었기 때문이다.

코로나19 상황에 따라 표준화된 기준을 적용하는 것이 불가능했다. 똑같은 확산세에도 어떨 때는 '집콕'을 주장하는 목소리가, 어떨 때는

'그래도 등교'를 주장하는 목소리가 컸다. 코로나19의 실체를 경험하면서 대처 방식도 조금씩 달라졌고, 오랜 기간 누적된 피로감도 있었기 때문이다. 이러한 과정을 겪는 내내 방역과 교육은 끝없이 흔들렸다.

지침 속 똑같은 문장을 두고 그것을 해석하는 범위는 각자 달랐다. 알고 보면 권한의 문제였고 책임의 문제였다. 학교는 권한을 사용해 본 적도 책임을 져 본 일도 없었다.

체크리스트의 배신

코로나19 상황 속에서 우여곡절 끝에 등교가 결정되었다. 등교 수업 안내 공문이 내려왔다. 종합판은 수십 쪽을 가뿐히 넘길 정도로 두꺼웠다. 교육청의 대응팀 체계, 학교와의 소통, 학교 방역 시 챙겨야 할 것, 출결, 비상 상황 발생 시 대처 요령 등 잘 정돈되어 있고, 문서의 가장 뒤쪽에는 체크리스트가 있었다.

체크리스트는 챙길 것을 표로 만들고 담당자를 지정하는 형식이다. 이 체크리스트를 챙기는 것은 일반적이고 오랜 관행이다. 학교는 체크리스트에 'O' 표를 하기 위해 애쓴다. 상급 기관에서 점검할 때도 보낸 체크리스트를 확인한다. 지금껏 학교는 그런 구조였다. 관리를 잘하는 관리자에게 체크리스는 매우 중요한 지침의 핵심이었다.

그러나 체크리스트로 해결되지 않는 상황이 발생한 것이다. 학생 수, 학교 건물의 모양, 급식 먹기 위해 가는 길, 급식실의 의자 수 등 조건 하나하나가 중요 변수가 되었고, 이는 촘촘한 체크리스트로 만들 수 없다. 더 정확하게 말하면 각 학교의 상황을 반영한 체크리스트가 필요했다.

어느 공동체가 할 일을 찾고, 그 할 일을 목록화하는 것은 권장할 만한 일이나 지금까지 '체크리스트'는 점검과 관리의 도구, 책임을 회피하는 도구로 활용된 것이다. 본연의 의미를 상실한, 곧 목적성을 잃은 체크리스트는 그 역할을 잃은 것이다. 물론 그 공동체가 스스로 할 일을 찾을 수 있을 때 체크리스트가 그 목적성을 회복(?)하는 날이 올 것이다.

학교는 어디에 있었을까?

2020년 1학기 동안 등교한 날이 채 열흘이 되지 않는다는 수도권에서 전학 온 아이. 수학 특정 단원을 잘 이해하지 못해 확인해 봤더니 전체 단원을 원격수업으로 진행하여 수업을 소홀히 했다는 아이. 평소 꼬박꼬박 시간을 잘 챙기던 아이가 어느 순간 일상이 흐트러졌다는 아이. 학교에 가는 것보다 원격수업이 더 좋아 오히려 코로나19 상황을 더 반기는 아이. 채 1년이 걸리지 않았다. 어느 기자의 말처럼 위급하고 당황스러운 2020년, 어쩔 수 없는 선택이었지만 그로 인한 빚은 백 년은 갈 것이다. 코로나19 상황에서 학교의 맨얼굴도 보게 되었다. 아이들에게 '자기 주도적 학습'을 내세웠지만 정작 학교는 그렇지 못했고, '우리 학교만의 특색 사업' 등 학교가 저마다의 색깔을 가지고 있다고 말하고 있었지만 새로운 상황에서 저마다의 색깔(?)은 아무 소용없었다. 다름을 말했지만 실제 학교의 모습은 별반 차이가 없었다.

3월 개학의 연기, 체크만 해도 출석 인정, 영상 수업 등 코로나19로 인해 변하지 않을 것만 같던 것들이 너무나 자연스럽게 깨지고 있었다. 우리가 '교육적'이라고 하는 것의 정체는 무엇이었을까?

새로운 상황에서 사각지대는 드러난다. 어려운 상황일수록 새로운 상황에 잘 적응하지 못하기 때문이다. 그동안 학교는 위기에 잘 적응하고 있는가? 혹은 여전히 사각지대인가? 학교는 이제 어떤 역할을 해야 할까? 또 교사의 역할은? 오래된 질문이다. 이 질문에 대한 답이 새로운 학교의 모습이 아닐까?

3.
학교장이 걸어온
햇살교육길

1) 2020, 해밀 길을 그리다

새로운 공간에서 펼쳐지는 새로운 학교

2020년 9월 1일 해밀초 개교, 9월 29일 새 아파트 단지 입주 시작·개교와 입주 사이에는 한 달 정도의 차이가 있었다. 9월 한 달 동안 주말이면 입주를 앞둔 학부모가 아이와 함께 학교를 둘러보러 오는 경우가 많았다.

'아예 공식적으로 안내하여 만나자.'

일과가 끝날 때, 퇴근 후 그리고

〈 '학교 설명회' 안내 포스터 〉

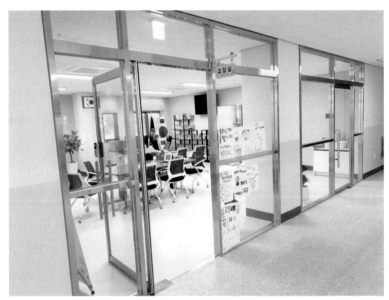

〈 교장실 〉

주말에 '학교 초대의 날'이라는 자리를 마련하여 참석 가능한 예비 학부모의 신청을 받았다.

"불편하지 않으세요?"

학교 초대의 날에 참석한 학부모님들의 첫 반응은 교장실에서 먼저 나온다. 해밀초의 교장실, 교무실, 행정실, 연구실, 협의회실 등 주요 관리실은 통유리로 되어 있어 안이 훤히 보인다. 더군다나 교장실은 학교를 출입하는 사람들이 가장 먼저 시선이 닿는 곳에 있다.

상담을 요청하는 사람도 있을 수 있으니 그때를 대비해서 가림막이 필요하다라는 의견도 있었다. 상담을 하더라도 '원래 그런 곳'이 된다면 오히려 문제가 없을 것이기 때문이다. '원래 그런 곳'은 상담을 할 수도 있고, 업무 논의를 할 수도 있고, 해밀교육공동체라면 학생, 학부모, 교직원뿐만 아니라 관련 있는 누구든 와서 논의할 수 있는 곳이어야 한다. 교장실 맞은편에는 도서실이 보인다. 도서실은 1층 중앙에 위치하여 상징적인 공간이라고 할 수 있다. 도서실에서 마주하는 야외 정원으로 펼쳐지는 전경은 실내와 실외, 건물과 자연으로 이어지는 이야기가 펼쳐지는 공간이다.

아이들이 주로 생활하는 공간, 교실도 눈여겨볼 만하다. 무엇보다 가장 높은 곳이 3층이지만, 2층 데크가 주무대이다. 거의 1층 아니면 2층 건물이기 때문에 드나듦이 자유로운 것이 첫 번째 장점이고, 아이들의 연령에 맞는 디자인, 호기심을 자극하는 복도 및 교실 공간의 구성도 이색적이다. SNS에서 '요즘 학교 초등학교 시설 수준'이라는 제목으로 베스트 글에 오른 적도 있다.

그중에 가장 이목을 끄는 교실은 1·2학년 교실이다. 1·2학년은 유치원을 수료하고 온 아이들의 수준에 맞춰 설계했다. 1학년은 교실 바닥 난방, 교실 내 수도 시설, 따뜻한 색깔의 인테리어, 야외 활동 중에 이용할 수 있는 화장실이 있고, 2학년은 한옥 처마 같은 천장, 제법 널찍한 2층 다락방이 교실에 있다.

〈 2학년 다락방 교실 〉

〈 도서관 정원 〉

2학년 교실에서 폴딩도어를 열고 나오면 2층 데크가 나온다. 최근 아이들에게 이름을 공모하여 '해밀이 놀이터'라는 새로운 이름도 얻었다. 옥상 같기도 하지만 운동장 역할을 하기도 한다. 해밀이 놀이터는 말 그대로 그 자체로 놀이공간이다. 짧은 쉬는 시간에도 쉽게 내려와 놀다 갈 수 있는 곳이다. 덕분에 언제든 하늘을 쳐다볼 수 있는 공간이 마련된 셈이다.

해밀초의 신선한 물리적인 공간은 새로운 교육에 대한 기대로 만들어진 것이다. 지금의 고도화된 지식정보화 시대에서는 '똑같음'보다 '다름'을 인정하는 수준을 넘어 오히려 '다름'이 더 추구해야 하는 가치가 되었다. 한 명 한 명이 스스로 소중한 존재로 인식하고 타인을 존중하는 시대, 말 그대로 '모두가 주인공'인 시대가 되었다.

'모두를 위한 교육', '한 아이도 놓치지 않겠다.'라는 말이 구호로서 머물지 않는 어느 열정 있는 교사만으로 그치지 않는 '시스템'으로 작동할 때가 되었고, 그것을 실현하기에 해밀학구는 매우 매력적이다.

표준화 교육을 넘어 개별화교육으로

초등학교 6학년 해밀이의 월요일 일상을 상상하며

해밀이는 해밀초등학교 6학년이다. 월요일인 오늘은 수업이 총 6시간이며, 오전에는 수학 2시간, 사회 2시간이 있고, 오후에는 '지구별 원정대'라는 프로젝트 수업이 있다.

지구별 원정대 프로젝트는 환경을 주제로 여러 과목이 함께 들어간 수업으로 해밀초등학교에서 전 학년이 공통으로 시행하지만 주제는 모두 다르다.

나는 8명의 친구들과 하천 살리기 프로젝트에 참여 중이다. 이 프로젝트에는 해밀마을학교에서 환경 공부를 한 친구 엄마가 도우미 선생님으로 도와주고 있다. 나중에 이 프로젝트 결과에 대해 발표도 하고 전시도 해야 한다.

그리고 좀 더 공부하고 싶은 마음에 선생님과 상담하여 오후에는 환경과 관련한 방과후 수업 '재활용품 활용 생활 도구 만들기'에 참여하기로 했다. 또 해밀동 복합커뮤니티센터에서 주민프로그램 '해밀동 하천 가꾸기' 행사가 있다는 것도 알게 되었다. 그래서 어린이도 참여할 수 있는지 알아보고 가능하다면 참여할 생각이다.

이 로드맵은 '모두를 위한 교육'의 장기프로젝트(5년)로 학교 선생님들과 논의했다. 설계 과정으로, 2020년 2학기, 2021학년도 1학기 동안 준비과정을 거쳤다. 제 무엇보다 성급한 성과를 위한 '서두르는 것'을 경계하는 것이 중요함을 잊지 않는 게 중요하다.

평면적인 아이? 입체적인 아이!

'아이'는 매우 입체적이다. 하나의 행동이 하나의 사건으로 인해 형성되지 않는다. 다시 말해 복합적이며 다양한 자극이 동시에 이루어져야 한다. 핵심은 '아이'에 대한 적극적인 관심이다. 팀을 구성하여 진단하고, 진단한 결과를 바탕으로 교육과정을 운영하고, 개선하고, 성찰하는 과정을 시스템으로 구축하는 것이다. 이 교육과정은 학습, 교우관계, 사회성, 적성, 개성 등의 전인적 측면으로 지원 체계가 마련되어야 한다.

내용이나 형식이나 구조를 바꾸지 않으면 관성의 힘을 이기기 어렵다. 구조에 변화를 주기 위해서 주어진 여건인 해밀교육단지의 공간적 특성과 현재 운영 중인 '학년군제'를 적극 반영할 필요가 있다. 특히 물리적인 환경을 바탕으로 확장되는 마을교육공동체의 모습은 무궁무진하다. 그래서 해밀교육단지는 마을교육공동체의 모습이 아니라 마을교육공동체의 모델인 교육마을공동체로 조성될 조건을 갖추고 있다.

해밀개별화교육과정이란?

특수학급과 영재학급에는 그 아이들을 위한 개별화교육과정이 있다. 각각 다른 특성을 가진 대상이지만 공통적으로 개별화교육과정이 운영된다는 점은 주목할 만하다. 다시 말하면 같은 과목 영재반 아이라도 각각 다르며, 다름을 바탕으로 한 교육과정을 운영한다는 것이다. 특수학급도 마찬가지다. 얼마나 현실적으로 교육과정이 잘 운영되는가에 평가는 다를 수 있지만 충분히 눈여겨볼 대목이다.

이제 우리 아이들도 모두 개별화교육이 필요한 시대가 왔다. 개별화교육은 개별교육(혹은 1:1)과는 다르다. 그 아이가 가진 특성을 잘 살릴 수 있도록 공교육 내에서 개별화교육을 어떻게 실현할 것인가에 대한 고민이다. 담임교사의 물리적인 시간, 학급당 학생 수 감축, 개별화교육을 위한 다양한 지원(인력, 예산 등)은 절대적으로 필요하다. 그러나 이러한 부분들은 학교 단위에서 해결하기 어렵다.

그럼에도 현재 해밀교육단지에 들어간 해밀초는 시도를 해볼 수 있는 여지가 있다. 그것의 핵심은 교육과정 연구를 통한 '교육과정 운영 재조직'이며, 두 번째는 단단한 마을 교육이 중심이 되는 가칭 '해밀온마을학교'의 구성 및 운영이다.

학교와 마을이 결합한 교육과정 운영' 상상

학교에서 수업이 끝난 후, 아이들은 돌봄이나 방과후, 혹은 태권도, 피아노, 각종 교과 관련 학원에 간다. 보통 주민센터에서는 복합커뮤니티 건물을 활용한 주민 대상 평생교육 프로그램을 운영한다. 흔히 수요를 조사하여 다수가 원하는 프로그램이 운영된다. 가정에서는 자녀가 어린 경우, 어린이집 혹은 스스로 육아를 한다.

해밀동이라는 공간에서 각자 열심히 각개전투를 치루고 있는 셈이다. 만약 서로 머리를 맞대고 전략을 세워 협력한다면 서로 함께 '생각

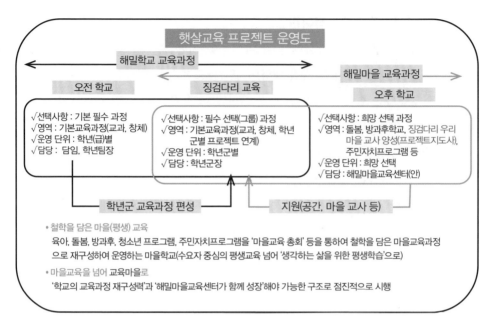

〈 햇살교육 프로젝트 운영도 〉

하는 삶을 위한 평생교육'으로 운영될 수 있다.

　마을 속에서 이루어지는 평생교육 관련 프로그램을 모으고, 이를 좀 더 체계적으로 구성하는 방식이다. 마을의 평생교육 관련 정보를 집적하는 것이다. '마을총회' 등을 거쳐 철학을 세우고, 마을평생교육의 방향을 정하며 이에 따른 프로그램을 구성하고 운영하는 것이다.

　좀 더 나아간다면 학교교육과정과 '해밀마을교육과정'이 서로 협력하는 관계를 만들어내면 그 협력 지점을 통하여 '해밀개별화교육과정'을 훨씬 더 풍성하게 구성할 수 있을 것이다. 그 협력 지점을 이어준다고 하여 '징검다리 교육'이라고 부르며, 이 징검다리 교육은 학생의 적성, 흥미, 담임교사(필요시 학부모)의 의견을 종합하여 그룹별 프로젝트를 운영하는 시간이다.

유쾌한 상상의 조건

먼저 교육과정 연구이다. 이를 위해서 절대적으로 시간이 필요하다. 실제 2015 개정교육과정에는 '학년군' 교육과정으로 운영하게 되어 있다. 학년군이란 1·2학년, 3·4학년, 5·6학년을 각각 한 학년군으로 묶고, 함께 교육과정을 편성하여 운영하는 것으로, '선택과 집중' 그리고 '수준과 흥미를 고려한 다양한 형태의 수업'이 가능하다. 하지만 '교과서', '학년별 성취기준'의 강력한 장애물과 오랜 '학년' 단위로 운영되어 온 관성을 이기기 어려운 것이 현실이다.

두 번째는 지원이다. 학교교육과정의 재조직 운영은 전면적으로 펼치기는 어려우나 '시범적'이나 일정한 기간을 정해 놓고 운영하는 것은 어렵지 않다. 그러나 학교교육과정만으로 이 상상 속 미래 교육을 실현하는 것은 한계가 있다. '해밀마을교육과정'이 운영되어야 한다. 서로의 협력이 있어야 아이들에게 더 많은 지원을 할 수 있다.

마을교육과정이 지속적으로 이루어지기 위해서는 시청과 교육청의 예산과 인력 지원이 필요하다. 그러나 현재 운영되는 범위 내에서 조금 더 확장되는 범위이므로 그리 큰 예산이 필요하지 않다. 중요한 것은 방향과 협력이다.

가장 필요한 것은 '서두르지 않음'이다. 당장 편한 것, 당장 쓰임이 있는 것, 당장 활용이 가능한 것을 찾다 보면 모든 것이 '소비'된다. 사람도 소비되어 지쳐 멈추게 된다. 가능한 우리 마을을 위해 '기여'하는 보람을 바탕으로 지속성을 확보할 수 있게 서로를 '소비', '활용'으로만 보지 말고 건강한 마을을 만들고자 하는 마음으로 '함께 하는 협력자'로서 다가서는 마음가짐이다. 그래서 이 프로젝트의 이름을 5년 장기프로젝트라고 부른다. 그 중에 절반 이상은 협력자로서 서로 존중하고 배려하는 마음, 기꺼이 시간을 같이 보내는 마음일 수 있다. 서로 '협력자'가 되었을 때 가능한 일이다.

2) 2021, 해밀 길을 걷다

쉬는 시간의 재발견

21학년도 교육과정을 계획하며 코로나19 이전의 일상으로 돌아갔다. 여전히 코로나19 감염위험이 있었지만, 그동안 누적되어 온 방역 관리와 교육공동체의 신뢰가 있었기 때문에 가능했다.

'우리 학교는 방역과 교육 사이에서 교육을 선택했다.'라는 말을 남겼다. 이러한 선택을 할 때, 고민도 깊었지만 좋은 선택을 했다고 생각한다.

"우리 학교 너무 좋아요!"

"쉬는 시간이 길어요!"

코로나19로 인해 쉬는 시간이 줄었다. 동선 중복을 최소화한다는 의미이다. 보통 10분 정도의 쉬는 시간이 있으나 코로나19 상황에서는 5분, 그것도 반별로 달리하여 화장실을 다녀올 정도로 운영되다가 경험이 쌓이면서 쉬는 시간도 예전으로 돌아가고 있다. '마스크 쓰기', '코로나19의 증상 조기 발견'이 가장 큰 방역 원칙으로 자리 잡고 다른 교육활동은 원래대로 돌아가기로 했다. 당시로선 어렵고 큰 결정이었다.

쉬는 시간 중에서도 '중간놀이'라고 불리는 특별한 시간이 있다. 학교마다 다른 이름으로 불리기도 한다. 물론 없는 학교가 대부분이다. 이 시간은 보통 1·2교시를 연 차시로 한 후 가지게 되는 30분 정도의 조금 긴 쉬는 시간을 말한다. 실제 1·2교시 연 차시 후에 30분을 쉬는 것은 1교시 후에 10분씩 쉬는 것과 비교하면 10~20분 정도밖에 차이가 없다. 그러나 이 시간이 가지는 의미는 다르다. 교사 입장에서는 1·2교시 연 차시 80분 정도의 수업으로 설계하는 일은 생각보다 만만치 않다. 아이들이 80분 동안 집중하고, 의미 있는 활동을 위해서는 이른바 교사의 전문성이 절대적으로 필요하다.

보통 아이들의 쉬는 시간이 10분. 10분 동안 화장실을 다녀오기도 하고, 친구들과 어울리거나 개인 활동을 한다. 그러나 10분 동안 벌어지는 일을 보면 '뭔가를 하려고 하다가 멈춘 단계'인 경우가 많다. 예를 들어 다툼이 생겨도 감정이 해소되지 않은 상태에서 수업 시간이 된다. 즉 우리 아이들에게 '어떤 상황이 발생하고, 경험하고, 해결하는 과정'을 하지 못한다. 다툼이 일어나지 않아 좋은 것이 아닌가라고 생각할 수도 있지만, 언제, 어떻게, 왜 등에 대한 갈등을 이해하고 해결하는 경험은 매우 중요하다. 많은 전문가가 아이들의 성장발달에 가장 필요한 것은 다양한 경험이며 특정한 고급화된 경험이 아니라 일상적으로 경험하는 잡다한 경험을 하는 과정에서 상황 맥락을 이어주는 힘을 키워야 한다고 한다.

이 시간을 견디기 쉽지 않다. 아이들에게 주어진 시간이지만 못 견디는 것은 어른들이다. 사소한 다툼이 일어나고 이 시간을 해결하기 위한 에너지가 많이 들지만, 자칫 '무책임'으로 보일 수 있기 때문이다.

또한 부모님의 협력이 절대적으로 필요하다. 사소한 갈등이나 다툼이 일어날 수 있다고 머리로 이해하지만 당장 '내 아이'의 문제가 되면 쉽지 않기 때문이다. 심지어 쉬는 시간을 '낭비'라고 생각하기도 한다.

자연은 진공을 허락하지 않는다고 한다. 삶에서 쉼이란 아무것도 하지 않음을 뜻하는 말이 아니라 나를 찾아가는 시간이다. 일상의 본질, 교육의 본질, 쉼의 본질을 생각하는 중요한 계기로 삼아야 한다.

우리가 등교해야 하는 이유

2020년 겨울방학을 앞둔 어느 날이었다. 기온이 낮아지며 코로나19가 다시 확산되었고, 가급적 등교를 추진했던 교육청도 부분 등교를 하라는 지침을 내렸다. 그 소식을 듣고 아이들이 교장실로 우르르 몰려와 큰 도화지에 쓴 내용을 읽어 내려갔다.

우리가 등교해야하는
이유

6-가람

저희 6학년은 매일 등교를 해야합니다.
코로나19로 인해 다음주부터 등교를 못하고 원격수업을
하게됐습니다. 이사/전학 서로만난지 2주일/한달도 안된
친구도 있습니다. 학교를 졸업하기까지 3주 남은것도
모자란데. 3일등교는 저희는 너무 속상합니다.
그러니 교장선생님! 저희를 한번믿고
매일등교를 허락해주세요 저희는
최악의 졸업식을 맞이하고 싶지 않습니다.
방역수칙,마스크,손소독 철저히
지키겠습니다. 부탁드립니다.
저희 6학년 선생님과 만날시간
얼마남지 않았습니다. 꼭 부탁드립니다!!!!
이상 6-가람올림

〈 교장실에 붙인 벽보 '우리가 등교해야 하는 이유' 〉

"교장실 벽에 붙여놓으렴. 너희들이 생각했을 때 가장 잘 보이는 곳에,
오래 붙여놓을 수 있는 곳에."

아이들이 쓴 이 벽보는 해밀초가 앞으로 나아가는 방향에 있어 중요
한 방향키가 되었다. 학교에 나온다는 것은 단순히 출결과 교과서 진
도의 의미가 아니었다는 것을 코로나19가 알려주었다.

당시 수도권에서 1학기를 마치고 전학 온 친구는 1학기 등교일수가 일
주일 정도밖에 되지 않는다고 했다. 입학식을 제대로 하지 못한 1학년
은 정체성을 유치원과 초등학생 사이에서 헷갈리고 있었다. 모두가 명

확히 답을 내리지 못할 때 아이들은 '등교해야 하는 이유'를 알려주었다.

아이러니하게 21년 겨울, 다시 똑같은 상황이 벌어졌다. 다만 다른 상황은 '학교 교육공동체의 의견을 수렴하여 달리 운영할 수 있다.'라고 참고 표시가 되어 지침이 내려왔는데, 이번에는 여지없는 부분등교였다.

아이들이 벽보를 붙여놓은 마당에 그냥 물러나기에는 자존심이 허락지 않았다. 의견을 묻고, 연석회의를 통해 협의하고, 최종 학교장이 판단하겠다고 안내장을 내보냈다. 학교장의 권한을 행사하고 싶어서가 아니라 책임을 지겠다는 의미였다. 문제가 생겼을 때 '위원회에서 결정했다.'라는 말을 하고 싶지 않았다.

설문 결과는 놀라웠다. 학부모의 80% 이상이 전면등교를 원했고, 교사의 85% 이상이 전면등교를 원했다. 이 설문 결과를 연석회의에서 공유하고, 해밀초는 전면등교로 간다는 안내장을 내보냈다. 다행히 2주 남짓한 시간 동안 큰 일없이 지나갔다. 물론 2주 동안 마음이 편치는 않았다. 확진자 또는 밀접 접촉자가 발생할 때마다 긴장했다. 책임을 진다는 것이 이런 일이구나 싶었다. 놀라운 일은 이어 나타났다. 세종뿐만 아니라 전국 대부분 일정 규모 이상 학교들은 학급 졸업식을 하거나 온라인 졸업식을 했다. 우리 학교 6학년 선생님들은 강당에서, 부모님을 초대하여 많은 사람이 축하해주는 자리를 만들어 족히 500명 가까운 사람들이 모여 졸업식을 하였다.

"혹시 폐라도 끼칠까 봐 주말에 외출하지 않았어요."

"이런 상황에서 사람들이 모여 졸업식을 할 수 있다는 것이 혁명이 아닐까요?"

"이런 결정 어려웠을 텐데, 의미 있는 졸업식 만들어주셔서 고맙습니다."

졸업식을 마치고 졸업하는 아이들, 부모님들과 사진을 찍을 때 마스

〈 21학년도 졸업식 기념촬영 〉

크 넘어 전한 말이다.

어떻게 이렇게 큰 졸업식을 기획하게 되었는지, 걱정은 되지 않았는지 이 졸업식 전체를 기획한 6학년 부장 선생님에게 나중에 물었다.

'학부모님들의 신뢰를 느낄 수 있었어요.'

여전히 교장실 유리 벽에는 당시 쓴 벽보가 붙어 있다. 그리고 비슷한 벽보가 몇 개 더 붙어 있다. 아이들이 '우리가 매일 등교해야 하는 이유'라는 벽보를 유심히 관찰하고 쓴 다른 내용의 벽보다.

"코로나19의 확진 혹은 감염 사례는 나올 수 있으며, 그에 대한 책임은 학교장이고 그에 따라 다른 기관 혹은 지역사회에서 책임을 묻는다면 그것 또한 학교장의 책임입니다."

1학기 평가회 때 선생님들께 드린 말씀입니다. 또 중간놀이, 마을 참여 활동, 원수산 활동 등 다양한 교육활동 중에 안전사고가 벌어질 수 있습니다. 역시 '학교장'의 책임입니다. 열심히 하시는 선생님들이 불안함으로 교육활동에 위축이 되는 경우는 최소화해야 합니다.

〈 코로나19 상황 속 안내장 중 일부 〉

예전 전염병에 비해 훨씬 길었지만 언젠가 종식될 것이고, 그 시간 동안 학교 현장에 있는 우리는 어디에 있었을까 되돌아봤을 때 부끄럽지 않았으면 하는 생각을 했다. 그 생각을 알려준 사람은 다름 아닌 아이들이다.

3) 2022, 해밀 길 위에서 나를 찾다.

20년 9월 '내부형 공모'를 통해 교사에서 교장으로 발령을 받았다. 교사에서 교장으로 간 사례는 전국적으로는 사례가 꽤 있는 편이지만 세종시는 첫 번째 사례였고 아직까지 유일한 사례였다.

처음 발령 당시 모 신문사에서 공모 교장에 대한 여러 가지 '의혹'을 제기하였고, 그 신문 내용을 지역신문 곳곳에서 인용 보도하였다. 속상함도 있었지만 우선 급한 것은 해밀교육공동체가 자리를 잡는 것이었고, 2년쯤 지나니 한번쯤은 '교장'에 대한 얘기를 하고 싶은 생각이 들었다.

"담을 최대한 높게 해주세요."

지인이 인근 지역에 주말에 머물 집을 짓는데, 건축 설계사에게 주중에 사람이 없으니 안전한 집을 지어야 한다고 부탁했다.

"진짜 안전한 집을 지으려면 밖에서 볼 수 있도록 담을 낮게 해야 합니다."

우리는 안전에 대한 접근 방식이 경직되어 있다. 큰 다리가 무너지거나 백화점 붕괴, 세월호 참사 등으로 인해 '무엇보다 안전'을 말한다. 안전에 대한 경각심이 높아진 것은 좋은 일이다. 그러나 그것이 아무것도 하지 말라는 것은 아닐 텐데 '하지 마.'로 귀결되는 경우가 많다.

자전거를 타고 오다 다친 경우가 발생했을 때 '자전거는 위험하니 학교 올 때는 타고 오지 마세요.'라고 자전거 등교 자체를 금지하는 경우가 있다. 어떠한 일이 생겼을 때, '금지'로써 문제를 해결하는 것이 아니라 문제에 대해 같이 진단하고 방법을 찾아가는 방식, 공동체가 문제를 해결할 수 있도록 해야 한다. 적어도 '안전'을 방패 삼아 교장이 강력한 힘을 발휘하기 쉬운 길을 가면 안 된다.

우리가 학부모를 외부인으로 보기 시작하면 학부모도 외부인의 시각으로 학교를 대한다. 외부인에게 협력을 기대하는 것은 어렵다. 학부모가 '요구'하는 수요자로서 학교를 대할 때 참 난감한 경우를 많이 겪는다.

교육은 가정과의 연계가 매우 중요하다고 우리는 말한다. 그러나 선생님이 생각하는 연계와 가정에서 생각하는 연계가 다를 때가 많다. 이건 학교에서? 이건 가정에서? 각각의 역할로 혹은 문제의 원인으로 미루는 경우가 많다. 또한 미룸으로 인해 핑계가 되기도 한다.

똑같은 일이라도 함께 머리를 맞대고 진단하고, 대안을 찾는다면 서로 미루는 역할이 아니라 서로 챙기는 역할이 될 수 있다. 이때 필요한 것이 열린 마음이다. 이러한 사례만이 아니라 실제 아이들에게 배움의 장을 넓힐 때 학부모, 특히 학부모회는 큰 역할을 합니다. 지역사회와 연결해 주는 통로이기 때문이다.

담임 선생님은 학급에서 최선을 다한다. 교사의 마음속에는 기본적으로 좋은 선생님이 되고 싶은 마음을 가지고 있기 때문이다. 그럼에도 학부모와 소통을 어려워하는 선생님들을 만난다. 특히 어떠한 갈등 때문에 만나는 학부모와의 만남은 조심스럽고 어렵다. 어떠한 일에 대한 사실관계보다 서로의 다름으로 인해 생기는 관계 또는 그로 인한 오해로 감정상의 어려움을 겪는 경우가 많다.

달마다 '학부모에게 보내는 편지'를 보내고 있다. 온라인 가정통신문 형식으로 보내는데 초기에는 편지 마지막에 전화번호를 적어 보냈다. 당시 주변에서는 걱정이 많았다. 전화번호가 말 그대로 불특정 다수에게 공개되는 거나 마찬가지인데 괜찮겠냐는 것이었다. 나름대로 소통의 창구를 크게 열어보자라는 호기도 있었고, 먼저 이렇게 여는 것을 시작으로 나중에는 많은 사람이 함께 마음을 열 것이라고 생각했다.

생각보다 전화가 오지 않는다는 사실에 많은 생각이 들었다. 나름대로 내린 결론은 전화번호를 공개함으로 인해 소통의 창구가 크게 열렸다고 생각했지만, 이러한 방법도 어떤 사람에게는 아주 작은 소통의 창구일 수 있고, 정보의 종류에 따라 소통 대상과 방법도 다르기 때문에 소통 창구 중 하나일 뿐이다.

소통과 신뢰는 일상 속에서 조그만 일들이 모여 조금씩 쌓인다. 사람들의 기억에는 하나의 큰 사건으로 '감동'을 받는 것처럼 받아들이지만, 그동안 작은 사건들이 거미줄처럼 얽혀 그 사건이 '감동'으로 다가오는 것이다.

교장은 학교 담장 위를 걷는 사람이다. 처음에는 담장이 높고, 폭이 좁을 수 있다. 학교 안에서 부는 바람에 휘청, 학교 밖에서 부는 바람에 휘청한다고 느낄 수도 있다. 그러나 담장 위에서 학교 안팎을 살피고 끊임없이 걸으며 그 담장은 조금씩 낮춰지고, 폭은 조금씩 넓어질 것이란 믿음이 필요하다.

나 역시 그러한 믿음으로 오늘도 학교 담장 위를 걷는다.

4) 2023, 해밀도 하나의 점으로

2023년 여름 방학이 시작할 즈음 서울 서이초 교사의 안타까운 사건이 교육계를 뒤덮었다. 민원에 시달렸다는 사회 초년생에 가까운 교사의 죽음은 많은 교사의 감정을 한꺼번에 훅 덮쳤다. 비슷한 상황을 내가 겪거나 주변이 겪는 것을 봤고, 그렇다고 뾰족한 대책이 없었던 '나'의 모습과 겹쳤던 것이다.

유난히 뜨거웠던 여름 한복판, 5만여 교사가 서울 한복판에서 몇 주째 집회를 이어갔다. 점으로 참여했고, 철저하게 비정치적인 구호를 내세웠다. 집회를 위한 자발적 모임에 순식간에 필요한 경비가 걷혔고, 집회 자원봉사자가 모여들었다.

좀 더 시간이 지나면 2023년 9월 4일(이하 9.4.)에 대해 역사적인 맥락을 갖고 평가가 이루어질 것이다. 지금도 진행 중이라 이후 교육에 대한 담론이 어떻게 이루어지고, 향후 현실 교육에서 어떻게 영향을 미칠지 짐작하기 어렵다. 제도와 정책, 달라진 정치, 사회, 교원 단체의 달라진 지형 등 아주 복잡한 요소가 어떻게 작용할지 모른다.

분명한 곳은 학교를 두고 많은 일이 발생했고, 여전히 우리는 '학교'를 두고 현재를 얘기하고 미래를 만들어가야 한다는 것이다. 당연히 '학교'를 주목할 수밖에 없다.

개학과 학교장 재량휴업일

2023년 8월 17일 개학했다. 여느 날과 다름없고 겉으론 평온했다. 오후에 한 선생님이 교장실을 찾았다. 9.4.에 대해 '학교장 재량휴업일(이하 재량휴업일)'을 포함해서 어떤 생각인지 물었다.

개학 날, 재량휴업일을 생각하지 않고 있었다. 무엇보다 물리적인 시간이 관건이었다. 8월 17일 개학, 9월 4일까지는 보름 정도의 시간이 남았고, 여러 절차를 거쳐 학교장 재량휴업일로 지정하는 것은 촉박하다고 생각했다.

다음은 공감대 형성이었다. '집회에 참여하는 것'이나 '추모를 하는 것'은 개인의 선택이다. 만약 재량휴업일을 하더라도 '집회 참석'이나 '추모 참석'을 염두하지 않았다. 각자의 몫이라고 생각했다.

하지만 현재 교사가 느끼는 감정, 연일 집회가 이어지고, 관련된 소식 속에서 살다가 갑자기 예전의 일상으로 돌아와 느끼는 괴리된 감정이 걱정이었다. 이러한 괴리는 교사 간에도 차이가 있었고, 학부모를 비롯한 교육공동체는 더더욱 그 차이가 크지 않을까 싶었다. 그 괴리를 메우는 것이 어쩌면 '재량휴업일'일 수 있다라고 생각을 했고, 그렇게 한번 추스르고 가는 것이 더 나은 2학기가 될 수 있을 것이라고도 생각했다.

하나씩 챙겨보았다. 급식, 방과후, 돌봄, 긴급운영위원회 소집까지 담당 선생님과 얘기를 나누었다. 학년군장을 만났다. 현재까지의 상황을 공유했다. 학년군장의 의견은 대체로 재량휴업일에 대한 동의였고, 더 많은 의견을 나눌 필요가 있다고 제안했다.

'학교장 재량휴업일' 지정

2023년 8월 18일(금). 오후에 학년(부)장과 만났다. 지난 과정을 간단히 공유하고, 다음 주 월요일 다모임에서 의견을 나누자고 했다. 학년마다 약간의 차이는 있는 것 같지만 대체로 재량휴업일을 하자는 쪽으로 의견이 모아지는 것으로 보였다.

협의가 끝나고, 학교운영위원장과 얘기를 나눴다. 운영위원장은 취지에 공감한다고 하며 긴급 운영위원회가 열릴 수 있는 날을 잡아본다고 했다.

주말 동안 생각을 정리했다. 생각을 정리했다는 것은 '재량휴업일'로 정하자는 것보다 어떻게 의사결정 과정을 거칠지 정리했다는 말이다. 그리고 그에 대한 결정은 '학교장'의 이름으로 나가야겠다고 생각했다. 마침 인근 학교도 재량휴업일로 지정하려고 한다는 소식을 들었다. 무척 반가웠다. 또 한편 9월 4일을 어떻게 할 것인지가 본 궤도에 오르기 시작한 것이다.

2023년 8월 21일(월). 다모임에서 사회를 봤다. 사회를 본 이유는 학교장 재량휴업일을 지정함에 있어 '학교장'이 판단했음을 공식화하고 싶었다. 다른 의견도 있었으나 다수는 재량휴업일로 정하는 쪽으로 의견이 모였다.

재량휴업일 안내장과 설문

2023년 8월 22일(화). 재량휴업일 지정에 대한 안내장이 나갔다. 재량휴업일 지정에 대한 공감5단 척도로 설문을 하였다.

2023년 8월 23일(수). 오전에 설문을 마감했다. 설문 결과 '매우 공감'과 '공감'이 86.9%였다. '보통'에 답변한 가정도 10% 정도 되었다. 서

우리 해밀교육공동체에 신뢰를 바탕으로 **9월 4일(월), 재량휴업일**로 지정하고자 합니다.

전국 교육 현장에서 일어나는 각종 민원과 고소 사건, 교권 침해 사례, 아이들의 학습권 침해 등에 대한 다양한 사건들이 공유되었고, 그 사안에 대해 해밀초 구성원들도 아이들의 학습권과 보장과 공교육의 회복이라는 취지에 뜻을 같이하기 위해 9월 4일 재량휴업일로 지정하고자 합니다.

해밀 아이들에게도 우리 해밀 어른들이 함께 공감하고, 지지하고 사회 구성원으로서의 역할을 위해 함께 함께 보여준다면 그것 또한 의미가 될 것입니다.

애초 계획되었던 학사일정이 아니라 양해 말씀 구합니다.

1차 의견 수렴	2차 의견 수렴	심의	확정
교직원 의견수렴 학부모 의견수렴	임시 연석(기획)회의	학교운영 위원회	학교장
8월 23일까지	8월 23일	8월 25일	8월 25일

〈 재량휴업일 지정에 대한 안내장 〉

이초 사건, 교사 집회 등 사안에 대해 모르는 사람도 있고, 맞벌이 등에 대한 부담을 가졌을 가정 등을 고려하면 절대적인 지지였다.

이 설문 결과를 참고로 하여 연석회의를 했다. 아무래도 설문 결과가 절대적 긍정적으로 나와 큰 이견은 없었다. 반전은 따로 있었다. 학부모회에서 재량휴업일이 되었을 경우 어떻게 할 것인가에 대해 대안을 마련해 온 것이었다. 화요일 안내장이 나가고 바로 임시 대의원회를 소집하여 의견을 나누고, 재량휴업일을 대비한 공백을 메우는 프로그램을 가지고 온 것이다.

재량휴업일 지정에 대한 논의가 차곡차곡 진행되어 금요일 학교 운영위원회를 앞두고 있었다. 새로운 반전이 일어났다. 재량휴업일에 대해 부정적이었던 교육부의 공문이 SNS에서 떠돌기 시작했다. 정말 교육부에서 온 공문일까?

교육부 공문과 징계

2023년 8월 24일(목). 공문으로 접수하지 않았으나 교육부의 공문임은 확실했다. 그 공문에는 연가와 병가를 낸 교사에게 징계를, 재량휴업일을 한 교장도 징계를 한다고 하며, 최고 단계인 해임과 파면까지 가능하다고 했다. 퇴근 후에 글을 썼다. '지금 학교는'이란 이름으로 학교장 논평을 썼고, 알고 있는 언론사에 이메일을 보냈다.

> "아쉽고 안타깝다. 우리는 정답이 없는 시대, 정답을 만들어가는 시대를 살고 있는데, 그래서 그 교육공동체가 머리를 맞대고 스스로 안전한 공동체, 신뢰받는 공동체로 위기를 넘어서려고 하는데, 충분한 여지가 있음에도 '법과 원칙에 따라 엄정하게 대처하겠다.'라고 한다. 살아 숨 쉬는 학교가 아니라 꼼짝 말라는 학교가 되라고 옥박지르는 것처럼 보인다. 지금 학교에서 보기엔 그렇다."

인근 교장 선생님으로부터 전화가 왔다. 재량휴업일 지정을 하려는데, 걱정스러운 바를 얘기했다. 본인은 징계를 받아도 괜찮으나 다른 선생님들이 걱정된다고 했다. 재량휴업일을 지정하면 교장 선생님만 징계를 받을 수 있고, 다른 교사는 괜찮다고 했다.

학부모회의 지지와 시민단체와 결합

2023년 8월 25일(금). 오후에 학교운영위원회 심의가 마무리되었다. 주말이 뜨거웠다. 학부모회장님이 쓴 입장문이 온라인커뮤니티를 타고 전국에 돌았다. 충남에 있는 지인으로부터 연락이 왔고, 주변 사람들로부터 입장문 캡처본이 다시 나에게 되돌아왔다.

재량휴업일 철회 권유

2023년 8월 29일(화). 이때쯤으로 기억한다. 학부모회 회장이 교장실을 다녀갔다. 재량휴업일을 취소하면 안되냐고 했다. 교육부에서 징계하겠다고 한다는 것을 이제 알았다고 했다. 눈물을 보였다.

하루 뒤 다른 학교 갈등 상황이 '카더라'를 타고 넘나들었다. 돌아오는 주말에 교육부 차관과의 토론회가 있는데 참석할 수 있느냐는 문의 전화가 왔다. 9월 4일을 하루 앞둔 일요일 오후에 토론회라니. 잠깐 고민하다가 접었다.

2023년 8월 31일(목). 교육청 고위관계자가 재량휴업일을 지정한 학교 교장에게 철회 권유 전화를 한다는 소문이 돌았다. 뜬 소문은 아니었다. 직접 당사자와 통화했기 때문이다.

다양한 의미를 가지고 집회 참여

2023년 9월 1일(금). 언론사에서 연락이 많이 왔다. 9월 4일 취재를 하고 싶다는 것이다. 알았다고 했다. 기왕이면 많이 알리고 싶었다. 당

2023년 9월 4일(월) 재량휴업일 결정을 앞둔 시점,
해밀초 학부모회 입장문

신뢰란 이런 것입니다.
우리 해밀의 선생님들은 아이들의 학습권을 경시하고 교육하는 의무보다 단체 행동을 우선시하는 이기적인 집단이 아닙니다. 재량휴업일을 지정할 수밖에 없었던 경위와, 해밀 교육 공동체가 함께한 결정이지만 교사라는 사명감 때문에 그분들이 여전히 가지고 있을 마음의 짐을 헤아려봅니다.
그날만큼은 시민의 한 사람으로서 교육 환경을 바로 세워달라 소리내려 결단한 선생님들의 고뇌를, 나눠가질 수 없으니, 우리가 어찌할 수 없으니... 이렇게라도 지지해 드립니다.

우리 아이들의 선생님들께,

그럼에도불구하고 나의 부족함 때문인가 싶어, 또는 동료 교사들이 내게 의지한다는 이유로
혼자 감당하고 삭여왔던 묵은 마음들을, 오늘의 상실 앞에 마음껏 슬퍼하고 풀어내는 시간이 되었으면 합니다.

고학년 자녀를 둔 맞벌이 학부모님들의 우려를 이해하고 존중합니다.
우리가 다같이 결정하였으니 불편함도 걱정도 함께 나누겠습니다. 진심이 닿았으면 합니다.
잠시 후에 있을 학교운영위원회의 심의를 무난하게 통과한다면, 9월 4일(월)은 재량휴업일이 될 것입니다.
해밀초 학부모 공동체는 그 교육공동체 회복의 날을 우리가 우리 아이들을 함께 돌보는 날로 계획하였습니다.

1. 엄마품 돌봄교실(해당학생)의 운영 시간이 오전 9시부터 13시까지로 변경됩니다.
   간식과 점심도시락이 제공될 예정입니다. 해당 학생들의 학부모님들께는 별도로 안내하겠습니다.
2. 해밀학교사회적협동조합은 고학년을 대상으로 영화 상영을 준비하고 있습니다.
3. 엄마품마을학교(방과후)의 원데이 수업이 9시부터 12시까지 개설됩니다. 돌봄 사각지대에 있는 맞벌이 가정의 고학년 학생들을 위한 수업을 중심으로 계획하였지만, 돌봄을 미처 신청하지 못한 저학년 학생들을 위한 수업도 있습니다. 학교종이로 안내가 나갈 예정이며 별도로 증빙서류를 확인하지는 않을 것이나, 맞벌이 가정을 배려하여 오전 중 가정 보육이 가능하신 경우, 신청을 유보해 주시기를 부탁드립니다.
4. 해밀초도서관 학부모 봉사자회도 정상적으로 봉사를 할 것입니다. 이에 책놀이터(도서관)가 평소와 동일 하게 운영됩니다. 운영시간은 8시부터 16시 30분까지이며, 대출 및 반납도 가능하므로 많은 이용 바랍니다.
※자세한 사항들은 학부모님들의 혼란을 줄이기 위하여 가급적 빠른 시일 내에 공지하도록 하겠습니다.

해밀초 학부모회는 절차에 따라 3주체가 함께한 우리 학교의 자치적인 결정을 지지하며,
이번 일로 구성원 중 누구도 법과 원칙의 날 위에 있게 되지 않기를 소망합니다.

9월 4일(월)은 우리 해밀 가족 모두가 각자의 자리에서 함께 애도하고,
이튿날 우리가 자랑스러워하는 교육 현장이 해밀초등학교에서 건강한 마음으로 다시 만나겠습니다.

2023.8.25.
2023학년도 해밀초 학부모회장 김지원

〈 해밀초 학부모회 입장문 〉

시 현장은 징계를 기정사실처럼 받아들였다.

토요일 집회는 25만, 30만 정도 되었다. 최고 정점이 아닐까 싶었다. 여름 내내 이어온 집회의 총합이기도 했고, 교육부의 징계 방침에 따른 반발도 있었을 것이다. 많은 사람이 다양한 의미를 가지고 점으로 참여했다.

추모 집회와 응원과 격려

2023년 9월 4일(월). 재량휴업일 당일은 평범했다. 평소 방학보다 아이들이 적었다. 9시 쯤에 학교를 한 바퀴 돌았다. 돌봄 교실에 서너 명의 아이들이 보였다.

방송사 두 곳은 일찌감치 학교에 와서 촬영했다. 교장실에서 기자를 맞이했다. 설정은 없었다. 물어보고 답하는 것이 전부였다. 연락이 오지 않은 언론사 몇 곳도 왔다. 사전에 얘기되지 않아 취재가 어렵다고 했다.

교육청에서 오전 10시에 추모식이 있었다. 나는 가지 못한다고 했다. 세종시 교육감이 재량휴업을 지정한 학교를 방문했다. 응원이고 격려였다. 고단해보였다.

오후 4시 반경에 있는 교육부 집회, 저녁 7시에 세종시 이응다리에서 있는 추모 집회에 갔다. 교육부 장관이 징계를 종합적으로 검토하겠다고 했다. 한발 물러선 것이다. 아직 더워 땀으로 흠뻑 젖었다. 집으로 돌아와 쓰러져 잤다.

추모 집회와 그 의미

2023년 9월 5일(화). 오늘이 중요했다. 9.4. 이후는 학교의 몫이라고 생각했다. 법 개정은 될 것이지만 그것이 현장에 피부로 와닿지 않을 것이다. 하지만 각자의 방식으로 감정적으로 이입하고 있는 정신적인

스트레스가 해소되지 않았다. 이것은 함께 사는 우리가 해결해 가야 하는 것이다.

다모임을 했다. 다시 사회를 봤다. 그동안 소회를 밝혔다. 고비가 있었다고 했다. 그리고 선생님들의 이야기를 들었다. 울컥하는 선생님도 있었고 후배에게 미안하다는 선생님도 있었다. 나에게 짐을 지운 것 같아 미안하다는 선생님도 있었다. 아무도 원망하지 않고 변명하지 않게 되어서 좋다고 했다.

오후 늦게 교육부에서 '9.4.' 관련 징계는 그 자체를 언급하지 않겠다고 했다. 징계 국면은 끝났다.

9월 4일 인터뷰 했던 영상들이 떠돌아다녔다. 온라인 커뮤니티에서 돌고 있는 글을 캡처해 보내주었다. 어떤 이는 교육공동체가 만들어가는 미래학교라고 했고, 어떤 이는 해밀초를 바라보는 이가 많을 것이라고 했고, 어떤 이는 이번 사안에 있어 세종시 뿐만 아니라 많은 학교의 방패가 되었다고 했다.

해밀초는 고만고만한 학교 중 하나이고, 개교 4년 차를 맞이한 신생 학교다. 새로운 도전과 시도를 하는 구성원이 조금 더 있다는 것이 다르다면 다를 것이다.

II

형식을 갖추다
〈학교거버넌스〉
- 신동님, 이원기

1.
작은공동체

우리가 바라는 새로운 학교는 아이들에게 온전한 삶의 공간이며, 교실을 확장하여 다양한 환경 그리고 사람들과 상호작용하는 곳이다. 그 과정에서 의도치 않았던 많은 이야기가 생기고 아이들은 그것을 마음에 담으며 성장한다. 즉, 우리 해밀초는 학생들이 마을과 세계와 만나는 친절한 마중물 또는 플랫폼으로 역할을 해야 하며. 다양한 교육 구성원들의 협력과 참여가 절실히 요구된다.

민주적인 조직문화에서 10명이 있으면 10가지 길이 있듯 학교의 규모가 커질수록 구성원 하나하나가 함께 만들어 간다는 주인의식을 가지기 어렵다. 필연적으로 생기는 갈등을 조정하고 다양한 사람들의 민의를 반영할 새로운 학교운영 체제(획일적인 중앙관료체제를 벗어난)가 필요하다.

전교생이 천여 명 교직원 숫자가 백여 명이 넘어가는 환경속에서 우리는 그 해결책을 작은공동체에서 찾았다. 작은공동체는 우리 학교의 협력적 거버넌스*를 풀어가는 방식으로, 행정적·실천적 차원에서 구성원의 소속감, 자발성 및 주인 의식을 높이기 위한 방안이다. 작은공동체는 표로 구성되어 있으며, 해밀마을의 학생, 교사, 학부모, 지역사회 구성원들은 하나 이상의 다양한 작은공동체에 속하여 교육3주체의 자치 및 의사결정 과정에 참여한다.

해밀의 작은공동체는 학교운영을 중심에 두고 주체 및 의사결정의 층위에 따라 교육과정 운영, 교직원자치, 학생자치, 학부모자치, 연대기구 5가지로 구분하고 협의체(마실) 및 전문적학습공동체의 형태로 운영된다.

구분	이름	내용	참여대상
교육과정운영	기획회의	학교교육과정	교장, 교감, 행정실장, 부장교사 등
	학년군장 협의체	학년군 운영 협의	학교장, 학년군장
	학년(군)마실	학년(군)교육과정 기획·운영·평가	동학년(군)
	햇살팀마실	햇살교육기획, 실행, 성찰	두레장 및 교무행정사
	두레전학공	두레별 사업 추진	두레별 교사
	교과전학공	교육과정 자율 주제	주제별 희망교직원
교직원자치	교직원 다모임	전체 의견 나눔, 관계 맺기	전교직원
	교직원 동아리	교직원 동아리	전교직원

---

* 거버넌스는 중앙정부의 획일적 통제의 한계를 극복하는 개념으로, 교육거버넌스는 다양한 교육활동의 전개 장면에서 누가 어떤 수단과 방법을 동원하여 어떤 과정을 통해 교육(기관)을 통제하는지에 대한 의사결정을 내리고 정책을 개발하는 과정이다.(Cooper, Fusarelli & RAndall, 2004) 특히, 단위학교 교육거버넌스는 단위학교의 운영체제, 의사결정 체제 등의 의미로 해석될 수 있다.

학생 자치	학생 다모임	학생자치	학생회
	학생 동아리	자율동아리	학생회
학부모 자치	학부모 다모임	학부모자치	학부모회
	학부모 대의원회	학부모자치	학부모회
	학부모 동아리	학부모 동아리	학부모회
연대 기구	연석회의	자치기구 협의 (교육과정 전반)	학생, 학부모, 학교(교사) 대표
	학교운영위원회	학교교육과정 심의	학교운영위원
	교육과정 평가회	1·2학기 교육과정 평가	학교, 학생, 학부모
	마을축제 위원회	해밀마을축제	마을축제위원회
	해밀교육 마을협의회	유·초·중·고 협력안	해밀동장, 유·초·중등학 교장 및 담당교사

〈 작은공동체의 구성 〉

교육과정 운영 차원에서 작은공동체를 살펴보면, 학년(군)교육과정을 기획·실행·성찰하는 전문적학습공동체로 학년마실과 학년군마실이 운영되고, 학년장과 학년군장이 각각 리더로서 구성원의 상호협력을 이끄는 역할을 한다.

햇살교육기획팀은 학교업무를 총괄하고, 작은공동체(팀)와 협업하여 학교중점활동을 포함한 햇살교육과정 전반을 조율하는 구심점으로 5명의 두레장으로 구성한다.

두레전학공은 5명의 두레장(학교두레, 마을두레, 수업두레, 생활두레, 자치두레)을 중심으로 전학년 담임교사가 골고루 참여하여 해밀햇살교육의 공동과업을 수행하고 소통·환류하는 공동체이다.

교과전학공은 교육과정과 관련된 관심주제를 바탕으로 구성된 교사들의 자발적인 학습공동체로 매년 지원을 받아 5~6개의 팀이 운영되고 있으며, 공동실천과 공유를 통해 학교운영의 새로운 시도와 이야기를 만들어 가고 있다.

기획회의는 단순한 부장회의를 넘어 교장(감), 두레장, 학년(군)장, 행정실장, 비교과교사가 함께 참여하는 의결기구이다. 학교장이 진행을 맡아 학교의 다양한 사안을 공유하고, 구성원들의 의견을 수렴하는 한편, 의사결정을 통해 학교 운영에 즉시 반영한다.

교직원다모임은 교직원간의 기본적인 관계를 맺고 민주적이고 수평적인 교직문화를 조성한다. 학교의 상황을 공유하는 것을 넘어 중요한 학교현안에 대한 의견을 수렴하고 사안에 따라 그 자리에서 결정하는 대토론회형으로도 운영된다. 더불어 교사동아리도 조직·지원하여 교직원간의 친목을 도모하고 소속감을 높인다.

학생다모임 및 학생동아리는 학교의 삶 속에서 부딪히는 다양한 문제를 스스로 해결하는 과정을 통해 학생 스스로가 학교운영의 주체임을 인식하고 더 나아가 스스로 교육활동을 만들어가는 협력적 거버넌스의 주요 기구이다.

해밀의 협력적 거버넌스에서 학부모의 작은공동체 또한 중요도가 높다. 학부모 다모임 및 대의원회는 학교에 관심과 적극적인 참여 의지를 바탕으로 학교교육에 대한 지속적인 피드백을 제공한다. 뿐만 아니라 연말 구성원 조직과 공약을 통해 자생적인 교육과정 지원체제와 교육내용을 생성함으로써 학교운영에 주체적으로 참여하고 있다.

학교 내 연대기구로는 대표적으로 연석회의가 있다. 연석회의는 학교장(감)을 중심으로 각 주체 대표단이 참석하는 최고의 의결기구로서, 각 자치공동체의 자치역량을 함양하며, 3주체 공동현안의 상황을 공유하고, 최종적인 의사결정을 하는 협의체이다. 또한 학교장은 각 주체의 활동에 있어 갈등이 발생했을 때 조정 및 중재의 역할을 수행하며, 주체로서 역할을 다할 수 있도록 중심을 잡아준다.

우리 학교의 협력적 거버넌스에서 눈여겨볼 대목은 마을을 중심으로 한 연대기구이다. 본교에서는 그동안 학생들의 삶에 중요한 영향을 미치는 지역사회 내 존재하는 다양한 교육자원들을 거버넌스 체계안으로 끌어들이기 위해 노력했고, 그 결과 수평적인 소통과 협력체계를 구축하였다. 마을축제위원회에서는 해밀동장, 유·초·중등학교장을 중심으로 해밀마을의 교육력을 높이기 위한 연계·협력안을 만들어 공동실천하고, 최근에는 해밀마을공청회를 열어 공간공유협약을 성사시키는 성과를 이루었다. 더불어 실무자 중심으로 마을축제위원회를 조직하여, 매년 가을 해밀마을축제를 열고 있다. 이를 통해 단순히 마을자원을 활용할 뿐만 아니라, 마을의 학생과 교사, 그리고 학부모 등 구성원들이 지역 활동에 참여함으로써 상생하는 교육마을 생태계 구성을 도모하고 있다.

해밀의 작은공동체가 만들어가는 협력 체제는 이질적인 구성원들을 대할 때도 빛을 발한다. 대화와 조정의 과정에서 상대방과 내가 다른 처지에 놓여있음을 이해하고, 각자의 역할과 전문성을 인정하는 기회가 된다. 이는 구성원 또는 작은공동체가 자신의 역할과 기대를 책임감 있게 수행하는 원동력으로 작용하며 상호신뢰의 결과를 만들어낸다.

이는 학교장이 의사결정의 권한을 나누려는 의지와 태도를 가지고 구성원 및 공동체간 역할 분담과 권한 배분이 적절하게 이루어졌고 교사들 또한 시간적 부담을 감수하고 작은공동체로의 참여가 학교비전에 도달하기 위한 과정으로 폭넓은 공감대를 형성하고 참여했기에 실현 가능하였다.

내용	시기	담당	대상
전교직원 다모임	1주 월요일	학교두레장	전교직원
기획회의	2·4주 수요일	교장	교장, 교감, 행정실장, 두레장, 학년장
연석회의	2주 수요일	교장	교장, 교감, 3주체 대표단
두레전학공	2주 월요일	각 두레장	두레별 교사
교과전학공	4주 월요일	주제별 담당자	주제별 희망교직원
학년군마실	매월 셋째주 목요일	학년군장	학년군 교사
학년마실	매주 목요일	학년장	학년 교사
햇살팀마실	매주 월요일 1·2교시	교감	두레장 및 교무행정사
전교학생 다모임	1·3주 수요일	학교두레장	학생대표단 및 4~6학년 학급대의원
해밀교육마을 협의회	1주 수요일	교장	교장, 마을두레장

〈 협의체 및 전학공 운영 일정 〉

2.
햇살교육기획팀

학교는 거대한 유기체와 같아서 끊임없는 관심과 지지를 보내줄 때 제대로 성장한다. 해밀초는 신설 학교로 이제 막 걷고 뛰기 시작한 서너 살의 아이와 같다. 세상의 모든 것을 신기해하고 상상한 것을 하고 싶어 하는 호기심 덩이다. 끊임없이 새로운 것에 도전하는 과정에서 넘어지기도 하고 생채기도 나지만 지난 과거의 경험과 어려움을 양분 삼아 하루하루 성장하고 있다. 해밀 공동체가 미래를 향해 걸어온 발자국이 늘어난 만큼 아이들의 몸도 마음도 한 뼘씩 커 가는 것을 느낄 수 있다. 아이들이 이렇게 성장할 수 있었던 것은 해밀공동체의 숨은 노력이 있었기 때문이다. '모든 해밀 아이들의 성장을 위해 고르게 비추는 햇살'처럼.

어제와 내일은 오늘이라는 연결고리가 있듯, 해밀의 어제와 내일이 빛날 수 있는 것도 오늘의 해밀을 묵묵하게 수행하는 팀들이 존재하기 때문이다. 각각의 역할을 달리하는 소규모의 팀들이 공동의 목표를 바라보고 함께 협력하여 거대한 학교 조직이 나아갈 수 있도록 엔진이 되고 손발이 돼 준다. 시행착오가 생기면 해밀호가 멈추지 않고 목적지에 다

다를 수 있도록 팀별로 집단지성을 발휘하여 맡은 역할을 수행한다. 이러한 역할을 하는 팀 중 하나가 바로 햇살교육기획팀(이하 햇살팀)이다.

학교는 행정 조직이다 보니 타 기관에서 오는 수많은 공문이 존재한다. 물론 과거에 비해 많이 정선되긴 하였지만, 시대의 흐름에 따라 새롭게 만들어진 많은 국가정책들과 그에 따른 공문은 학교를 버겁게 한다. 여기에 지역에서 생산한 정책들까지 학교에서 구현되기를 바라는 현실이다. 학교 밖의 수많은 정책들이 여전히 학교 안으로 유입되고 당면 과제로 떨어지고 있다.

이러한 매우 복잡하고 다양한 양상을 띤 물결 속에서 학교가 세운 핵심 철학을 다년간 유지, 발전시키고 문화로 정착하기 위해서는 끊임없는 각성과 노력이 요구된다. 새롭게 생성되고 있는 다양한 요구들을 면밀하게 살펴보아야 한다. 과연 우리 학교와 결이 같은지, 도전할 가치가 있는지 끊임없이 살펴서 받아들이기도 하고 기존의 것과 융합을 시도하며, 때로는 과감하게 패싱하는 등 결단이 필요하다. 이에 바지런한 자체 점검과 다듬는 작업, 즉 중심을 잡고 깔대기 역할을 하는 팀이 필요하다. 이는 외부로부터 공문을 받아서 단순히 시행하는 상명하달식의 수직적인 조직과는 달리 본인 스스로가 전문가가 되어야 가능하다. 책임 의식을 갖고 업무를 기획, 수행, 평가까지 하며, 때에 따라서는 다른 작은공동체(팀)와 협업할 줄 아는 민첩하고 기민한 조직, 즉 햇살팀 같은 조직이 학교에는 필요하다. 학교의 가능성과 다양성을 새롭게 발견하는 햇살교육기획팀의 변천사는 다음과 같다.

이름이 그 사람의 이미지에 지대한 영향을 미치듯 명칭이 주는 의미는 소중하다. 그 존재의 정체성과 성향을 드러내기 때문이다. 처음의 업무전담팀은 신설학교의 빠른 정착을 위해 여건 조성에 주력했던 행정적 역할을 주로 수행했다. 즉 조직을 세우고 빈 교실들을 채우며 동시에 전입하는 학생들과 증설되는 학급에 따라 새로 발령이 나는 교직원들의 적응을 돕는 등 제반 업무를 수행했다. 이렇게 시작한 업무전담팀은 담임들이 수업과 생활지도에 전념할 수 있도록 여건을 조성하는 교무업무지원팀으로, 더 나아가 학교의 철학을 가꾸는 햇살팀으로 변화했다. 학교가 안정되고 커 갈수록 조직의 요구에 맞게 변화와 성장을 한 것이다.

햇살팀의 조직 근거는 해밀초등학교 인사자문위원회 규정에 의거한다. 이는 작은공동체(학년, 학년군, 비교과, 두레 등)별 치열한 토론과 숙의 과정을 통해 탄생했다.

> 제4조【햇살교육기획팀 구성】햇살교육기획팀 구성은 12월 중에 한다.
> ① 담임교사는 수업지도와 생활교육에 집중하고, 교무업무는 교감, 두레장과 교무행정사가 협력하여 처리한다.
> ② 햇살교육기획팀장은 교감이 한다.
> ③ 교무업무영역: 차년도 햇살교육기획팀 협의 및 인사 자문위원회의 자문 과정을 거친다.
> ④ 두레장은 학교교육과정 운영 및 교원의 전문성, 교원 및 교육공동체의 희망을 고려하여 학교장이 정한다.

〈 해밀초등학교 인사자문위원회 규정 〉

두레장의 역할은 현재 5가지의 큰 영역에서 각 학년의 두레원들과 함께 민주적인 의사결정과 소통을 하며 학교를 이끈다. 스스로 더불어 사는 삶, 곧 민주시민으로 학생이 자라나듯 교사 또한 실천하며 함께 성장한다. 두레장은 두 가지의 큰 역할을 하고 있다. 한 가지는 리더교사로서 학교의 비전하에 학년군 또는 학년, 행정실과 유기적 협력을 꾀하며 얼개를 짜고 촘촘하게 채우는 일을 수행한다. 또 한 가지는 담임들에게 학년, 학급교육과정 운영 외 별도의 업무가 가지 않도록 각종 행정적 업무 처리를 한다. 즉 학교 교육공동체 소통의 창구이자 기획된 일들을 추진한다.

교무행정사의 역할은 단순 지원에서 벗어나 고유의 업무영역을 맡고 있다. 교무행정사는 개교 시 2명에서 6개월 후 3명으로 늘어났다. 이는 혁신학교(2021년~2024년) 운영에 따른 증원 덕이다. 해밀초의 독특한 설계를 보고자 전국에서 방문객이 몰려왔다. 따라서 방문객들을 맞이할 안내자가 필요했다. 학교투어를 교무행정사 중 한 명이 맡았다. 또 한 명은 전출입을 담당하고 서류를 챙기며 안내하는 일을 한다. 그리고 한 명은 각종 공문을 접수·배부하고 동시에 방과후학교를 담당하여 계획하고 학운위 심의 시 제안서 설명도 하며 강사 채용부터 강사료 지급까지 일련의 과정을 수행한다.

〈 햇살교육기획팀의 조직구성 변천과정 〉

2022학년도(두레장 5명)
학교교육팀 + 햇살교육팀

| 학교두레장
미래두레장 | 수업
두레장 | 마을두레장
생활두레장 | 교무행정사
1, 2, 3 |

2023학년도(두레장 5명, 교무행정사 3명)
학교교육팀 + 햇살교육팀

| 학교두레장
미래두레장
교무행정사 1 | 수업
두레장 | 마을두레장
생활두레장
교무행정사
2, 3 |

햇살팀 모두는 전문적인 능력을 발휘하며 각자의 역할을 수행한다. 또한 협력적인 관계를 유지하고 매주 월요일 9시부터 한 시간씩 회의를 한다. 이는 한 주간 있는 사업들을 공유하고 서로의 역할을 점검하며 촘촘하게 지원해야 할 부분을 의논, 설계하는 원팀 회의이다.

앞으로도 '해밀에 의한, 해밀과 함께하는, 해밀을 위한 나아감'은 멈추지 않을 것이다. 학교와 교실, 그 사이에는 햇살팀이 있다. 징검다리가 되어 주기도 하고 새로운 도전에 견인 역할을 수행하는 햇살팀의 협력적 관계로의 지원은 계속된다.

햇살교육기획팀		교감	교원인사, 복무, 훈포상, 교원성과급, 계약제교원, 교사다면평가, 학교폭력예방기여가산점, 교권보호교육, 청렴교육(행동강령책임관), 교원능력개발평가관리자, 상담, 보결수업총괄
	학교교육	학교두레장	학교교육과정, 혁신학교, 자체평가, 학생평가, 사업선택, 교직원다모임, 월간해밀, 학생생활기록부, 학적, 학교교권보호위원회 간사, 각종행사
		자치두레장	정보교육, NEIS, 학생회, 방송부, 방송실관리, 콘텐츠 제작 활용
		교무행정사1	전출입, 보결배당, NEIS인증서, 인력채용 협조(행공조회·결과처리) 안심알리미, 학교종이, 홈페이지, 학교일지, 교육통계, 정보기자재관리, 홍보(사진, 학교투어)
	마을교육	수업두레장	기초학력, 조이맘, 교과교육, 다문화, 전학공, 수업나눔, 교직원연수, 교원능력개발평가실무자
		마을두레장	마을교육과정, 해밀마을협의체, 돌봄고문, 독서동아리, 학부모자치, 마을축제
		생활두레장	학생생활(학폭 및 상담 총괄), 안전교육, 문화예술교육, 학생동아리, 체육교육, 아버지회
		교무행정사2	방과후학교 계획 및 운영, 방과후강사관리(채용, 급여), 공문접수, 사회적협동조합 협력
		교무행정사3	방과후수익자 징수·환불, 교육복지, 학습준비물, 도서관, 교과서, 봉사인력관리, 봉사활동1365, 학교씻어주기

〈 햇살교육기획팀 업무 분장 〉

3.
학년군제와
징검다리팀프로젝트

 학생의 성장은 연속적으로 일어나지만, 1년 단위의 학년제와 담임 체제의 한계로 교사의 보살핌과 지원 또한 1년 단위로 단절되어 있는 것이 현실이다. 아이들이 온전한 삶을 누리기 위한 협력적인 거버넌스 체제를 만드는 데 있어 교사의 연속적인 보살핌과 지원을 담보할 체계가 필요하지 않을까? 우리는 이 질문에 대한 답을 학년군제에서 찾았다.

 학년군제는 학년군 교사 단위로 전문적학습공동체를 구성하여, 2009 개정교육과정에서 제시한 학년군교육과정을 현실화하는 동시에 학생들 2년간의 성장을 지원하고 보살필 수 있게 하는 협력적 거버넌스 체제라고 할 수 있다.

 학년군 공동체를 형성함으로써 학년이기주의를 극복하고, 학생발달의 유사성과 교육과정의 관련성에 주목하여 학년군교육과정을 내실 있게 운영하기 위해 노력하였다. 특히 학년군공동체 및 학년군교육과정의 정착을 위해 3가지 차원에서 노력을 기울였다.

인사 차원에서는 학년군 인사를 도입하였다. 학년(군)장을 세우고 담임 희망을 학년군 단위로 받았다. 새롭게 구성된 학년군에서는 학년군장 주도하에 면담이 이루어지고 학년구성을 완료한다. 차년도에는 학년군 내에서만 인사가 이루어지며 일부는 기존학년에 나머지는 동일 학년군 다른 학년으로 이동함으로써 학년교육과정을 이해하는 교사와 학생들을 이해하는 교사가 적절히 협력하는 체계를 만들고자 하였다.

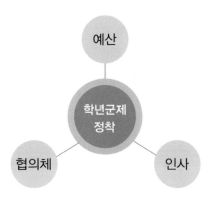

협의체 차원에서는 학년군장을 중심으로 학년군 마실협의회를 정기적으로 열어 학년군 중점활동을 기획하고 징검다리팀프로젝트를 운영하는 등의 활동을 하였다. 특히 이 과정에서 학년군장 협의체가 작동하였다.

연대가 부족함을 나누는 관점에서 시작한다면 전문적학습공동체는 나와 처지가 비슷한 동료끼리 모이는 것에서 출발한다. 해밀초등학교는 학년군 교육과정을 운영하는 학교로 학년군장체제를 운영한다. 학년군장 3명이 업무지원팀의 두레장, 학년팀장과 협의를 하며 학교교육과정을 운영하고 있다. 전국에서 처음 운영되나 보니, 올해 군장의 역할을 맡은 3명의 선생님들이 역할과 내용에 대한 고민을 많이 하였다.

필자도 그중 한 명이었다. 겨울방학 때 모이자고 제안했고, 앞서 말한 '경험'을 나누며 서로의 부족함을 나누었다. 부족함을 나누면 서로에 대한 안전한 관계가 형성되기 마련이다. 이 안전한 관계는 자신에 대한 원활한 정보공유를 가능케 하고, 소통하는 조직의 밑거름이다. 그곳에서 신뢰가 싹튼다.

겨울방학 내내 3명의 학년군장 선생님은 4~5회 모임을 가지며 역할을 나누고 2월 교육과정 집중준비기간의 내용을 만들었다. 관련 서적을 읽고 요약을 하는 일, 관련 연수를 듣고 워크시트를 수합하는 일, 회의 결과를 정리하고 발표 자료를 정련하는 일로 크게 나누어 부담을 줄이고 공동의 성취감을 느낄 수 있었다. 《한국 교육 제3의 길》을 함께 읽으며, 교사 개인이 느낀 '부족함'에 대한 이론적 배경도 탄탄히 준비했다. 이 과정은 군장협의체 조직을 만드는 과정이었고, 학년군 공동체를 이끌어 가야 할 일련의 연습이기도 했다.

2022년 1월, 학년군장협의체 모임을 하고 - 교사 박정미

예산 차원에서는 학년군 예산 사용의 자율성을 보장하기 위해, 학년군 및 학년 운영비(강사비 및 협의회비 포함)를 높은 비율로 배당하였고, 10만 원 미만의 금액은 학년군장이 결재할 수 있게 예산 권한을 위임하였다.

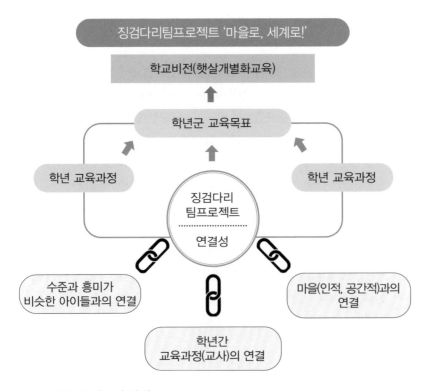

징검다리팀프로젝트는 해밀초 비전과 학년군 교육목표를 도달하기 위한 학년군 연계활동으로 학생의 개별적 성장을 추구하는 해밀햇살 교육의 목적을 달성하는 것에 그 목적이 있다. 여기서 '징검다리'는 존재간의 연결성을 의미하며 학교와 마을과의 연결, 수준과 흥미가 같은 학습자 간의 연결, 학년간 교육과정의 연결을 의미한다.

징검다리팀프로젝트의 학년군별 체계

징검다리팀프로젝트는 마을을 바탕으로 1·2학년군, 3·4학년군, 5·6학년군이 유기적으로 연계되고, 학년군 수준에 따라 교육활동이 심화·발전되며 동시에 학년군 교육과정의 특색을 살린다. 1·2학년군은 학급팀활동으로 자신을 둘러싼 인적·환경적 만남을 통해 연결을 추구하고, 3·4학년군에서는 학년팀을 토대로 관계를 맺으며 마을에 대한 소속감과 역할을 인식한다. 5·6학년군에서는 학년군팀을 통해 학습한 것을 마을단위에서 실천함으로써 배움과 삶이 일치하는 교육활동으로 해밀햇살교육의 목적을 실현하고자 한다.

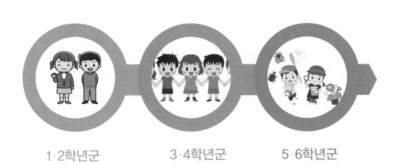

징검다리팀프로젝트의 학년군별 체계

1·2학년군	3·4학년군	5·6학년군
연결(만나다)	관계(맺다)	실천(하다)

징검다리팀프로젝트가 지향하는 방향성에 함께 의미를 부여하고, 5·6학년이 무엇을 함께할 때 이 목표가 실현될 수 있을지 논의하였다. 선생님들이 각자 하고 싶은 활동을 나누고, 이를 학년군 동아리 활동, 학년군 체육대회, 학년군 진로활동, 학년군 주제탐색 활동으로 범주화하였다.

학년군 연계활동(징검다리팀프로젝트)으로 60차시 정도를 계획하였다. 지난 2년간의 성근 시도와 경험이 축적되면서 학년군 연계활동에 대한 구성원의 동의와 합의를 이루는 데 큰 어려움은 없었다. 다만, 예상되는 문제점으로 학년군 협의시간이 늘어 부담으로 작용할 것 같다는 의견이 많았다. 전체가 모이는 학년군 협의 시간을 꼭 필요할 때 실시하고, 사소한 사항은 학년군팀장이 모여 결정하는 것으로 의견을 모으고, 공유시트나 온라인 공간에서 협의하는 것으로 합의를 하였다.

지난 1년간, 계획했던 학년군 활동은 원활히 이루어졌고, 교육3주체가 모두 만족하는 활동이 될 수 있었다. 특히 지속가능성을 주제로 한 지구별 원정대는 추진을 위해 5·6학년군 교사가 연구회를 조직하여, 교육청과 함께 세종에 적합한 교재를 개발하는 등 공동연구와 실천으로 이어졌다.

이 연구결과를 토대로 프로젝트 기반활동이 성공적으로 이루어졌고, 5·6학년군 300명 모두 본인이 원하는 팀을 선택하여 연구과제를 수행하는 팀프로젝트 활동으로 이어졌다. 총 22개 소주제, 27개팀이 활동한 이 축제는 운영하는 학생과 참여하는 학생 모두에게 큰 울림이 되었다. 교사간의 협력을 넘어 학부모프로젝트지도사, 마을강사와 각자의 전문성을 인정하며 협력을 이끌어 간 것도 큰 성과라고 할 수 있다. 올해, 해밀초에서 전문적학습공동체는 미래교육을 위한 새로운 상상과 도전을 위한 실험실이었다. 학교란, 교사란, 그런 일들을 하는 곳이 아닐까?

2023년 1월, 학년군 교육과정 성과를 정리하며 - 교사 이원기

올 바 른 먹 을
교 육 캠 프

III

방향을 잡다
〈해밀햇살교육과정〉

- 김민정, 김현진, 윤지영, 이원기, 정광섭

1.
학교두레
'햇살교육과 햇살형 인재'

해밀햇살교육의 방향 : 학생개별화교육
저마다 성장하면 모두가 특별하다

학생이 저마다
정한 방향

기본학력
해밀학력

자기주도능력
상호존중능력
민주적참여능력
건강관리능력

학생이 저마다
정한 방향

해밀햇살교육은 따뜻한 햇살처럼 다양한 공간과 시간 속에서 만나 서로를 따뜻하게 비추어, 학생 그리고 구성원 모두가 저마다의 성장을 지원하고자 하는 마음이 담겨 있다. 궁극적으로는 어떠한 학생도 소외되지 않고 다양한 사람과 공간을 만나면서 자극받고 지원받고 보살핌 받는 환경을 만들기 위해 교사−학부모−지역사회가 함께 연대하고 협력한다. 지금 우리가 살아가는 이 시대는 아무리 유능한 교사, 학부모라도 우리의 아이들을 홀로 책임질 수 없기 때문이다. 학교의 모든 구성원이 함께 연대하여 학생의 배움터와 경험을 확장하고 아이들을 따뜻하게 비추는 것이 우리 해밀햇살교육의 참의미이다.

스스로 더불어 삶을 가꾸는 교육

저마다 성장하면 모두가 특별하다

BIG IDEA (햇살철학)
한 아이의 성장을 다양한 곳에서 많은 사람들이
따뜻하게 바라본다. 살핀다. 지원한다.

시간: 학생이 선택할 수 있는
공간: 배움터의 확장(책임, 신뢰, 구축)
인간: 개별성장을 위한 통합지원

또한 해밀햇살교육의 방향은 학생개별화교육, 즉 저마다 성장하면 모두가 특별한 사람, 그리고 모두가 최고가 되는 세상을 꿈꾼다. 우리가 살아갈 미래는 제한되어 있는 좋은 대학, 학과, 직업을 두고 경쟁하는 단선형 체제가 아니라, 각자가 가진 역량과 흥미를 바탕으로 학생이 저마다 정한 방향으로 자유롭게 성장하는 시대(자기 콘텐츠의 시대)

이고, 360도의 방향으로 각자 성장하는 이 모습이 해밀햇살교육이 추구하는 방향이라고 할 수 있다. 이 기반을 만들기 위해서 교사들은 국가수준 교육과정에서 제시한 기본학력을 놓치지 않고 지도함과 동시에, 학교에서도 온전히 교육과정 운영에 집중할 수 있게 교감선생님을 팀장으로 햇살기획팀에서 학교업무를 총괄하고 있다.

또 아이들이 삶을 살아내는 참학력(해밀학력)을 기르기 위해 모든 구성원이 함께 노력하고 있으며, 해밀학력을 자기주도능력, 상호존중능력, 민주적참여능력, 건강관리능력으로 범주화하여, 교사들이 교육과정−수업−평가를 하는 기준으로 삼아 아이들의 성장을 지원하고 있다. 이처럼 기본학력과 해밀학력을 든든한 바탕으로 삼아 해밀의 아이들이 저마다의 방향으로 행복한 삶을 살아갈 수 있도록 하는 것이 해밀햇살교육이다.

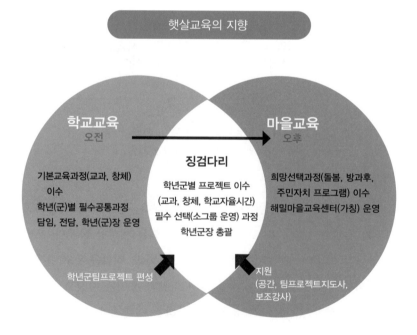

2020년 개교 이래로, 햇살교육 프로젝트라는 장기 계획을 세워 함께 가는 길을 세우고 조금씩 완성해 가고 있다. 햇살교육은 학교교육과정과 마을교육과정의 혼합이며, 하루를 기준으로 오전에는 기초학력을 튼튼히 세우는 기본 필수 과정, 오후에는 기본을 바탕으로 더 공부하고 싶은 주제를 선택하여 팀별로 이수하는 징검다리팀프로젝트가 운영된다. 일과 시간 후에는 학생이 개인적인 흥미를 바탕으로 선택하여 방과후, 돌봄의 다양한 프로그램을 이수하고 있다. 이를 통해 학생은 집단 활동 – 소그룹활동 – 개별적 활동을 경험하고 자신의 선택에 따라 자신만의 길을 만들어 갈 수 있다. 이 과정에서 학교교육과정과 마을교육과정이 징검다리팀프로젝트에서 자연스럽게 만나고 협력의 장이 펼쳐진다. 학교의 교사와 마을의 교사들이 만나고 협력하여 징검다리팀프로젝트를 운영한다.

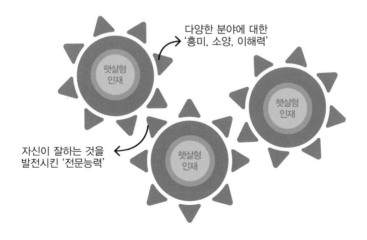

'스스로 더불어 삶을 가꾸는' 햇살형 인재

다양한 분야에 대한
'흥미, 소양, 이해력'

햇살형
인재

햇살형
인재

햇살형
인재

자신이 잘하는 것을
발전시킨 '전문능력'

우리 학교의 비전 "스스로 더불어 삶을 가꾸는 교육"으로 성장한 햇살형 인재는 어떤 모습일까? 앞서 기초학력과 해밀학력을 바탕으로 저마다의 방향으로 성장하는 모습이 해밀햇살교육의 목적이고 미래는 자기가 좋아하는 것 잘하는 것이 융합된 자기 콘텐츠의 시대임은 언급하였다. 이처럼 우리 학교에서 배움터를 확장하고 다양한 활동, 자기주도, 선택형 교육활동을 강조하는 것은 이런 경험을 통해 자신이 잘하는 것, 좋아하는 것을 끊임없이 발견하고 발전시켜 나갔으면 하는 바람 때문이다. 더불어, 다른 능력을 가진 타인을 만났을 때 다양한 분야에 대한 흥미, 소양, 이해력을 갖춤으로써 무리없이 협업하고 소통하는 인재가 되었으면 하는 소망도 있다. 우리 해밀 아이들이 햇살교육을 통해 현재 자신의 삶을 온전히 가꾸고 다양한 자기 콘텐츠를 지니면서 마을로 세계로 솟아오를 그날을 꿈꾼다.

2.
수업두레
'기초학력보장과 다중안전망'

스스로 더불어 살아가는 힘을 기르는 해밀학력

기존 학력관은 지식 정보 중심의 문제에 대한 정답을 찾는 평가에 높은 점수를 얻는 것을 학력이 높다고 인식하였다. 이는 디지털 전환, 기후환경의 변화, 인구 구조의 변화에 따른 학력 인구의 감소 등 불확실성이 증가하고 급변하는 미래에 대응할 수 있는 힘을 길러주는 데 한계가 있다. 이에 해밀학력은 변혁적 역량 중심의 학력을 추구하고 학생들의 앎이 실제 삶으로 확장되는 학습자 주도성을 강조하고 있다. 학교의 비전과 연계하여 스스로 더불어 살아갈 수 있는 힘을 해밀학력이라 한다. 해밀학력을 기르는 창의적인 학교 교육과정, 수업, 평가, 교원의 전문적학습공동체, 인력과 마을거버넌스로 확장된 공간이 유기적으로 연계하여 협력체제로 해밀학력을 지원하고 있다.

해밀초등학교 개교 시 함께 비전을 정하고 해밀의 이름으로 기르고자 하는 학생상과 학생들이 가져야 하는 역량에 대해 숙의하는 과정들이 많이 있었다. 수업두레장을 맡으면서 수업두레의 초기 연구 과제가 해밀학력에 대해 함께 숙의하고 함께 만들어 가는 것이었다. 국가 수준 교육과정, 세종시 창의적교육과정의 세종형 학력에 대해 수업두레 선생님들과 함께 공부하고, 해밀초의 비전과 3주체상을 함께 이야기해 보며 해밀학력을 함께 세웠다.

지성, 심성, 시민성, 건강이라는 범주로 나누어 지성영역에서는 학생 주도적 학습 능력, 심성영역에서는 상호존중능력, 시민성영역에서는 민주적 참여 능력, 건강영역에서는 건강관리 능력을 해밀학력으로 정의하였다. 4개의 범주별 하위 핵심요소를 넣었고, 수업두레원 선생님들 중심으로 전체 선생님들과 숙의로 학력의 의미와 기르고자 하는 학생의 모습도 정의하여 수립하였다. 이렇게 수립된 해밀학력은 현재 학년에서 분기별로 가정에 배부하는 통지표에 해밀학력 요소가 반영되어 학생들의 생활 속 삶과 역량, 그리고 성장 이력을 관리하고 있다.

세종시 교육에서 추구하는 '모두가 특별해지는 세종교육'은 개인의 특별함과 타인, 생태의 특별함의 조화를 의미한다. 해밀의 아이들은 특별한 나로서의 의미를 찾고 친구들과 공동체, 마을과 지역, 더 나아가 지구촌과 공존하고 조화롭게 살아가는 '스스로 더불어 살아갈 수 있는 힘'인 해밀학력을 키우고 있다. 수업두레 선생님 중심으로 함께 수립한 해밀학력은 아래 표와 같다.

비전	범주	해밀학력	핵심요소	정의	학생의 모습
스스로 더불어 삶을 가꾸는 교육	지성	학생 주도적 학습 능력	지적 호감	배움 자체를 좋아하고, 배움에 대한 의욕과 기초 학습 습관을 토대로 스스로 그리고 함께 학습하는 능력	즐겁게 배우고 지혜롭게 자라는 어린이
			기초학습 습관		
			자기 주도		
			협력적 문제 해결		

스스로 더불어 삶을 가꾸는 교육	심성	상호 존중 능력	이해	나를 사랑하는 마음으로 타인과 문화를 이해하고 공감하는 능력	나를 사랑하고 너를 존중하는 어린이
			생태적 감수성		
			공감		
			갈등 해결		
	시민성	민주적 참여 능력	공동체 의식	공동체 문제 해결을 위해 소속감을 가지고, 협력하여 합리적으로 결정하는 능력	주변의 문제에 관심을 갖고 행동하는 어린이
			협력		
			주체적 의사결정		
			시민 의식		
	건강	건강 관리 능력	건강한 생활 습관	건강한 생활 습관을 바탕으로 스스로 몸과 마음의 건강을 관리하고, 안전하게 성장하는 능력	건강한 몸과 마음으로 힘찬 어린이
			체력 증진		
			마음 건강 관리		
			안전		

〈 수업두레 선생님 중심으로 함께 수립한 해밀학력 〉

한 아이의 성장을 위해 다중적으로 지원하는 해밀 어른들

학습지원대상학생을 선정하고 지원하기 위해 심의하고 협의하는 학습지원대상학생 지원협의회가 있다. 교장, 교감선생님과 학년장 선생님으로 기본 협의 체제는 구성되어 있으며, 필요에 따라 복합적 학습 부진 요인 학생 지원을 위한 해당 학생 담임교사, 특수, 보건, 상담 선생님, 교과전담 선생님이 비상임위원으로 구성되어 있다. 학기 초 담임 선생님의 관찰, 면담, 작년도의 이력자료, 기초학력진단보정시스템을 활용한 진단 검사 등을 통하여 학습지원 대상 학생을 선정하기 위한 후보군을 구성한다. 비학습적 요인의 진단을 위해 학습저해요인 검사를 실시하여 학습지원대상학생을 선정한다. 선정된 학습지원대상 학생들의 학습 지원 방법을 찾고 개별 학생 맞춤 지원을 연속적으로 실시한다.

학생들의 기초학습을 보장하고 지원하기 위해서는 담임선생님 혼자만이 아니라 여러 해밀 어른들이 함께 지원하여 학생의 성장을 지원한다. 기초학력 지원은 학급 내 지원, 학교 안 지원, 학교 밖 지원의 3단계로 이루어지고 있다. 단위 수업 시간 내에 학습 부진 학생 조기 발견 및 대응, 학습 부진 예방을 위해 1수업 2교사제의 협력 수업을 실시하고 있다. 1·2학년 기초학력교육 자원봉사자(조이맘), 3학년 수학협력교사, 3·4학년 원어민 강사, 4~6학년 담임교사의 전문적학습공동체를 통한 협력 수업이 이루어지고 있다.

그중에서 조이맘에 대해 이야기해 보고자 한다. 세종시교육청은 초등 1·2학년의 저학년 학생들의 학교 적응을 돕고 초기 문해력과 기초 수리력 강화를 지원하기 위해 기초학력교육 자원봉사자를 희망 신청한 학교에 학급별로 1명씩 위촉할 수 있는 기초학력 지원 정책이 있다. 조카를 사랑하는 이모들의 마음으로 학급 내에서 수업 시간 내 담임교사와 협력하여 학습지원대상 학생들의 학습을 밀착 지원하는 역할을 하고 있다. 학급별로 조이맘선생님 운영 방법은 차이가 있지만 1·2학년 수학 시간에 기초 셈하기를 어려워하는 학생 옆에서 학습을 지원하거나 담임선생님과 협의하여 구역을 나눠 학생들 피드백을 지원하는 역할을 수행한다. 30분 정도의 중간놀이 시간에도 학생들이 스스로 놀이의 규칙을 정하여 놀이하는 모습을 담임선생님과 공간을 나눠 아이들의 활동을 지원한다. 1·2학년 담임선생님 입장에서는 학생 밀착 지원을 하는 학급과 매칭된 어른이 한 명 더 있는 것이라 현재 1학년 10학급, 2학년 9학급 모두 조이맘선생님이 매칭되어 있다. 2024학년도에는 1·2학년 학급수가 증가하여 21명의 조이맘을 위촉할 예정이다.

학년도 시작 전 2월에 세종시교육청에서는 새 학년도를 준비하기 위한 교육계획 집중 수립 주간을 가진다. 이 시기에 새로운 학년 선생님들과 만나 인사를 나누고 학교의 비전과 교육철학을 공유하며 교육활동을 함께 수립하는 시기이다. 해밀초도 2월 교육계획 집중 수립 기간에 1학년, 2학년 학년 선생님들이 함께 모여 1·2학년군 교육과정을 함께 수립한다. 학년군 교육과정을 운영하고 있어서 교육과정 집중 수립 기간의 마지막 날에 교원들과 새학년도에서 중점으로 운영할 학년군 교육과정을 공유한다.

3월부터 1·2학년 각 학급에 1명씩 매칭되는 조이맘선생님들과 교육공동체로 함께 하기 위해 새 학년도 1·2학년군 중점 운영 교육과정을 함께 공유하여 교육공동체로 기반을 다진다. 업무지원팀의 수업두레장으로 학교 전체 일정과 학교 소식 공유를 수시로 조이맘선생님들과 소통한다. 조이맘선생님들의 학년에서 소통을 원활하게 하기 위해 1학년 학년장에 매칭된 조이맘선생님, 2학년 학년장에 매칭된 조이맘선생님들이 자발적으로 각 학년 조이맘선생님들의 장으로서의 역할을 수행해 주고 있다. 단순히 매일 2시간 오는 봉사자로서가 아닌 학교 공동체로 함께 삶을 살아가는 해밀 어른이기에 학기말 연 2회 학교장과의 간담회 자리를 가지며 공동체 소통을 하고 있다. 업무 담당자로서 감사한 것은 해밀초에서 만난 조이맘선생님들의 인연이 학교 밖에서 공부하는 모임으로 확장이 이루어진 것이다. 그리고 조이맘선생님들이 해밀초 교육공동체로서 가지는 책임감과 자발성이 다시 해밀 1·2학년의 학급으로 돌아와 아이들 한 명 한 명에게 맞춤형 지원을 할 수 있는 선한 영향력으로 돌아온다는 것이다.

디지털 혁명이라고도 불리는 급변하고 불확실성이 증가하는 미래 사회에서 학교의 모습은 많은 변화가 생길 것이다. 그럼에도 불구하고 변하지 않는 것은 특별한 존재로서의 아이들과 그 아이들을 지지해 줄 따뜻한 햇살 같은 해밀 어른들의 긍정적 관계성은 그 중요성이 더 할 것이다.

복합적 요인으로 학습이 어려운 학생을 지원하는 두드림학교 운영

2000년도 9월 개교할 때 11명의 학생으로 시작하였다. 그리고 그 해의 2학기는 전입의 학기라고 할 정도로 많은 학생들이 새로 전입을 왔다. 어느 날 한 학급 담임선생님이 학급에 학습 어려움이 보이는 학생이 있는데 단순하게 전년도 기초 기본 학습이 되지 않아서 어려움을 보이는 학생이 아니라 복합적인 요인이 있어 보인다고 하였다. 이 학생을 어떻게 지원해야 할지 어려움을 함께 이야기하는 그 시간이 두드림학교를 시작하게 된 계기가 되었다.

각 학급에서 단순히 전년도의 배움이 되지 않아서, 단순히 느린학습자라서 학습이 어려운 학생이 아니라 지능적 요인, 사회 정서적 요인, 환경적 요인 등 다양한 요인이 혼재되어 학습이 이루어지지 않는 학생들이 점점 증가하였다. 이 학생들을 어떻게 지원할 수 있을까 하는 고민에서 2021학년도 시작할 때 관련 사업인 두드림학교를 신청하여 운영하게 되었다. 해밀초에서 두드림학교는 단순히 하나의 사업이라는 의미보다 해밀초의 비전을 실현하고 모든 아이들에게 따뜻한 햇살을 내리 쬐기 위한 개별 맞춤 교육을 실현하는 토대 역할을 한다. 현재 담임교사, 학생 관련 전담교사, 특수, 보건, 상담교사, 학부모, 외부 전문가 등 상황에 따라 대상 학생 한 명을 지원하기 위해 학생을 알고 지원할 수 있는 교내·외 여러 어른들의 적극적인 협의체제가 작동하는 기반을 마련하였다.

두드림학교를 시작하면서 가장 중요하다고 생각한 것이 복합적 요인에서 학습이 어려운 학생들의 정확한 진단이 선행되어야 한다는 점과 그 진단에 따라 가정과 학교에서 연계하여 지원 방안을 찾고 가정과 함께 아이의 해석상담을 들으며 아이를 함께 이해하고 지원해야 한다는 것이다.

두드림학교 대상 학생은 전교의 1% 정도의 학생 수로 구성되어 있으며 평소 학교에서 부정적 피드백을 많이 들은 가정이 대부분이라 다소 방어적일 수도 있다. 정확한 진단, 학교와 가정에서 연계한 맞춤형 지원, 이 두 가지를 이루기 위해 전문 자격이 있는 임상심리사 선생님을 학교로 초빙하였고, 교내에서 아이와 부모님의 심층심리검사를 실시하였다. 그 검사 결과 데이터를 학부모, 담임교사, 두드림 다중지원팀이 함께 듣는 해석 상담시간을 가지며 아이의 가정과 학교, 외부 전문치료기관에서 지원할 사항을 종합적으로 솔루션 컨설팅 회의를 진행하였다. 1시간 정도의 해석상담 시간을 가지면서 아버지들이 그동안 학교에서 들었던 내용, 가정에서 보았던 아이의 모습을 이해할 수 있었다고 하였고, 가정과 학교에서 연계하여 학생 중심으로 지원을 하는 것에 어머니, 아버지가 힘을 모을 수 있게 되었다.

그 결과 학급에서 드라마틱한 변화가 아이들로부터 생기게 되었고, 또래 친구들과 주변 선생님들로부터 받는 긍정의 피드백이 두드림 아이들에게 자존감을 향상시키고 긍정적 행동으로 돌아오는 선순환 고리로 작용하게 되었다. 대상 아이를 지속적으로 지도하기 위해 담임선생님 뿐 아니라 보건, 특수, 상담선생님 등 비교과선생님, 교과전담선생님의 두드림 다중지원팀이 정서 지원도 연중으로 실시하여 1:1로 지원한다. 아이의 이름을 불러주고 학교생활을 지지해 주는 선생님이 담임선생님 뿐 아니라 여러 선생님이 생긴 것이다.

보통 일반적으로 외부 치료 연계 기관을 매칭해줄 수도 있으나 교내로 전문 임상심리사를 초빙하고, 어머니와 특히 아버지까지 함께 학교로 모시게 한 것은 학교와 가정이 아이를 지원해 주기 위해 함께 아이를 알고 지원체계를 마련하는 것에 중요성을 두었기 때문이다.

현재 두드림 가족들과 소통하면서 느낀 것을 단어로 표현하면 '감사함'이다. 담임선생님들은 학급의 복합적 요인으로 학습이 어려운 학생을 담임 혼자만의 몫으로 두지 않고 여러 선생님이 지원하는 것에 '감사함'을 말한다. 학부모들 역시 대상 자녀를 전문적으로 알고 지원해주려고 여러 선생님들이 해주시는 노력에 '감사함'을 말한다. 아이들은 여러 선생님이 자신에게 관심을 갖고 살펴주고 지원해 주는 것에 '감사함'을 표현한다. 그리고 다중지원팀 선생님들은 유관 업무들을 하면서 서로 연결되고 소통하고 협력체제가 이루어지는 연대를 경험하게 되는 것에 '감사함'을 표현한다. OECD에서 발표한 Education 2030에서 학습자의 주체성을 발휘한 배움과 이를 극대화하기 위하여 교사, 동료, 지역 사회의 협력과 연대가 필요하고 중요함을 설명하고 있다. 이러한 두드림 다중지원팀의 협력 속에서 성장한 학생들이 미래 주체적 삶을 살 수 있으리라 확신한다.

교원 전문적학습공동체를 통한 기초학력증진

생각자람수업은 학생이 배움의 주체가 되어 서로 배우고 협력하여 자기 생각만들기로 삶의 역량을 기르는 세종시 수업의 중점방향이다. 생각자람수업을 위해 교사들도 서로 배우고 협력하는 교육공동체의 경험이 중요하며 이는 같은 학년 내의 전문적학습공동체를 넘어서 학년 간 수업 연구 및 나눔의 전문적학습공동체를 운영하여 안전한 수업 나눔 문화로 확장되었다. 수업 연구를 통해 수업 방법의 변화와 배움 주체인 학생 중심 수업을 가능하도록 하여 단위 수업 시간 내에 학습

부진 예방 및 학생들의 해밀학력을 증진하는 데 중점을 두고 있다.

수업두레 전문적학습공동체 운영, 교과에 대한 깊이 있는 공동 연구와 성찰, 실천을 위한 4개의 교과전문적학습공동체를 운영하고 있다. 수학또래학습 전문적학습공동체, 특수교육대상자 협력교수 전문적학습공동체, 그림책 수업나눔 전문적 학습공동체, 글쓰기 수업나눔 전문적학습공동체가 그것이다. 두레 협의체는 1~6학년에서 1~2명의 선생님들이 5개의 두레에 참여하며 월 1회 두레 협의체를 정기적으로 운영하여 교육과정을 공동 기획, 실천, 성찰하는 주요 협의체로 운영되고 있다.

수업두레는 총 12명 선생님들로 구성되어 있으며 학교 수업나눔에 대한 방법을 공동 기획하고 월별로 4개의 교과전학공별 연구 내용을 발제하여 공유하고 학년에 다시 소통하여 수업 시간 내 기초학력 향상을 위한 방안으로 적용할 수 있도록 하는 데 주안점을 두고 있다. 수업두레의 구성원 선생님들은 4개의 교과전문적학습공동체에 각각 소속

〈 교과전문적학습공동체와 연계된 수업두레 전문적학습공동체 구성 〉

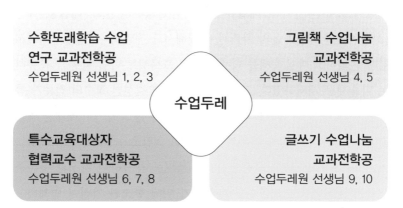

학교수업나눔 공동기획, 협의, 학년 및 교과전학공 수업나눔 연구 공유
→ 교사 성장 및 안전한 수업나눔 공동체 문화형성

되어 각 전문적학습공동체에서 연구한 내용들을 연결하는 역할을 수행한다. 4개의 교과 전문적학습공동체에서는 각 연구하는 주제별로 공동 연구를 실시하고, 각 학급별 적용해 보며 전문적학습공동체 연구물을 공유하는 시간을 가진다.

학술제 축제, 리플릿을 통한 교육공동체와 기초학력 공유

학생들의 해밀학력을 키우고 기초학력을 보장하기 위해 학생 주도형 수업을 실시하고 있다. 혁신학교로 개교한 초기에는 교육공동체의 해밀학력에 대한 공감대와 인식제고가 형성되어 가고 있는 과정에서 혁신학교라 기초학력이 저하되지 않을까 하는 교육공동체의 우려도 있었다. 학교의 기틀을 잡고 지역과 연계한 거버넌스 구축으로 배움터를 확장하고 그 과정에서 학생들의 주도적 역량을 키우는 교육들을 함께 경험해 보며 기초학력에 대한 우려들은 많이 해소되고 있다.

해밀학력을 키우는 교육활동을 체계적으로 정리하여 교육공동체와 공유하는 것의 중요성을 가지고 추진한 것이 해밀마을 학술제 축제를 열고, 기초학력 안전망 학교 자체 리플릿을 제작하여 모든 가정에 배포하여 공유한 일이다. 해밀유치원을 비롯하여 해밀초, 해밀중, 해밀고와 연계한 해밀마을의 학력관에 대해서도 해밀교육마을협의회에서 함께 논의하고 마을축제를 학생 주도형 프로젝트 학습 활동을 공유하는 학술제로 개최하였다. 그리고 한국교원대 김성천 교수의 전문가 특강을 통해 마을 내 학교들의 해밀학력을 키우는 교육이 미래대응 역량 교육임을 4주체와 함께 공유하였다. 또한 해밀초등학교에서 하고 있는 기초학력 보장을 위한 다중안전망 리플릿을 제작하여 가정과 공유하면서 창의융합형 미래인재를 육성하기 위해 학교와 가정이 연계하고 있다.

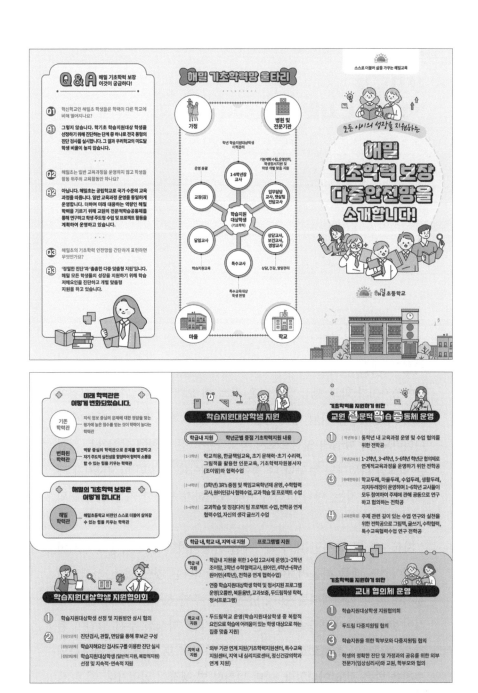

〈 기초학력 보장을 위한 다중안전망 리플릿 〉

3.
자치두레
'학생자치, 시민이 탄생하다'

자율과 책임

학생자치가 학교 현장에 들어온 지는 꽤 오래되었다. 나의 부모님이 어린 시절 학교에 다닐 때도 반장이 있었다. 그리고 꼭 그런 역할이 아니더라도, 각 학급의 일원으로서 학교라는 작은 사회에 살아가는 경험은 학교를 다녔다면 누구나 다 경험했을 일이다. 하지만 학생자치가 제대로 실현된 지는, 아니 그러기 위해 노력하기 시작한 지는 얼마나 되었을까.

지금 7년 차 교사인 내가 학창시절 반장이었던 해와 학생회 부서의 임원이었던 때를 떠올려보아도 특별히 기억나는 것이 없다. 선생님의 지시에 따라 학급회의를 했고, 당시 나와 주변 친구들의 모습은 수동적이었다. 그나마 반장은 당선된 것이었지만, 학생회 부서 임원이 된 것은 선생님의 추천으로 인한 임명이었지 스스로 원했거나 친구들의 추천을 받은 것도 아니었다. 아마 나처럼 별 생각이 없었거나, 혹은 생기부에 적힐 한 줄을 바라며 왔을 친구들이 많았으리라.

하지만 지금 교사로서 바라보는 학생자치의 모습은 많이 달라졌다. 껍데기만 있는 학생자치가 아니라 정말 아이들은 학생이라는 위치에서 학교라는 사회에 적응하며 스스로 생각할 기회를 가지고 공동체의 일원으로서 참여하고 있다. 주기적인 회의를 통해 활발하게 의견을 나누고, 학생-교사-학부모 교육 3주체가 함께 하는 회의에도 함께한다. 학생들이 직접 학교의 크고 작은 행사나 활동을 기획하고 참여한다.

학생자치의 중요성은 한때 유행하고 지나가는 과제는 아닌 듯하다. 어쩌면 시대적 변화와도 맞물려 있다. 지식의 전달이 중요하게 여겨진 예전과는 다르게 오늘날 학교의 역할이 많이 달라졌다는 건 이제 누구나 공감할 것이다. 물론 어느 정도 지식의 습득도 중요하지만, 가뜩이나 인공지능이 사람을 대신해 수많은 지식과 정보를 처리하는 요즘 시대에 단순히 많이 아는 것은 절대 앞서 나가거나 발전하는 길이 아니다. 인공지능은 할 수 없는 것, 사람만이 할 수 있고 해야 하는 것을 잘할 수 있도록 도와주는 게 학교의 역할이 아닐까. 그리고 나는 그것이 공동체의 한 사람으로서 생각하고 참여할 수 있도록 하는 것, 그리고 그 자율 속에서 책임을 배우는 것과 크게 다르지 않다고 생각한다.

전교학생다모임

나는 올해 학생자치 업무를 맡아 아이들이 학교의 한 구성원으로서 학생들과 관련된 일을 스스로 생각하고, 의견을 내며, 함께 참여하고, 결정할 수 있도록 돕는 일을 하고 있다. 해밀초등학교 학생회는 학생대표단 3인과 4·5·6학년 학급대의원들로 구성되어 있다. 이 중 학생대표단은 이전 학년도 말인 12월에 3·4·5학년을 대상으로 한 선거를 통해 미리 선출한다. 해밀초등학교 교내 교원의 인사가 12월에 마무리되는 것과 같은 이유로, 아이들도 새 학년도를 시작하기 전에 미리 준비할 시간이 필요하기 때문이다.

내가 올해 만나게 된 대표단은 학생대표 6학년 채연이와 학생부대표 6학년 기주, 5학년 서연이다. 이 아이들은 선거에 나올 때부터 한 팀이었다. 해밀초 학생회 선거는 러닝메이트제로 운영되기에, 당시 4학년이던 서연이와 5학년이던 기주와 채연이가 한 팀을 구성해 선거에 나왔고, 당선되었다. 그리고 각 학급의 대의원들은 학급이 꾸려진 후 3월에 선출된다. 여기서 대의원의 뜻은 '대신 의견을 전달하는 사람'으로 우리나라에서 대의 민주정치를 채택하는 것처럼, 학교의 모든 학생이 한곳에 모이는 것이 현실적으로 불가능하기에 각 학급의 대표가 반 친구들의 공공의사를 전달하고 결정할 수 있도록 돕는 역할을 한다. 예전에는, 그리고 지금까지도 여전히 반장이라고 부르는 학교들이 있다. 나도 반장을 해본 적이 있지만 '반장'이라는 말에서 조금은 권력의식이 느껴졌다면 '대의원'은 권력보단 책임감에 좀 더 방점을 찍은 느낌이랄까.

대표단과 대의원들은 학기 초 리더십 캠프로 첫 만남을 갖고, 이후 전교학생다모임에서 주기적으로 만나게 되는데 이 다모임은 매월 1, 3주 수요일마다 갖는다. 주기적으로 약속하고 만남을 가지는 건 어른에게도 아이들에게도 중요하다. 우리 반을 넘어서 다른 학년과 학교의 소식도 접하고, 서로 의견을 나누고, 공공의 문제에 대해 생각하고 토의하고 해결하기 위해서는 아이들이 말할 기회가 주어져야 하고 그 자리가 바로 전교학생다모임이다.

우리 학교 겨울마을 2층에 학생회실이 있는데 2주마다 우리는 이곳에 모여 각 반에서 나온 이야기 중 다른 학년과 공유할 내용을 나누고, 공공의 문제에 대해 토의하고 토론하며 함께 결정한다. 만약 교사와 학부모와 공유할 내용이라면 학생대표단이 의견을 모아 연석회의에서 안건을 낸다. 그리고 반대로, 연석회의에서 학생들과 공유하거나 의견을 모아야 하는 안건들을 대표단이 전교학생다모임에 가져가 의논하기도 한다. 예를 들면, 5학년 아이들 사이에 해밀이 놀이터 난간 사이로 공이 자꾸 빠져 불편하니 그물망을 설치하면 좋겠다는 의견이 자주 나왔다. 이는 현재 5학년과 그 구역을 사용하게 될 앞으로의 학생들 모두와 관련된 공공의 문제는 맞지만, 학생들끼리 결정할 수 있는 문제는 아니었기에 학생 대표단이 연석회의에 안건으로 가져갔다. 행정실에서 정확한 위치 파악 후 설치가 가능한 곳이라면 설치를 해주기로 하였고 실제로 지금은 해당 구역에 그물망이 설치된 상태이다.

해밀랜드

학생회에서는 학생과 관련된 공공의 일에 대해 의견을 나누기도 하고, 동시에 학생들을 대상으로 하는 활동이나 행사를 직접 기획하기도 한다. 올해 학생회 아이들이 함께 기획하고 준비한 첫 번째가 바로 해밀랜드다.

해밀랜드는 마치 ○○랜드처럼 학교에서 학생들 모두가 함께 즐길 수 있는 날을 만들겠다는 대표단 아이들의 공약에서 시작되었다.

"○○랜드처럼 놀이기구가 있으면 어때요?"
"공연을 하면 좋겠어요."
"부스를 운영하고 싶어요."

2학기에는 이미 10월에 무지개축제가 계획되어 있고, 마침 5월에 어린이날이 있으니 날짜는 5월 1일로 정했다. 해밀랜드라는 이름에 걸맞게 우선 놀이기구가 있어야 했다. 물론 다다익선이겠지만 예산과 공간의 한계가 있기 때문에 대표단 아이들이 처음 공약을 낼 때 제안했던 에어바운스로 의견이 모아졌다. 행사가 많은 5월이라 한참의 검색 끝에 해당 날짜에 대여 및 설치가 가능한 업체를 찾아 예약했다.

다음은 부스. 아이들이 여러 아이디어를 냈고 그중 간단한 운동 미션, 키링 만들기, 페이스 페인팅, 학년별 퀴즈, 뽑기 총 다섯 개의 부스를 중간놀이와 점심시간에 운영하기로 했다. 해밀랜드라는 행사에 200만 원의 예산 사용을 계획했고, 에어바운스 대여에만 이미 176만 원이 지출된 상황이다. 남은 예산을 부스별로 적절히 나누어 주고 부스 운영 계획서를 작성해 보도록 했다. 대의원들은 맡은 부스별로 모여 토의를 통해 필요한 물품과 수량을 정했고, 태블릿으로 검색해 괜찮은 물건들을 정해 목록을 작성하고 링크를 보내주었다.

아이들은 먹거리 부스도 있었으면 했다. 하지만 이것까지 아이들이 직접 하기엔 손도 예산도 모자랐기에 연석회의에서 어른들께 도움을 요청해 보기로 했다. 감사하게도 해밀협동조합 COOP마켓에서 아이들이 먹을 수 있는 막대 아이스크림을 준비해 주기로 하였고, 선생님들이 학생들이 원하는 급식(대표단의 또 다른 공약이었다.)을 이날 같이 운영해 보면 어떻겠냐는 제안을 하였다. 대표단 아이들이 영양사 선생님을 직접 찾아가 의논 끝에, 전교생을 대상으로 투표를 열어 선정된 메뉴를 그날 급식에 반영해 주기로 했다. 뿐만 아니다. 중간놀이시간에 1,000여 명의 학생들을 대상으로 부스를 여는 것에 비해 부스를 많이 열지 못해 걱정이었는데, 방과후학교 선생님들께서도 부스를 몇 개 더 같이 열어주기로 하였다. 실로 이날 줄이 어마어마했는데 방과후 선생님들이 부스를 함께 열어주지 않았다면 정말 더 감당이 어려울 뻔했다.

해밀랜드의 첫 시작은 학생회의 공약이었지만, 여러 선생님, 학부모가 도와준 덕에 풍성하게 운영될 수 있었고 큰 어려움 없이 잘 마무리될 수 있었다. 많은 아이들이 즐거워해 주었고, 학생회 대의원들은 친구들이 좋아해 줘서 뿌듯했다는 이야기를 많이 했다. 그리고 어쩌면 아이들도 자연스럽게 공동체의 힘을 경험하는 계기가 되었을지도 모르겠다.

성공과 실패의 경험

실패라는 말이 알맞은지는 모르겠다. 하지만 더 적절한 표현이 떠오르지 않아 그냥 쓰겠다. 대부분은 학생회의 일원이 되어 무언가를 해보겠다는 의욕이 많은 친구들이 대의원이 되고 대표단이 된다. 그리고 실제로 많은 행사나 활동들을 기획해 보는 경험을 갖는다. 그러나 모든 기획이 다 계획하고 기대한 대로 성공하지는 않는다.

올해 대표단 아이들의 공약은 해밀랜드, 원하는 급식, 그리고 중고바구니였다. 이 중 앞의 두 가지는 어느 정도 아이들이 계획한 대로 실행되었고, 그 바탕엔 아이들의 의지와 여러 어른들의 도움이 함께했다. 그리고 남은 하나의 공약 중고바구니는 중고마켓처럼 자신에게 필요 없지만 쓸만한 물건을 아이들끼리 나눠 사용할 수 있게 바구니를 설치하겠다는 내용이었다. 2학기에 바구니를 대신해 수납장 설치까지는 실행되었으나 생각보다 아이들의 관심을 받지 못했고, 현재 급식실 앞에 수납장만 덩그러니 놓여있는 상황이다.

"친구들이 중고바구니에 아무것도 안 넣어요."
"친구들이 별로 관심이 없는 것 같아요."

고민했다. 내가 적극적으로 개입해서라도 이 공약을 살려내야 하는게 아닐까. 하지만 이번엔 기다리기로 했다. 아이들이 제안만 하고 어른의 지시에 따라 수동적으로 움직이기만 한다면 의미가 없다고 생각했기 때문이다. 아쉽게도 이 공약을 생각해 낸 대표단과, 함께 실천하기로 한 중고바구니부(학생회는 아이들과 함께 정한 부서가 있는데 그중 하나다.) 아이들은 아쉬움만 내비칠 뿐 현실적이고 적극적인 해결 방안을 더 고민하지는 못했다.

그렇다고 실패로 끝난 것은 아니다. 어른들도 계획한 대로 되지 않는

게 인생이다. 애써 노력한다 해도 100% 내 맘 같지 않은데, 그만큼 간절하지 않았고 노력하지 않았다면 실패하는 게 당연하고, 그걸 배우는 계기가 되지 않았을까. 자율 속에 책임을 배울 수 있었기를.

학생회뉴스

해밀초에는 학생회 산하조직으로 방송부가 있다. 방송부가 하는 일은 크게 두 가지다. 하나는 매일 아침 아침방송을 하는 것, 그리고 하나는 매달 학생회 뉴스를 제작하는 것이다.

방송부 이야기를 잠시 하자면, 방송부는 5·6학년 학생들로 구성되며 12월에 모집하여 이듬해 3월부터 본격적인 활동에 돌입한다. 구성은 아나운서 겸 작가와 엔지니어로 나뉜다. 아나운서 1명과 엔지니어 2명이 팀을 이루는데, 모두 3팀이다. 1학기 때는 학년군 동아리시간에 방송부 친구들끼리 모여 대본 쓰는 법, 촬영하는 방법, 편집하는 방법을 배우고 틈틈이 이를 적용해 영상을 찍어 뉴스를 제작했다. 시간이 지날수록 아이들은 제법 방송부원으로서 태가 났다. 기본적이지만 카메라를 다룰 줄 알게 되었고, 뉴스를 제작해야 해서인지 교내 소식들을 먼저 궁금해했다. 촬영 일정이 잡히면 드디어 촬영이구나 하며 기뻐하는 모습도 참 귀엽다.

학생회 뉴스는 한 달 동안 교내 많은 학생과 관련된 주요 소식을 전한다. 우선 아나운서가 대표단 어린이와의 인터뷰를 통해 전교학생다모임에서 나눈 이야기 중 모든 해밀 아이들과 공유할 내용을 전한다. 예를 들어, 교내 복도에서 꺾어지는 구간에서 뛰어다니는 친구들이 많아 위험할 수 있으니 걸어서 통행할 필요성을 알린다. 그다음은 방송부 아이들이 직접 촬영하고 편집한 영상들로 교내 소식을 전한다.

지난 11월 뉴스에서는 10월의 가장 큰 행사였던 해밀무지개축제를 다루었다. 보통은 촬영도 아이들이 직접 하지만 이날은 방송부 아이들도 팀 프로젝트 부스도 운영해야 하고 체험도 해야 했기에 내가 촬영하였다.

"선생님, 저녁에 몇 시까지 촬영하러 가면 되나요?"

이번 무지개축제 때는 저녁 시간에 학술제도 열렸는데, 내가 말하기도 전에 엔지니어 예빈이가 촬영 의사를 먼저 밝혔다. 이때는 따로 부스를 운영하지 않아도 되니 직접 촬영하겠다는 의지였다. 10월 말이라 제법 쌀쌀한 저녁시간이었는데 카메라로 열심히 촬영하는 모습이 참 대단했다.

완성된 학생회뉴스는 학교 유튜브 채널을 통해 각 학급담임선생님께 공유되고, 학생들은 뉴스를 통해 학교의 소식을 접하게 된다. 종종 방송부 아이들에게 반 친구가 이번 달 뉴스 언제 나오냐고 궁금해한다는 얘기를 듣는다. 학생회 뉴스가 학교의 모든 소식을 다 담기는 어렵지만, 그래도 서로 잘 알지 못했던 다른 학년의 소식을 알게 되고 또 무지개축제와 같은 함께 경험한 일을 다시 떠올리며 소감을 나눌 수 있는 매개체 역할을 잘하고 있는 듯하다.

방송부 아이들은 특별한 편집 일정이 없더라도 내가 부르지 않아도 자연스럽게 쉬는 시간에 방송실에 와서 쉰다. 특히 방송부 일에 열심히 참여하는 아이일수록 더 그렇다. 그만큼 그 공간이 친숙하고 편안해졌나 보다.

방송부로서의 경험이 아이들의 진로에 직접적인 영향을 미치진 않을 수 있다. 모든 아이가 작가나 아나운서처럼 방송과 관련된 직업을 가지진 않을 것이기 때문이다. 하지만 아침방송 시간에 맞추어 일찍 등교하고, 약속된 기간 내에 맡은 영상 편집을 마무리하려 노력하고, 같은 팀 선후배와 함께 소통하고 협력하는 그 과정에서 자연스럽게 스스로 더불어 삶을 가꾸는 힘을 길렀으리라 믿는다.

균형 잡기

학생들이 무언가 스스로 할 수 있게 하려면 교사들의 품은 배로 든다. 2019년 6학년 담임을 할 때, 교사가 모든 것을 계획하는 일반적인 체험학습이 아닌 학생들이 장소, 대중교통편, 점심식사 장소까지 모든 것을 기획한 그림자 체험학습을 떠난 적이 있다. 그때의 경험으로 나는 학생 중심이 되려면 훨씬 더 적극적인 교사의 개입과 지원이 필요하다는 걸 알고 있었다.

학생자치를 담당한 올해 나의 역할은 아이들이 스스로 생각하고 참여하는 경험을 통해 성장할 수 있도록 뒤에서 돕는 것이다. 학생 중심이라는 명분 아래 아이들을 방치하면 오히려 아이들은 아무것도 할 수 없거나, 하더라도 안전한 울타리에 보호받지 못하게 된다. 기다려주어야 할 때는 기다리되, 도움이 필요한 순간엔 적시에 개입하고 지원해서 아이들 스스로 자율과 책임으로 운영하는 경험을 하도록 도와야 한다.

모든 것에 중간이 어려운 것처럼, 학생자치 담당교사로서 가장 어려웠던 점은 균형을 잡는 일이다. 교사인 나는 어디부터 개입해도 되고 어디까지 개입해야 하는가가 가장 고민이었고 지금도 고민이다. 그냥 두고 보자니 결과가 뻔해 답답하고, 바로 개입하자니 아이들이 생각하고 경험해 볼 기회를 뺏는 것 같아 조심스럽다.

여전히 그 균형을 잡는 것이 가장 어렵지만, 아이들이 수동적인 존재가 아니라 능동적으로 참여했을 때 가끔은 부러울 정도로 훨씬 배움의 폭이 크다는 것을 경험으로 느꼈다. 그래서 나의 균형잡기는 여전히 진행 중이다. 이것도 연습하다 보면 성장하지 않을까?

4.
생활두레
'해밀학생생활안전망'

전화벨

따르릉 따르릉 교무실 전화벨이 울린다.

"안녕하세요? 해밀초등학교 교무실입니다. 무엇을 도와드릴까요?"
"여보세요? 해밀초등학교 생활부장님이신가요?"

전화기 너머로 고민을 가득 담은 목소리로 ○○초등학교 생활부장님이 연락이 왔다.

"해밀초등학교에서 생활지도 매뉴얼이 잘 되어 있다고 해서 연락했어요. 자료 도움을 받을 수 있을까요?"

학교에서 생활부장을 하며 겪는 어려움을 깊이 동감하기에 흔쾌히 대답했다.

"네, 무엇이 필요한가요? 딱히 정해진 매뉴얼을 만들진 않았지만 이야기해 보세요."

사실 딱히 정해진 매뉴얼이라는 것이 어디 있을까? 내가 가지고 있는 매뉴얼은 학교마다 교육청에서 장학자료로 받는 상담이나 생활지도 도움 자료이다. 전화를 받고 있는 시기에도 해밀초등학교 규칙에는 학생생활 지도에 관한 해밀초등학교만의 규정이 별도로 있지 않고 평범하고 일반 적인 내용을 담고 있었다. 다만, 스스로 더불어 삶을 가꾸는 교육이라는 학교의 비전을 반영하여 학생들의 문제는 학생들이 스스로 해결하도록 학교가 도와주는 역할에 충실하도록 하자는 생각은 계속하고 있었다.

"선생님, 우리 해밀초등학교에서는 이렇게 문제를 해결하고 있었습니다."
"아, 그렇군요. 선생님 감사합니다. 정말 중요한 역할이 있었네요."
"네 그렇습니다. 경험해 보니 확실합니다."

그러면 해밀초등학교에는 무엇이 있었을까?

해밀생활안전망

해밀초등학교에서는 해밀생활안전망이라는 협의체를 중심으로 관 계중심 생활교육을 하고 있다. 해밀생활안전망을 구성하는 구성원은 학생들이 학교 입구에서 만나는 배움터지킴이 선생님부터 행정실 교 직원, 각 학년 담임 선생님, 상담 선생님, 보건 선생님, 교과전담 선생 님, 교감선생님, 교장 선생님까지 모두가 구성원이 된다. 해밀초등학교 의 모든 교직원이 해밀생활안전망을 이끌어 주는 선생님이자 해밀의 어른인 셈이다.

학생들에게 애정이 많은 배움터지킴이 선생님은 학생들과 만난 소소한 일들을 메신저로 알리고 해밀햇살지원팀과 수시로 소통하며 학생의 일상들을 공유한다. 단순히 교문 앞을 지키는 역할을 뛰어넘어 학교 행사와 학년 프로젝트 수업에도 관심을 가지고 응원해 주고 학생들과 자전거 봉사단이나 자율 방범대를 만들어 운영하기도 한다. 눈에 띄는 개구쟁이 학생들은 한 번 더 살피게 해주는 것도 이분들의 역할이 크다.

일상적인 상황에서 매일 반복되는 생활지도 문제는 담임 선생님이 항상 레이더를 켜고 학생들을 관찰하여 학생, 학부모 상담을 통해 1단계 해결을 한다. 이때 문제 행동 지속 시 2단계로 학생, 학부모, 담임 선생님, 교장 선생님이 함께하는 상담이 이어진다. 대부분의 문제는 2단계까지 오지 않고 상황이 마무리되곤 한다.

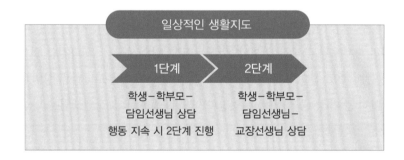

하지만 세상일이 이렇게 간단하게 해결되면 무슨 고민이 필요할까? 문제는 중대한 사안 발생 시 생활지도 문제이다. 사실 많은 학교에서 학생생활지도로 힘들어하는 부분이 여기서 시작된다. 여기서 말하는 중대한 사안 학교폭력에 해당하는 사안이거나 학부모의 강력한 민원이 포함된 사안을 말한다.

중대한 사안 발생 시 해밀생활안정망 협의체는 생활두레장이 사안을 조사하여 교장 선생님을 중심으로 가능한 빠르게 관련 학부모님과 대면 상담을 제안한다. 그리고 이 자리에는 반드시 아버님이 함께 오

시도록 한다. 학부모님의 민원이 강력한 민원이 되는 데는 학교에서 상담한 내용이 학교 밖으로 전해지는 과정에서 오해가 생기기도 하고 함께 상담하는 자리에 없는 경우 소통과 이해의 문제가 발생하는 경우가 많기 때문이다.

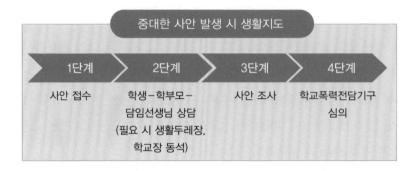

학부모님과의 상담은 교장실에서 진행된다. 상담 과정에는 관련 학생의 학부모님과 교장 선생님, 생활두레장, 담임선생님, 교과전담 선생님 등이 주로 참여하게 된다. 이렇게 많은 인원이 학부모님과의 상담에 함께하는 가장 큰 이유는 무엇일까? 해밀초등학교 교장선생님은 다음과 같이 말씀하셨다.

> "아이의 문제를 해결하기 위해 어느 한 사람이 혼자 이야기하는 것은 바람직하지 않습니다. 해밀생활안전망 협의체가 함께 아이의 문제에 관심을 가지고 이를 해결하기 위해 공동으로 대응하며 서로 협력하는 과정이 필요합니다."

어떤 문제를 해결하기 위해서는 올바른 문제 인식이 필수적이다. 학부모님과의 상담 과정에서 해밀생활안전망 협의체가 함께하는 것도 아이에 대해 바르게 인식하기 위해서 아이를 바라보는 다양한 선생님들의 의견을 공유하며 시각을 확장시키기 위함이다.

자녀를 바라보는 학부모님은 다양한 선생님들의 경험과 수업 장면에서 일어나는 이야기를 듣고 놀라기도 한다. 이때 감정을 최대한 배제하고 객관적인 사실만을 전달하려고 노력한다.

"우리 아이가 정말 그랬나요?"
"네, 학교에서는 이런 일들도 있었고 자녀가 이렇게 행동했었습니다."

자녀의 일로 학교 교장실을 방문하게 되는 경험을 하게 되는 학부모님과의 만남은 그야말로 어색하기 짝이 없다. 하지만 이런 어색한 분위기도 시간이 지나면서 자녀에 대한 이해와 학교의 적극적 관심을 바탕으로 한 걸음씩 신뢰의 계단을 쌓아가게 된다. 상담의 목적이 학생을 벌을 주기 위함이 아닌 자녀를 한 걸음 물러서서 객관적으로 바라보게하고 성숙한 인격체를 만들어 가도록 돕고자 하는 것이기 때문에 학부모님들도 서서히 마음의 문을 연다. 당면한 문제 해결을 위해 어른들이 함께 힘을 합쳐 서로 도와보자는 취지에 함께 공감하게 되면 일이 수월하게 풀리기 마련이다.

학생 생활지도 업무 담당자로 일하면서 가장 기억에 남는 말이 있다.

"교장 선생님! 학부모님 상담 일정을 잡아야 하는데 언제 시간이 되시나요?"
"선생님 제 일정을 묻지 마시고 언제든 정해진 날을 말씀해 주시면 됩니다. 제가 맞추겠습니다."

교장선생님의 이 말씀에 해밀생활안정망은 신속하게 그리고 단단하게 움직인다.

5.
마을두레
'오후학교, 마을교육생태계를 열다'

〈 해밀마을 전경 〉

마을의 탄생

세종은 지역을 6개의 생활권으로 나누고 있는데 1, 3, 6생활권의 신설학교에 근무했다. 신설학교 개교TF팀으로 근무하여 마을이 정착되는 과정을 살펴볼 기회가 있었는데, 마을마다 조금씩 차이가 있지만 아파트의 입주 시기에 맞추어 개교하고 이후에 주민센터와 복합커뮤니티센터가 문을 연다. 연이어 상가들이 지어지면서 마켓, 학원, 음식점 등이 입점하고 마을에 사는 사람들이 늘어가며 상가들이 다양화된다.

입주 초기에는 인프라 부족과 공사가 마무리되지 않아 초기 입주자들이 불편함을 겪고 교육기관의 부족으로 학생들에게는 정규교육과정 이후에 공백기가 생긴다. 마을의 부족과 불편한 점은 입주자대표협의회, 자치회, 지역사회보장협의체, 통장협의회 등의 직능단체들이 생기면서 주민들의 의견을 모으고 전달하면서 공론화가 된다. 물론 직능단체는 문제해결에도 적극적으로 참여한다. 이를테면 자생적으로 생긴 봉사단체가 길거리에 쓰레기를 줍고 방범대가 야간 순찰 활동을 하며 마을의 안전을 지킨다. 주민자치회에서는 주민의 의견으로 마을계획사업을 계획하고 주민총회의 투표로 마을의 주요 현안 사업을 선정하고 실행하여 마을의 불편 사항을 해결한다.

마을이 태어나는 것은 위정자들의 거대한 계획—생활권이 나뉘고 거주시설이나 관공서, 학교가 지어지는—도 있으나 마을을 섬세하게 가꾸고 살 만한 곳으로 만드는 것은 의식 있는 시민들이다.

어린 시민들의 사회

어릴 적, 우리 집은 다세대 주택의 골목 끝에 있었다. 자려고 누우면 골목을 걸어가며 이야기하는 사람들의 대화가 들렸고 반대편 골목에서 젊은 부부가 싸우는 사연도 소리를 통해 알 수 있었다. 다세대 주택에 사는 사람들이 함께 이용하는 공중화장실은 불이 들어오지 않아서 밤에 가려면 한참을 참고서야 오줌보가 두려움을 이겨낼 때 겨우 갈 수 있었다. 골목의 개똥이나 소변자국은 위치가 가까운 집이 치우는 것이 관례였고 그마저도 치우지 않으면 똥인지 돌인지 모를 정도로

굳어졌다. 골목에 전등이 없어도 어두운 상태로 불편함을 감수했고 외지고 어두운 곳은 쓰레기가 쌓여갔다.

사람들은 시간이 날 때마다 슈퍼 앞 좌판이나 목욕탕 온탕에 모여 앉아 마을의 가십거리에 대해 이야기를 나누었고 어린 나는 귀동냥으로 마을의 일들을 파악했다. 다시 그 상황을 떠올려 보았을 때, 내가 들었던 마을의 일에 관심을 가지거나 혹은 조금 자라서 힘이 생겼을 때 마을을 변화시켜야겠다는 마음을 먹지도 못했다.

초등학교를 다니며 내가 했던 사회참여는 공병이나 폐지를 모으는 일이었다. 학교에서 폐지 모으는 날이 되면 동네에 있는 신문지들을 포대에 담아 학교까지 질질 끌며 갔다. 마치 채플린의 흑백영화 속 컨베이어 벨트에 폐지와 공병을 계속해서 올려놓는 인간처럼 같은 행동을 되풀이하였다. 폐지와 공병이 모여서 어디로 가고, 무엇을 할 수 있는지 궁금하지 않았으며 선생님도 그 결과가 무엇인지 알려주지 않았다.

왜 나는 공중화장실에 전등이 필요하다는 의견을 모으거나, 같이 골목에 쓰레기를 줍자거나, 우리가 모은 폐지들이 누구를 돕는 것인지 알아보려는 시도를 하지 않았을까?

2023년 해밀의 아이들은 육교 위에 무분별하게 놓여있는 킥보드와 자전거를 치우자는 캠페인과 더불어 자전거 거치대를 더 놓아달라고 동장이나 시의원에게 건의하는 것이 자연스럽다. 1학년도 마을의 쓰레기투기와 분리수거, 흡연과 층간소음에 대한 문제를 알고 나름의 해결 방법을 다모임을 통해서 도출할 수 있다. 사회적경제공동체센터나 주민자치회와 협업하여 마을계획사업에 참여하고 주민총회에서 마을의 주민들이 지켜보는 상황에서도 마을의 일원으로서 의견을 낼 수 있다.

지금과 30년 전의 사회교과서는 똑같이 민주주의의 과정과 절차, 지방자치의 내용을 담고 있다. 그럼에도 불구하고 이러한 차이를 만드는 것은 학생들이 어린 시민으로서 학교와 마을, 사회의 변화에 참여해

본 경험이라고 생각한다.

해밀초 아이들은 학생자치활동을 통해 교실과 학교의 가벼운 문제를 다모임을 통해 해결한다. 매월 열리는 연석회의(학생, 교사, 학부모 대표)에 참석하여 자신들이 가진 문제와 어려움을 해결하기 위해 어른들과 머리를 맞댄다. 교사들이 학년, 학년군 교육과정을 운영하며 마을 탐색과 문제발견, 해결하는 과정을 가르침으로써 학생들에게 공동체성과 변혁적 역량을 키워주려고 노력한다. 사회참여학습, 마을축제TF팀 활동을 통해 마을의 어른들과 자연스럽게 만나서 같은 눈높이에서 이야기를 나누고 어른들은 아이들의 의견을 적극 수용하며 구체적으로 실현한다. 이러한 과정이 해밀아이가 시민으로 성장하도록 돕는데, 우리는 이것을 해밀마을교육과정이라고 부른다. 결국 마을의 내용을 채우는 의식 있는 시민을 키워내는 작업이 필요하다.

아이들의 삶을 햇살처럼 입체적이며 다각도로 비추어 준다는 해밀햇살교육과정은 오전 학교와 오후 학교로 나뉜다. 오전 학교는 담임교사가 국가교육과정, 지역교육과정(세종창의적교육과정), 학년군, 학년, 학급교육과정을 운영하는 시간이다. 오후 학교는 하교 후에 이루어지는 활동들을 의미한다. 일반적으로 돌봄교실, 방과후학교가 운영되는 형태이지만 '해밀오후학교'에는 조금 더 의미를 부여하여 운영하고 있다. 아이들의 선택적이고 주도적인 참여가 가능한 시간으로 열어둔 것이다. 그래서 돌봄도 정규돌봄 외에 학부모가 품앗이 형태로 참여하는 '해밀다온 돌봄교실'을 운영하고 방과후도 방과후 강사가 운영하는 프로그램 외에 학부모와 마을주민이 참여하는 '엄마·아빠품 마을방과후'를 운영한다. 오후 학교에는 관심사가 비슷한 학생들이 개설하는 자율동아리 활동이나 스포츠클럽 활동도 이루어진다. 행복교육지원센터에서 운영하는 마을방과후 강좌에 참여할 수도 있고 주민자치프로그램에도 참여할 수 있다.

학생의 선택적이며 주도적인 활동이 가능한 시간이라는 의미에서 방학도 오후 학교와 비슷한 무게를 갖는다. 방학은 휴식과 더불어서 학생들이 하루를 온전히 자기주도적으로 보내야 하는 시간이기 때문이다. 나 또한 학기를 바쁘게 지낸 교사와 학생에게 쉼은 중요하다고 생각한다. 그러나 오랫동안 방과후, 돌봄 담당교사를 하며 많은 수의 아이들이 방학 중에도 학교에 나올 수밖에 없는 상황들을 접하게 되었고, 주어진 대로 시간을 보내는 것을 보게 되었다. 아이들의 다양한 선택이 가능하도록 판을 까는 것이 필요했다. 더불어 코로나19 시국에 방학 중 학력증진프로그램(매미교실, 눈꽃교실)을 공모하여 운영하며 '여름, 겨울방학 계절학기'가 구체화되었다.

계절학기를 만들기 위해서 별도로 들인 노력은 많지 않았다. 방과후 프로그램, 학력증진프로그램, 영어캠프, 경제캠프, 독서캠프, 해밀다온돌봄교실, 엄마, 아빠품 원데이클래스, 스포츠캠프, 건강증진캠프 등을 묶었을 뿐이었다. 기존에 운영되는 프로그램과 더불어서 심화학습을 할 수 있는 해밀윈터스쿨(오후 소그룹 방과후)도 운영된다. 진행이 되기까지 우여곡절은 있었으나 방학 중에 아이들이 점심을 해결할 수 있으며 오후 시간도 알차게 보낼 수 있게 되어 학부모와 학생들의 시름도 덜어진 듯하다.

꿈마루와 해밀학교사회적협동조합

방학뿐 아니라 아이들의 틈새 시간에 관심을 가지게 된 것은 업무담당을 하기도 했지만, 자녀가 초등학교에 입학하게 되면서이다. 유치원이나 어린이집에서는 오후 5시까지 한 곳에서 시간을 보낸다. 퇴근이 이르다면 아이가 마치는 시간에 데리러 갈 수 있고, 조금 더 늦는다면 학원 한 곳 정도 보내면 해결이 된다. 그런데 초등학교에 입학하면 아이가 하교하는 시간이 더 빨라진다. 1, 2학년 때는 돌봄교실을 이용하면 어느 정도 시간을 보낼 수 있으나 3학년이 되면 돌봄교실을 이용할 수 없다. 현재는 방과후연계돌봄교실도 운영되나 첫 아이가 3학년일 때는 운영되지 않았다. 코로나19 시국이라 도서관도 개방되지 않았다. 그때부터 학원 뺑뺑이가 시작되었다. 엄마 마음에 학원차를 기다리는 틈새 시간에 잠시 머물 곳이 있었으면 하고 생각했다. 그러던 중 꿈마루사업에 공모하게 되었다.

꿈마루사업은 학교 공간 개선사업이다. 해밀초등학교는 신설학교이고 좋은 학교시설을 가지고 있었으나 한 군데 학교시설계획에서 빠진 곳이 있었다. 바로 프로젝트실이었다. 프로젝트실은 지금의 여름마을 1층에 있는 텅빈 공간으로 교실을 4칸 정도 합한 크기이다. 프로젝트실이라는 이름에 걸맞게 미래형 교실을 구축해야 할까 하는 고민을 하였으나 사용자참여설계를 진행하면서 공간구축의 방향이 정해졌다.

건축전문가를 퍼실리테이터로 하여 아이들과 설계를 진행하였는데, 아이들에게서 나온 의견이 매점이었다. 또한 그 당시 출마한 학생대표의 공약사업도 매점과 문구점 운영이었다. 공간은 꿈마루사업을 진행하며 매점과 공연장, 개인학습공간과 모둠학습공간으로 리모델링이 되었다. 그러나 매점의 운영주체가 누가 될 것인가에 대한 문제가 발생했다. 학생대표단이 운영하는 것이 교육적인 효과가 클 것 같았으나 매년 운영 주체가 바뀌는 혼란을 겪을 것이 분명했다.

학부모들을 중심으로 사회적경제를 공부하며 사회적협동조합을 준비하는 모임이 있었다. 교육청의 지원과 준비모임의 헌신으로 해밀학교사회적협동조합이 설립되고 학교 매점을 운영하게 되었다. 지금도 인건비 없이 봉사로 운영되며 아이들의 틈새 시간을 채워주고 있다. 주변의 상권을 방해하지 않으며 학교협동조합이라는 주체성을 살려 지역에서 생산되는 제품, 건강한 제품을 판매하고, 방학 중 경제캠프와 동아리 운영으로 착한 소비심리와 경제에 대한 인식을 심어주고 있다.

학교스포츠클럽과 해밀학교사회적협동조합

해밀초에 돌봄과 방과후, 학부모와 마을주민이 참여하는 문화가 형성된 원인 중 하나는 인프라 부족이다. 대부분의 신설학교가 겪는 어려움이다. 아이들이 하교 후에 돌봄을 받을 수 있는 곳이나 시간을 보낼 수 있는 마땅한 장소가 놀이터 외에는 없다. 마을의 많은 아이들이 놀이터에서 부딪히기 시작했다. 놀이터에서 자전거를 타고 놀이 기구를 오르내리며 뛰었다. 비비탄과 같은 위험한 장난감을 가지고 놀면서 유아들과 학부모들을 불안하게 만들었다. 주변에서 자주 이름이 오르내리는 아이를 만났고 상담했다. 아이의 고충은 마음껏 놀 장소가 없다는 것이었다. 아이에게 무엇을 하고 싶으냐고 물었더니, 배드민턴이라고 대답했다. 사고를 치지 않으면 내가 같이 놀아주겠다고 하였고 그때부터 강당을 열고 아이와 배드민턴을 치기 시작했다. 이것이 '해밀스포츠클럽'을 시작하게 된 계기였다.

결국 스포츠클럽도 돌봄의 역할 중 하나로 여기고 시작하였다. 평일 오후와 저녁, 토요일, 일요일에도 강당을 열고 아이들과 배드민턴을 쳤다. 아이들이 한창 전학을 오던 시기라서 갈수록 인원이 늘어났다. 기왕 연습한 김에 대회도 나가 보았다. 첫대회에서는 예선 탈락을 했다. 나도 아이들도 경기 경험이 부족했다. 처음에 한 종목이던 것이 22년과 23년을 거치면서 23, 29개 종목으로 늘어났고 참여하는 아이들도 많아졌다. 방학 중에 독서캠프에 오라고 하면 오지 않는 아이들이 스포츠캠프를 개설했더니 참여율이 높아졌다. 집에서 TV를 보거나 게임만 하는 것보다 건강한 땀을 흘리는 모습이 대견했다. 아이들이 졸업하면서 스포츠클럽에도 선배와 후배가 생기고 서로 가르치고 배우는 문화가 생겼다. 중학교 학생들도 등교 전에 강당에서 초등학생과 운동하고 가거나 방학 중 스포츠캠프에 참여했다. 졸업생이 자라는 과정도 지켜볼 수 있는 기회와 더불어 여전히 내가 아이들의 삶을 들여다보고 조언을 해줄 수 있었다. 후배들이 대회를 나가면 선배들이 함께 응원해 주고 공도 주워주었다. 그리고 '아빠에게 도전합니다.'라는 이벤트를 통해 아버지들이 학교에 들어와 볼 수 있는 기회를 만들었고, 이를 통해 아버지회가 조금 더 발전할 수 있었다.

스포츠클럽이 단순히 아이들의 체력을 향상시키고 움직임 욕구를 해소시키는 수단만은 아니었다. 해밀 아이에게는 돌봄과 방과후였고, 방학중 프로그램이었다. 아이들과 상담하고 생활지도를 할 수 있는 수단도 되었다. 그뿐만 아니라 대회에서 좋은 성적을 거두게 되며 학교 홍보 효과도 컸다.

스포츠클럽을 운영하며 가장 큰 성과는 해밀학교사회적협동조합과 상생할 수 있는 계기가 된 것이다. 학교사회적협동조합은 스포츠클럽을 후원해 주고, 스포츠클럽은 '해밀학교사회적협동조합 해밀COOP마켓'이라고 적힌 유니폼을 입고 대회에 나가서 협동조합을 홍보한다.

"해밀초등학교는 후원업체도 있어요?"라는 어느 학교 지도교사의 질문을 들으며 자부심이 생긴 것은 나만이 아닐 것이다.

〈 해밀학교사회적협동조합 후원 〉

징검다리와 학습프로젝트지도사

징검다리는 오전 학교와 오후 학교가 만나는 시간이다. 내용과 사람, 공간과 자원이 만나는 시간인데 해밀이가 활동하는 장면으로 보자면 다음과 같다.

> 금요일 오후가 되었다. 오늘은 '세계로 DIVE' 팀프로젝트 4번째 시간이다. 지난 시간에는 우리 팀과 학습프로젝트지도사님을 만났다. 나는 17번째 팀인데 우리 팀은 5학년 3명과 6학년 3명으로 구성되었다. 팀원들의 추천으로 내가 팀장이 되었는데 서로 인사를 하고 역할을 나누었다. 우리 팀은 기후변화에 관심을 가진 친구들이 모였다. 우리 팀의 활동주제는 기후변화를 많은 사람들에게 알리고 생활 속에서 기후위기를 막을 수 있는 실천 방안을 찾는 것이다. 오늘은 프로젝트지도사님의 도움으로 환경전문가를 인터뷰하기로 했다. 얼마나 심각한 상황인지 전문가의 이야기를 잘 들어봐야겠다.

징검다리 팀프로젝트는 해밀학력의 총체라고 볼 수 있다. 프로젝트 학습을 하기 위해 5·6학년 아이들을 소그룹으로 나누어 조를 편성한다. 대여섯 명의 작은 그룹으로 나누는 것은 누구나 학습의 주체가 되도록 하고 학습에서 소외되는 아이가 없도록 하기 위한 장치이다. 아이들을 소그룹으로 나누다 보니 교사 이외의 인력이 필요하게 되었다. 그래서 팀프로젝트의 과정을 이해하고 아이들이 학습자주도성을 발휘하여 문제를 해결할 수 있도록 돕는 안내자인 학습프로젝트지도사를 양성하게 되었다. 양성과정을 4기까지 운영하였으며 현재까지 양성된 프로젝트지도사는 42명이다. 취업 등의 사유로 현재까지 활동하는 인원은 줄어들었으나 지속적으로 활동하는 지도사의 전문적 역량은 더 높아졌다.

팀프로젝트를 진행하기 위해 학년군장은 프로젝트를 설계한다. 5·6학년 학년장과 협의하고, 5·6학년 교사 및 프로젝트지도사와 계획을 공유한다. 아이들을 만나서 프로젝트 학습에 대한 안내를 하는 것까지가 교사의 역할이다. 지금부터는 아이들이 학습의 주체가 된다. 프로젝트를 어떤 과정을 거쳐서 해결할 것인지 아이들 간 협의하고 해결하는데, 교사와 프로젝트지도사는 여러 자원을 이용하여 그 해결 과정을 돕는다. 아이들은 프로젝트의 결과를 '마을축제'에서 학술제 발표나 부스 형식으로 나눈다.

교사와 학습프로젝트지도사는 아이들에게 학습에 대한 성공경험을 주기 위하여 협력체제를 구축한다. 사전협의–실행–사후 평가를 통해서 교사와 학부모가 아닌 프로젝트 학습의 안내자로서 같은 역할을 가지게 되며 서로의 입장차를 줄이는 경험을 한다. 마을교사와 교사, 학부모와 교사의 만남은 아이의 성장을 위해 서로의 품을 내어주는 것이라는 것을 깨닫는 순간이다.

해밀무지개축제

코로나19의 위기 단계가 하강되며 지역축제가 활성화되었다. 다시 지역이 활발해지고 사람이 모이는 것은 고무적인 일이었으나 가을과 같은 계절에는 매주 축제가 열려 정신없는 시기를 보내기도 했다.

학교에서 축제는 교육과정 운영의 결과이며 산출물이라는 의미를 가진다. 그런 의미에서 다수의 학교가 축제를 운영하고 학습산출물 전시회, 문화예술공연, 체험부스 운영, 운동회 등의 형태로 운영된다. 학생자치 활동이 활발해지며 축제의 운영 주체는 학생회가 되기도 한다. 학교에서 축제를 열면 학생, 학부모 간 교류가 있을 것이다. 그러나 학교급간 축제를 열면 학교급을 넘나들며 교류와 소통이 생긴다. 그러다가 마을 내에서 축제를 열게 되면 마을 속에서 교류와 소통이 생기게 된다. 축제 당일에만 생기는 소통보다 더욱 의미 있는 것은 축제를 만들면서 생기는 소통이다. 예를 들어 유치원에서 열리는 축제에 초등학생이 방문하게 되면 초등학생은 축제의 소비자와 평가자가 되고야 만다. 그러나 축제를 함께 만드는 과정에 참여하면 함께 계획하여 운영하며 평가하게 된다. 그 평가는 비판적인 것이 아니라 함께 성장하는 평가가 된다. 축제를 함께 조직하고 운영한다는 것은 함께 발전하고 성장한다는 것을 의미한다.

3년째 학교와 마을이 마을축제를 같이할 수 있었던 것은 해밀교육마을협의회라는 협의체가 있었기 때문이다. 협의회에서 마을축제 공동개최라는 안건이 발의되고, 각 기관별로 축제준비 TF팀을 추천한다. 해밀학교의 학생, 학부모, 교사와 해밀동주민센터 실무자, 해밀동주민자치회 위원, 해밀마을 1, 2단지 주민을 위원으로 추천한다. 축제준비TF는 축제의 진행 절차에 따라 컨셉을 정하고 계획에 따라 역할을 나누어 진행한다.

제1회 축제는 코로나19 시국이라 학교와 마을이 섞이는 행사는 하지 못하였으나 축제 명칭과 캐릭터 공모전을 초등학교와 중학교 학생회에서 진행하고 주민투표에 붙여 정하였다. 최종적으로 해밀무지개축제라는 명칭이 선정되었다. 제2회 축제는 '다같이 돌자 해밀 한바퀴'라는 컨셉으로 진행하였다. 해밀마을퍼레이드를 통해 마을에 축제가 열림을 마을 사람들에게 알리고, 해밀마을대장정으로 마을을 둘러보며 여건을 파악하였다. 그리고 학교 간 넘나들기 행사와 명랑운동회를 통해 학교급 간 자연스러운 교류가 이루어졌다. 올해 열린 제3회 축제는 해밀학술제와 해밀초 팀프로젝트 체험부스, 해밀중·고의 동아리 체험부스와 공연, 전시회 등으로 초·중·고가 연계되는 해밀학력의 과정과 결과를 보여주었다.

해밀교육마을협의회

해밀교육마을협의회는 해밀학교(해밀유치원, 초등학교, 중학교, 고등학교)의 기관장과 실무자, 해밀동 동장과 담당자, 해밀동주민자치회, 해밀마을 1, 2단지 대표로 구성된 협의체다. 해밀교육마을협의회는 세종특별자치시(이하 세종시) 6-4생활권, 해밀동에 위치한 교육기관, 행정기관, 해밀동 주민자치회, 해밀동 주민단체 등이 학교 교육과 마을교육의 협력 모델을 만들어 다양한 교육활동을 지원하고자 하는 데 목적이 있다.

해밀교육마을협의회에서 진행하는 주요 사업들은 해밀학교의 교육과정을 공유하면서 학사일정을 조정하는 일, 마을축제를 공동개최하는 일, 마을의 공유공간을 학습공간으로 확장하기 위해 기관별로 MOU를 맺는 일이다. 또한 마을교육지원센터와 같이 마을교육거버넌스를 구축하는 일에 동의하고 함께 추진하기 위해 협의를 한다.

개교할 때부터 교육공동체의 동의를 얻어 자발적으로 협의체를 구성하고 학교 간, 그리고 학교와 마을이 협력할 수 있는 기반을 마련하

〈 해밀교육마을협의회 회의 〉

여 마을의 교육력을 높이는 일을 하는 것이다. 이는 학생들의 배움과 연결된다. 해밀유치원 원아들이 마을계획사업을 통해 양성된 은빛교사단의 도움을 받아 단옷날 창포물에 머리를 감는다. 해밀초 학생들이 자기주도적으로 설계한 팀프로젝트를 학습프로젝트지도사와 함께 해결한다. 해밀중·고등학교 학생회가 함께 자치활동을 한다. 해밀고등학교 학생들이 디지털소외를 경험하는 마을의 노인들에게 유용한 앱이나 키오스크를 사용하는 방법을 알려준다. 해밀초 저녁돌봄교실을 이용하는 아이들을 마을의 노인들이 돌봐주고 집까지 데려다주는 안전도우미 서비스를 제공한다. 해밀마을은 교육마을협의회를 통해 배움과 돌봄의 선순환적 구조를 만들어 가고 있다.

마을이 책임지는 돌봄

해밀이는 학교 수업을 마치면 해밀다온 돌봄교실로 갑니다. 돌봄교실에는 가람이, 다솜이가 다솜이 엄마와 보드게임을 하고 있습니다. 다솜이 엄마가 챙겨주시는 간식을 먹고 '그림책 놀이터'로 갑니다. 그림책을 읽고 밖으로 나가서 비눗방울 놀이를 하였습니다. 저녁 5시가 되면 저녁돌봄교실로 이동합니다. 저녁돌봄교실에서는 할머니 선생님이 우리의 간식을 챙겨주십니다. 화요일은 저녁돌봄교실에서 요리 수업이 있는 날입니다. 패티와 햄버거 빵을 굽고 야채들을 끼워서 햄버거를 만들었습니다. 저녁돌봄교실을 같이 하는 친구들과 둘러앉아 맛있게 먹었습니다. 수업이 끝나면 할머니 선생님과 함께 집으로 갑니다. 길은 조금 어둡지만 할머니 선생님과 함께 걸으면 무섭지 않습니다.

해밀초에서 돌봄교실을 이용하는 학생의 일과이다. 해밀다온 돌봄교실은 오후 정규돌봄교실과 달리 학부모 봉사자가 품앗이 형태로 운영하는 돌봄교실이다. 그림책 놀이터는 방과후학교와 별개로 학부모 봉사자가 재능기부의 형태로 운영되는 엄마, 아빠품 방과후학교이며, 저녁돌봄교실에서 봉사하는 할머니 선생님은 해밀동주민자치회에서 마을계획사업으로 양성한 시니어 봉사자를 지칭한다.

다른 학교와 마찬가지로 해밀초에도 정규돌봄교실과 방과후학교가 운영되고 있다. 학교의 규모가 큰 편이라 정규돌봄교실 7실이 운영되고 방과후학교의 프로그램도 다양하고 많다. 그럼에도 불구하고 엄마품 돌봄교실이나 엄마·아빠품 마을방과후를 별개로 운영하는 이유는 돌봄과 복지는 학교만이 감당할 일이 아니기 때문이다. 마을의 인적, 물적, 공간적 자원이 돌봄을 위해 서로 품을 내어주고 공유되어야 진정한 복지가 실현된다. 그래서 해밀초는 학부모와 마을주민이 참여하고, 마을계획사업을 통하여 마을과 어른들이 학생들을 돌보는 데 그 힘을 보태고 있다.

돌봄사각지대를 줄이기 위한 다양한 노력도 하고 있다. 도서관은 방과후와 방과후 시간 사이에 아이들이 머물 수 있도록 하고 장애인 사서보조원과 직무지도원, 방역도우미와 사서봉사자들은 아이들의 시간을 챙겨준다. 해밀학교사회적협동조합은 아이들이 방과후나 학원시간을 기다리며 허기를 달랠 수 있도록 매점을 운영한다. 방과후 틈새 시간 동안 컴퓨터실에서 영어독서프로그램을 이용할 수도 있다.

이러한 노력에도 불구하고 여전히 빈틈은 있다. 학교가 과밀되어 돌봄 공간이 부족하고, 돌봄봉사자를 구하는 일도 쉽지 않다. 아직까지 돌봄은 저학년에 치중되어 있고 방학 중 스스로 끼니를 해결해야 하는 고학년 학생들도 있다. 그러나 아이들을 함께 돌봐야 한다는 인식과 필요성에 대해 공감하는 마을 사람들이 늘어나고 있다는 것에 해밀마을의 돌봄 복지는 실현될 수 있다는 희망이 있다.

해밀아고라 '교장실'

개인적으로 해밀 아이들의 시민성과 사회참여를 높여주는 것은 바로 '교장실 유리창'이라고 생각한다. 학교의 중앙현관으로 들어오면 행정실 옆 교장실이 있는데 통유리벽으로 되어 있다. 교장실이 학교의 가운데에 있어 아이들이 학교에서 가장 많이 방문하는 곳이라 상담실, 놀이방의 역할도 하지만 눈에 띄는 역할 중 하나는 '아고라'이다. 대학교 정문에 있는 게시판에나 붙는 대자보가 교장실에 붙고는 한다. 대부분은 학생들이 각종 불편사항과 해결 방안들을 적어서 붙인다. 기억에 남는 내용은 코로나19 시국에 등교 제한이 걸렸을 때, 6학년 아이들이 '학교에 등교하게 해주세요.'라고 읍소한 것과 '6학년 다솜반이 다른 교실보다 작으니 교실을 옮겨달라.'고 요구한 사항들이다. 교실의 크기까지 비교해가며 옮겨야 할 이유와 대체할 장소까지 구체적으로 적은 것이 인상 깊다.

교장실은 드나드는 사람들이 많다. 쉬는 시간이나 점심시간에는 어김없이 아이들이 자리를 차지하고 보드게임을 하거나 교장 선생님과 얘기를 나눈다. 어떨 때는 교장 선생님이 없을 때도 있다. 아이들은 아랑곳하지 않는다. 오히려 '교장 선생님이 교장실 잘 지켜달라고 했다'며 주인 역할을 한다.

오후에는 교직원뿐만 아니라 학부모, 지역사회, 학교를 방문한 다양한 사람들이 드나드는 시간이다. 교장실 칠판에는 다양한 사람들과 얘기를 나누며 적어 놓은 메모 형식의 글자가 쓰여 있다. 이 메모는 누구나 와서 더 보태거나 빼며 정리해간다.

저녁 시간 때때로 학부모 상담이 이루어진다. 교장 선생님과 학부모 당사자와의 상담도 있지만 대부분 상담은 다수가 참여하는 집단 상담이다. 어떤 사안에 대해 다 같이 상황을 진단하고 그에 대한 후속 조치가 이루어진다. 이 과정은 잘잘못을 가려 누군가에 처벌을 내리거나 훈계를 하는 방식이 아니다. 대화 처음에는 '사과', '처벌'과 같은 말이 나오지만 대화를 하다보면 아이가 앞으로 학교생활을 잘 할 수 있도록 도와주는 것으로 초점이 모아진다.

물론 교장실이 문제 해결의 만능은 아니다. 학교의 많은 일은 교실에서 담임 선생님과 아이들과 함께 이루어진다. 당연히 대부분의 사안은 교실에서 해결된다. 그래도 학교 곳곳에서 생기는 갈등을 풀어내고 마음을 나눌 수 있는 곳이 여기저기 있다는 것 자체가 문제 해결하는 힘을 가지는 데 중요하다. 교장실도 그런 역할을 하는 곳이다.

IV

내용을 담다
〈마을로, 세계로〉
- 고은영, 김지수, 김지원, 박석희, 박효원, 양현화,
여지수, 윤서영, 임지은, 정남주, 최수림, 황현영

1.
1·2학년군
〈학교와 만나다〉

1) 따로 또 같이, 학년부장의 무게

학년부장의 역할 중에 가장 중요한 것은 무엇일까? 지금까지 학년
부장을 하며 경험한 바로는 학교 공지를 잘 전달하는 것, 행사를 잘 챙
기는 것, 학년의 불편함을 학교 측에 전달하는 것, 학년의 교육과정이
잘 운영되도록 하는 것이었다. 지난해 이어 올해 해밀에서 학년장, 학
년군장을 하면서 나에게 가장 중요했던 것은 위의 것들 외에 학년의
수업이 '상향평준화' 되도록 돕는 것이었다.

물론 선생님들은 각자의 교실에서 모두 최고의 수업을 하고 있다. 하
지만 어떤 수업은 힘들고 어떤 수업은 어렵다. 전 교과를 혼자 맡아 하
는 상황에서 모든 수업을 100% 챙겨서 하기란 여간 어려운 것이 아니
다. 이런 경우 동학년의 도움을 받아 좋은 수업을 할 수 있다면 놓치는
수업 없이 모두 좋은 수업을 할 수 있으니 얼마나 좋을지 상상했고, 이
런 상상을 실현하기 위해 '학년 공동주안'을 운영했다.

학년에서 공동주안을 활용할 때의 장점은 무수히 많다. 특히 나 혼자라면 할 수 없었던 것들을 시도해 보는 용기를 얻을 수 있다는 것이 가장 큰 장점이다. 더불어 교육과정 운영과 수업의 경로의존성에 빠진 교사에게 새로운 길을 알려주는 계기가 되어 줄 수 있기 때문이다.

또한 공동주안의 장점은 모든 수업을 혼자 준비하느라 놓칠 수 있는 것도 각자 하나의 수업을 집중해서 준비하며 궁극적으로 매시간 양질의 수업을 할 수 있도록 돕는 것이다. 그리고 같은 수업을 한 후 자연스럽게 수업 이야기를 하며 수업나눔이 이루어질 수도 있다. 본인이 준비한 수업의 장단점을 나누며 자신을 성찰하는 데도 도움을 준다. 수업에 대한 이야기는 나아가 학급의 이야기가 되어 생활지도와 학급에 대한 고민을 상담하는 기회도 될 수 있다. 마지막으로 학년이 공통으로 좋은 수업을 하고 있다는 점은 자연스럽게 학부모들의 신뢰를 쌓아간다.

당연히 한계도 있다. 개성이 뚜렷하고 이미 실력이 출중한 교사에게는 공동주안 운영이 시간 낭비로 여겨질 수 있다. 또한 활용할 정보가 많은데 굳이 뭣하러 동학년 나눔을 해야 하는지 의문을 가질 수도 있을 것이다. 근본적으로 사람들 중에는 같이 하는 것보다 혼자 하는 것이 더욱 편하고 효율적이라고 생각하기도 하며 그런 그들을 설득하는 것은 불가능에 가깝다. 그에 따르는 또 다른 어려움도 있다. 따로 자기만의 길을 가는 구성원이 소외되지 않도록 하고 모두의 힘이 필요할 때 동의를 구하는 절차 또한 쉽지 않다는 점이다.

이처럼 다양한 생각을 가진 구성원 속에서 학년을 이끄는 것은 어렵다. 아슬아슬한 줄타기를 하는 것 같다. 불편함을 표현하는 구성원의 손을 놓지 않으려고 안간힘을 쓰는 데 생각보다 많은 에너지가 필요하기 때문이다. 미움받을 용기가 있어도 힘든 일이다. 그래도 공동주안을 운영하며 수업을 함께 만드는 것은 의미 있는 일이었다. 분명 누군가에게는 동학년 덕분에 수업으로 성장했을 시간이었기 때문이다. 다음에도 이런 기회가 있다면 어떤 선택을 할까? 성장할 사람을 위해 '한 번 더 Go!'다.

2) 함께 해서 더 빛난 것들

학년 공동주안

1·2학년군은 2월과 8월, 모두 2번의 교육과정 집중 수립기간을 가졌다. 2월 말 교육청에서 정한 기간에 학교에 나와 1년의 대략적인 계획과 1학기 진도 계획을 세웠다. 그리고 2학기가 시작되기 전에도 모여 2학기 수업과 활동을 구체적으로 계획했다.

학기 시작 전에 세운 진도 계획에 맞춰 학년에서는 공동주안을 만들어 공유했다. 하루씩 수업을 담당하여 준비하는데 인원이 많아 약 2주에 1회씩 수업을 준비했다.

준비한 수업 자료는 네이버 카페(alwaysbom19)를 통해 공유하며 누적했다. 동학년 선생님이 고민하여 준비한 수업을 하며 더 좋은 수업을 위한 아이디어를 얻기도 하고, 내가 맡은 수업을 더욱 열심히 준비해야 한다는 책임감을 갖고 열심히 준비해서 나눴다. 우리에게 남은 것은 협력과 협동을 통한 어느 동학년보다 끈끈한 공동체 의식이었다.

그림책 교육과정

그림책 교육과정은 단순히 '하루 한 권 그림책 읽기'를 넘어서 그림책으로 모든 과정을 구성하는 것이다. 저학년 수업의 중심이 되는 통합교과의 수업 주제를 바탕으로 매 차시 그림책으로 하루를 여는 활동을 진행했다. 어떤 수업은 그림책이 수업의 동기유발 자료로 어떤 수업에서는 수업 활동 자료 등으로 활용되었다. 통합수업뿐만 아니라 국어, 수학, 창체 등에서 다양하게 활용한 그림책이 1년에 200권 이상이 되었다.

한글을 배우기 시작한 1학년에게는 글자에 흥미를 갖게 하는 충실한 도구가 되었고, 읽기가 자유로워진 2학년에게는 독서습관을 길러주는 훌륭한 자료가 되었다.

학급 서클이나 학부모 간담회에서도 그림책을 활용하여 서로의 마음을 나누며 신뢰를 쌓을 수 있었다.

학급 밴드에 올리는 우리 반 일기

1·2학년군에서는 학부모와 소통창구로 밴드를 선정하였다. 밴드에 학급일기를 올려 활동 내용과 사진 등을 공유하였고 1대 1 채팅창으로 학부모와 대화하였다.

학교생활을 전달하는 데 어려움이 있는 저학년의 특성상 밴드에 올라오는 학급생활은 학부모가 아이와 소통할 수 있는 계기가 된다. 또한 걱정이 많은 학부모는 안심하고 학교에 보낼 수 있고 진행 중인 교육내용을 통해 가정에서 어떻게 아이의 학습을 도와줄지 정보를 얻는

다. 아이의 교우관계를 간접적으로 알 수 있기도 하다.

매일 학급의 일을 정리하여 올리는 것이 처음에는 고되고 힘든 일이었지만 누적되는 교육활동이 교육일지가 되어 다음해를 위한 훌륭한 자료가 된다는 생각으로 이어졌다.

학부모와 가까워지는 시간, 해밀마실

학부모 상담기간이나 학기초 간담회 외에 학부모를 만난다는 것은 두려움이 앞서는 일이다. 하지만 학부모를 자주 만나 나를 보여주고 소통을 해야 오해가 생기지 않고 지지를 얻을 수 있다고 생각했다. 우리 학년군에서는 적어도 분기별 1회, 학부모와 만나기로 약속을 하였고, 1학년 가람반과 2학년 자람반에서는 매달 해밀마실을 실시했다.

평가회 기간에 한 선생님이 해밀마실을 평가하며 "시작하기 전에는 걱정이 컸지만, 만나는 횟수가 많아질수록 친근감이 생기며 라포가 형성되었다. 그러면서 든든한 동지가 생긴 것 같다."라고 말했다. 학부모를 향한 첫발을 떼기는 정말 어렵지만 학부모를 만날수록 모두에게 득이 된다는 점에는 대부분 공감하는 한 해가 되었다.

형님과 동생이 함께하는 어깨동무

짝반이 놀이와 나들이, 프로젝트 수업을 함께 하는 활동은 아이들이 서로를 만나게 해주는 좋은 시간이 되었다. 특히 함께 마을 나들이를 나가서 쓰레기 줍기 활동은 재미와 의미를 모두 챙긴 활동이었다. 그리고 2학년에서 진행하는 프로젝트 수업에 동생들을 초대하여 더욱 뜻깊은 수업을 만들었다. 세계 여러 나라 수업 부스 활동과 직업 체험 활동에 1학년이 초대하여 2학년에게는 많은 사람에게 준비한 것을 보여주며 뿌듯함이 컸고 1학년에게는 2학년에서 할 활동을 미리 경험하는 좋은 시간이 되었다. 이와 같은 다양한 활동은 짝반 교사가 함께 협의하는 과정을 통해 동료성도 키워주었다.

교사의 삶에서 가르치기

2월 학년군 선생님들의 처음 만난 자리에서 학년군장으로 처음 한 말은 "결국은 사람이 전부"라는 말이었다. 동학년 선생님들이 서로 어떤 관계를 맺느냐에 따라 모든 것이 결정된다는 말하고 싶었다.

1학기 평가회에서 우리의 고민은 어떻게 효과적으로 '따로 또 같이' 하느냐였다. 지금은 '따로'보다 '같이'에 방점을 찍고 함께 할 수 있는 것에 힘을 보탠다. 다행히 학년군 선생님들은 각자의 자리에서 최선을 다해주었고 평안하게 1년이 저물어가고 있다.

학교와 처음 만나는 저학년 학생들에게 협동의 가치와 만남을 소중하게 여기는 법을 삶으로 가르치는 것보다 좋은 방법이 어디 있겠는가. 올 한해 우리 학년군은 교사의 삶에 배어 있는 많은 것들 중에 협동과 협력, 공동체성을 가르치는 시간이었다. 학교를 처음 만난 저학년의 마음속에 깊이 들어갈 수 있길 바란다.

3) 1학년, 학교 안에서 다양한 관계망 만들기

사회적 연결망의 다양성 확보

학생들이 학교에 입학해서 만나고 관계를 맺는 사람들은 누구일까? 가장 가깝게는 같은 반 친구, 담임 선생님일 것이고, 그 외에도 교장 선생님, 보건 선생님, 영양사 선생님 등 여러 교직원들과 돌봄교실이나 방과 후 프로그램에서 만나는 다른 반 친구들, 다른 학년 선배들이 있을 것이다.

사회적 연결망은 개인의 지속적인 인간관계를 통해 형성되는 관계를 뜻하는 것으로, 연구에 의하면 가족, 선생님, 친구 등 보다 다양한 사회적 관계를 갖는 것이 청소년의 삶의 만족도, 행복감, 자아존중감 등 전반적인 사회정서역량에 긍정적인 영향을 미친다고 한다.[*] 여기서 사회적 연결망의 다양성은 사회적 역할 영역에서 역할의 개수가 많다는 것을 의미한다.

인간의 발달을 개인과 환경의 상호작용으로 보는 생태학적 이론에서도 개인을 둘러싼 미시 – 중시 – 거시 체계의 다차원적인 환경의 중요성을 강조하고 있다. 하지만 이제 막 가족에서 학교라는 공간으로 관계의 영역을 확장한 초등학교 학생들의 경우 성인보다 인간관계를 맺는 것에 있어 수동적일 수밖에 없다. 따라서 학생들의 전반적인 발달과 삶의 행복을 위해서는 학생들이 학교 안에서 다양한 관계망을 만들 수 있도록 교사가 다양한 활동을 계획하고 개입할 필요가 있다.

학급 내에서 이루어지는 관계 맺기 활동은 제외하고, 학년 안에서 이루어지는 관계 맺기 활동으로 어울림 활동, 학년군 안에서 이루어지는 관계 맺기 활동으로 어깨동무 활동, 그리고 예비 1학년 학생인 유치원, 어린이집 학생과 관계를 맺는 유·초 연계활동을 소개하고자 한다.

학년 어울림 활동

2023학년도 해밀초등학교 1학년은 가람반부터 차미반까지 총 10개 학급이었다. 1학기에는 학급 내에서 학급 친구들이나 담임 선생님과 안정적인 관계를 맺는 데 중점을 두었다면, 2학기에는 같은 1학년 내 다른 반과의 짝반 활동이나 학년 전체 행사를 경험하면서 관계 맺기를 다른 반 친구들로 확장할 수 있도록 교육과정을 계획하였다.

---

[*] 장은지·김민석, 〈사회적 연결망의 다양성이 청소년의 사회정서역량에 미치는 영향〉, 2022

〈 해밀 씨름왕(돼지씨름) 〉 　　　　　　　〈 대동놀이 〉

여기서는 같은 학년 안에서 다른 반 친구들과 관계 맺기를 확장하는 활동을 어울림 활동이라고 명명하였고, 우가일(우정 가득 일학년) 활동, 북카페 & 100원 책방 활동, 버스놀이 활동을 실시하였다.

우가일(우정 가득 일학년) 활동

우가일 활동은 8월 개학 후 2주간 통합교과에서 친구를 주제로 하여 실시한 학년 어울림 활동이었다. 학급에서 딱지치기와 다양한 종류의 씨름을 연습하고 3~4반씩 묶어 교실을 넘나들며 딱지치기와 씨름을 즐기는 것이다. 이때에는 교육과정을 재구성하여 1학년 2학기 국어 6단원 '고운 말을 해요'를 먼저 학습함으로써 친구 간에 지켜야 할 언어 예절과 놀이 예절에 대해 함께 학습할 수 있도록 하였다. 우가일 활동을 마무리하며 1학년 전체가 강당에 모여 즐거운 대동놀이 시간을 가졌다.

북까페 & 100원 책방 활동

북카페 & 100원 책방 활동은 1학년 2학기 국어 1단원 '소중한 책을 소개해요'와 연계하여 실시한 학년 어울림 활동이자 유의미한 읽기를 연습하기 위한 한글교육 활동이었다. 이를 위해 여름 방학 때 독서장을 쓰며 2학기 북카페에서 친구들에게 소개하고 싶은 그림책을 고를

〈 북카페 〉　　　　　　　　　　　〈 100원 책방 〉

수 있도록 하였고, 북카페 활동 전 학급 친구들에게 먼저 그림책을 읽어주는 연습을 하였다.

　100원 책방 활동의 경우 다양한 그림책을 접하여 그림책에 흥미를 갖고, 자주 읽지 않는 그림책을 다른 친구의 그림책과 교환하고자 하는 목적에서 실시하였다. 북까페 활동은 조용하고 차분한 분위기에서, 100원 책방 활동은 시끌벅적한 시장과 같은 분위기에서 즐겁고 유의미한 활동이 이루어졌다.

버스놀이 활동

　버스놀이 활동은 2학기 통합교과 '이웃' 단원과 연계하여 실시한 학년 어울림 활동이었다. 버스에 타고 내리고 버스 정류장에서 기다리면서 다

른 반 친구들과 자연스럽게 어울릴 수 있게 되었고, 버스를 타 본 경험이 많지 않은 학생들에게 버스 예절을 실천해 볼 수 있는 실제적인 놀이 활동이 되었다.

〈 버스놀이 〉

학년군 어깨동무 활동

해밀초등학교는 교육과정상의 학년군제를 학년 인사에 있어서도 적용하고 있다. 새 학년도가 시작되기 전에 희망 학년이 아닌 희망 학년군을 신청하고 2년(짝수 연도까지) 동안은 학년군 내에서 담임을 맡게 된다. 또 학년부장과 함께 학년군장을 선임하여 학년군 교육과정의 큰 방향을 고민하고 일관적인 학년군 교육과정을 운영하고 있다.

어깨동무 활동은 학년군 교육과정에서 한 학년 위 선배와 한 학년 아래 후배가 섞여 함께 하는 활동을 의미한다. 1학년이 학교생활 적응을 마친 2학기부터, 1학년 가람반 학생들과 2학년 가람반 학생들은 달에 한 번 계획된 어깨동무 활동을 함께 하였다.

8월 첫 만남에서는 1학년 가람반 교실에서 한 번, 2학년 가람반 교실에서 한 번 총 2회에 걸쳐 남학생, 여학생들이 만남의 시간을 가졌다. 1학년 가람반 교실에서는 '내 이름이 불리기 전에' 첫 만남 놀이를 하고 창문 구조 활동지를 활용하여 서로 질문을 주고받으며 공통점이 많은 내용으로 모둠 이름을 정하였다. 모둠은 1학년 가람반 담임교사와 2학년 가람반 담임교사가 협의하여 모둠장 역할을 잘 수행할 수 있는 학생들을 중심으로 사전에 미리 정해두었다. 2학년 가람반 교실에서는 달라진 점 알아맞히기, 협동 풍선 띄우기 등의 놀이를 하고 2학년 교실에 있는 작은 집과 다락방 공간을 체험해 보았다.

9월에는 추석 명절을 즈음하여 어깨동무 활동으로 윷놀이를 함께 했다. 남녀 총 10개 모둠 중 5개 모둠은 1학년 가람반 교실에서, 나머지 5개 모둠은 2학년 가람반 교실에서 윷놀이를 즐겼는데, 모둠 리그전의 방식으로 진행하였다. 모르는 윷놀이 규칙은 선배들이 알려주었고, 윷은 휴지심을 활용하여 모둠별 1개씩 사전에 제작해 두었다.

10월에는 저학년을 위한 실내 체육공간인 행복마루에서 어깨동무 피구 활동을 하였다. 1학년과 2학년이 섞여 남학생은 남학생끼리, 여

〈 어깨동무 윷놀이 〉

〈 어깨동무 피구 〉

학생은 여학생끼리 피구 경기를 했는데, 각 팀별로 공이 무섭거나 보호받고 싶은 1학년 학생 3명에게 방어 조끼를 입힐 수 있도록 하였다. 1학년에게는 처음 해보는 피구 경기였는데 2학년 선배들이 1학년이 공을 던질 수 있도록 잘 배려해 주어서 즐겁게 경기할 수 있었다.

11월에는 어깨동무 나들이를 다녀왔다. 나들이는 학교 근처의 천변을 따라 쓰레기를 줍는 활동이 목적이었는데, 쓰레기를 주우면서 선배들에게 질문을 많이 하고 이야기를 많이 나눌 것을 당부하였다. 쓰레기를 줍고 되돌아와서는 유치원 근처의 다리 밑에서 모둠 분필 그림 그리기를 하였다. 교실에 돌아와서 나들이하며 선배들에 대해 알게 된 것 3가지를 발표하고 나들이에 대한 소감을 나누었다.

12월에는 학년말 활동으로 과자 얼굴을 만들며 과자파티를 하고 고마운 마음을 담아 감사 카드를 주고받았다.

어깨동무 활동을 통해 해밀마을의 더 많은 이웃을 알게 되고 선배, 후배로서의 역할을 잘 배울 수 있었던 것 같다. 급식실에서 1학년 가람반 친구들만 눈에 보인다는 2학년 가람반 친구의 말처럼, 학교 안에서 서로 얼굴과 이름을 알고 인사를 나누는 사이가 된 것 같아 의미 있고 뿌듯한 활동이었다.

유초연계활동

2022학년도에는 해밀유치원과 해밀초등학교에서 유초(유치원-초등학교)연계활동을 하였는데, 2023학년도에는 해밀유치원 뿐 아니라 양지유치원, 해밀하나어린이집 등 3개의 기관과 함께 유초연계활동을 진행하였다. 유초연계활동이란 예비 초등학교 신입생인 유치원 또는 어린이집 졸업반 학생들과 1학년 학생들 간 어우러지는 활동으로, 학교 돌아보기 및 학교생활 안내, 간단한 친교놀이 활동을 계획하였다.

학교의 가장 막내였던 1학년 학생들이 선배가 되어서 어린이집, 유치원 친구들에게 학교와 학교생활에 대해 이것저것 설명해 주고 챙겨주는 모습을 통해 한 해 동안 많이 성장한 1학년 학생들의 모습을 엿볼 수 있었다. 그리고 1학년 학생들도 선배들에게 받기만 하는 것이 아니라 후배들에게 나누어줄 수 있는 멋진 선배로 성장했다는 사실을 스스로 뿌듯하게 여긴 시간이었다.

4) 2학년, 학교 안에서 다양한 배움 만들기

2학년은 통합교과와 연계한 월별 프로젝트 수업을 운영하였다.

운영 시기	프로젝트 주제	내용
3	반가워 친구야	친구와 친해지기, 약속하기
3	나	나와 친구 알기, 나의 꿈 표현하기
4	봄	봄 느끼기, 표현하기, 나들이, 원수산 밧줄놀이
5	가족	어린이날 놀이마당 행사, 어버이날 계기교육, 다양한 가족 알기

6	여름	여름 느끼기, 표현하기, 하천플로깅, 물총놀이, 100일파티
8	우정가득 2학기	2학기 다짐하기, 2학년 존중의 약속 돌아보기
9	가을	가을 느끼기, 표현하기, 나들이, 원수산 가을 소풍, 추수체험
10	나라	다문화 교육, 세계 민속춤, 두근두근 세계여행 부스 운영
11	동네	동네 탐방, 동네 사람 인터뷰 직업놀이, 동네 플로깅
12	겨울	겨울철 동물 돕기 캠페인, 건강한 겨울 나기

'자연에서 크는 해밀 아이들'

아이들은 자연을 닮았다. 나무와 풀처럼 자란다. 해밀마을은 겨울을 지내고 봄을 맞이하며 매일매일 색깔이 달라진다. 그런 자연을 바라보며 자라는 해밀 2학년 아이들. 계절별로 나들이를 나가 온몸으로 자연의 변화를 느껴본다.

3월, 봄 교과 활동과 관련지어 봄이 오면 달라지는 것을 한참 배우고 기쁨뜰 근린공원 저류지로 봄나들이를 나섰다. 어른들의 빠른 걸음으로 쑥 지나칠법한 식물들을 아이들의 속도에 맞춰 하나하나 살펴본다. 아이들 덕에 평소엔 지나쳤을 예쁜 식물들을 눈에 담았다. 쑥, 도깨비바늘, 벚꽃, 개나리, 쇠뜨기, 조팝나무, 수양버들 등. 활짝 핀 벚꽃처럼 아이들의 얼굴에도 예쁜 웃음꽃이 피었다.

4월, 2학년 해밀 프로젝트지도사선생님들의 주도하에 원수산 생태 체험이 실시되었다. 부모님께서 정성껏 싸 주신 도시락을 어깨에 메고 같은 반 친구들과 교실을 넘어 원수산으로 갔다. 아이들이 기대했던, 원수산 밧줄 놀이터에는 해밀 2학년 아이들의 웃음소리가 가득하다.

그네, 흔들려도 이동할 수 있는 건너가기 체험, 트램플린 흔들의자 체험, 다양한 해먹들. 밧줄 체험의 하이라이트는 역시 나무 오르기였다. 코끼리 선생님을 비롯한 프로젝트지도사 선생님들의 한결같은 친절함은 아이들에게 선물 같은 보살핌이었다.

〈 4월 원수산 밧줄놀이 〉

6월, 파릇파릇해진 여름의 모습을 느끼며 하천을 따라 플로깅 활동을 나갔다. 여름 교과에서 수질오염의 심각성에 대해 배우고 하천 근처 쓰레기들을 주우러 나간 것이다. 어찌나 열심히 줍던지 길바닥에 버려진 쓰레기들을 보며 어른으로서 아이들에게 미안했다.

10월, 원수산으로 가을 소풍을 떠났다. 교과서에서 보았던 가을을 알리는 것들을 직접 보고 만져 본다. 떨어져 있는 밤송이, 도토리, 울긋불긋 단풍잎, 바스락거리는 낙엽들. 자연의 색을 모아 보기도 한다. 선선한 가을바람은 도토리 놀이터에서 신나게 뛰논 아이들의 땀방울을 식혀준다.

11월, 가을 교과의 '동네 한바퀴' 활동과 연관하여 플로깅을 떠났다. 살기 좋은 동네를 만들기 위해 어깨동무 동생들과 플로깅을 하였다.

"난 왼쪽을 볼게. 넌 오른쪽을 잘 봐! 쓰레기 정확하게 줍자!"

〈 11월 동네 한 바퀴 〉

2학년 형아가 어깨동무 동생에게 한 말이다. 제법 쌀쌀해진 날씨에
도 주위를 살피며 열심히 쓰레기를 줍던 아이들이 그저 기특하다.

아이들에게 자연은 다양성을 보여주고 탐구와 궁금증을 자극하는
살아있는 교과서이다. 자연 속에서 우리 해밀 2학년 아이들이 그곳의
나무처럼 오늘도 건강하게 잘 자라기를 바란다.

'다 같이 놀자 2학년'

아이들이 가장 아이다울 때가 언제일까? 아이들이 가장 행복할 때
는 언제일까? 친구들과 함께 노올~때이다. 놀이할 때 아이들의 모든
신체 감각은 깨어나고 순간적으로 몰입하는 힘을 발휘한다.

2학년 선생님들끼리 머리를 맞대고 '2023년 어린이날 선물'은 무엇이
좋을까? 의견을 모았다. 바로 놀이이다. 각 학급별로 놀이 활동을 정
해서 활동하기로 했다. 아이들은 각 반에서 하는 다양한 활동에 참여
도 해보고, 친구들이 생활하는 다른 반을 가 볼 수 있는 특별한 기회
를 갖는 것이다. 모둠 친구들과 함께 놀이 활동을 선택하고 체험함으
로써 주도적인 활동을 하게 된다.

5월 4일 목요일 드디어 놀이 활동의 서막이 올랐다. 아이들은 2학년
가람반부터 자람반까지 9개의 다양한 놀이 활동을 선택하여 체험하고

〈 풍선 올리기 놀이 〉

〈 체험 후 선물 뽑기 〉

놀이체험 쿠폰북에 도장을 받는다. 친구들이 생활하는 교실에도 가보았다. 도장을 다 받으면 쉼터 역할을 하는 라온반으로 가서 선물 뽑기도 하였다. 그 순간 아이들의 마음은 얼마나 콩닥콩닥 뛰었을까?

활동을 끝내고 온 아이들의 표정에는 행복한 미소가 가득하고 친구들과 함께 활동한 즐거움과 성취감은 덤으로 가져왔다. 이날만큼은 땀을 뻘뻘 흘릴 만큼 신나게 뛰놀며 아이들에게 101회 어린이날 기념 멋진 선물이 되었길 바란다.

그래요 '2학년 존중의 약속 함께 만들어가요'

6월 16일 금요일 4교시, 2학년 9개의 반이 행복마루에 모두 모였다. 바로 함께 존중의 약속을 하기 위함이다. 우리가 우리에게, 우리가 선생님께, 우리가 학교에서 지키고 싶은 약속을 함께 정하는 시간이다.

2학년이 함께 모이기 전, 각 반에서는 학급다모임 시간을 활용해 2학년이 다함께 정하고 싶은 약속에 관해 이야기를 나누었다. 2학년 선생님들도 모여 아이들의 의견을 추려보았다.

다 같이 모인 이 자리에서 제일 먼저 2학년 선생님들과 인사를 나누었다. 내 친구를 가르쳐주시는 선생님의 이름과 얼굴을 이 기회에 익혀본다. 앞으로 서로 오고 가며 인사하기로 했다. 다음으로, 우리가 왜 존

〈 행복마루에 모인 2학년 〉

〈 2학년 선생님과 인사 〉

중의 약속을 해야 하는지, 약속의 필요성에 대해 의견을 나눠보았다.

> "약속을 하면 함께 행복한 학교생활을 할 수 있기 때문입니다."
>
> "만났을 때 서로 인사하면 기분이 좋아지기 때문입니다."
>
> "'하지 마' 했을 때 멈추지 않으면 괴롭힘이 될 수 있기 때문입니다."

손을 들어 적극적으로 발표에 참여하는 2학년 아이들의 모습이 인상 깊다. 이 자리에 모인 목적과 필요성에 대해 충분히 나눈 다음, 스티커 투표를 통해 2학년 존중의 약속을 정하기 시작하였다. 내용을 읽어보고 진지하게 한 표를 행사하는 아이들이다. 스티커 투표가 끝난 후, 약속을 잘 지킬 것을 다짐하며 2학년 다모임을 마무리하였다. 2학년도 학년 다모임이 가능하다. 함께 정한 약속이기에 더욱 의미 있었다. 적극적으로 잘 참여해 준 해밀 2학년 아이들이 기특하다.

스티커 투표 결과 제일 많이 나온 첫 번째, 두 번째 의견들은 2학년 아이들이 보이는 곳곳에 게시해 두었다. 아이들이 직접 정한 약속이니, 책임감을 갖고 더욱더 잘 지키리라 기대해 본다.

'두근두근 세계여행에 초대합니다'

우리 2학년은 '여러 나라'를 주제로 해밀 무지개 축제에서 '두근두근 세계여행' 부스를 운영했다. 통합교과와 연계하여 여러 나라에 대해 공부한 내용을 어깨동무 1학년 친구들과 나눌 수 있는 소중한 시간이었다. 2학년이 직접 부스 운영을 위한 역할을 정하고 필요한 체험 방법 안내판 등 여러 가지 준비물도 열심히 만들었다.

2학년 각 반에서 운영한 '두근두근 세계여행' 부스 내용은 아래와 같다.

주최	부스내용	주최	부스 내용
2-가람	전통의상 입고 찰칵!	2-바다	세계 장난감 공작소
2-나리	온 세상 국기가 펄럭펄럭	2-사랑	모차르트와 함께 떠나는 음악 여행
2-다솜	해밀 속 세계 맛집(1)	2-아름	해밀 속 세계 맛집(2)
2-라온	들썩들썩 세계 놀이터(1)	2-자람	다른 나라 집
2-마루	들썩들썩 세계 놀이터(2)		

　2학년 가람반에서는 전통의상에 대해 설명을 듣고 퀴즈를 맞히면 간식을 받을 수 있다. 뿐만 아니라 전통의상을 직접 입어보고 기념사진도 남길 수 있다. 나리반에서는 재미있는 퀴즈를 풀면서 다양한 국기도 알아보고 야광 국기 팔찌 또는 국기 팽이를 만들어 볼 수 있다. 다솜반과 아름반에서는 세계 여러 나라의 음식을 맛볼 수 있다. 프랑스의 프렌치 프라이, 멕시코의 나쵸와 치즈소스, 호주의 페어리 브레드, 오만의 리모나다, 그리고 브라질의 커피콩 방향제가 있다.

　라온반과 마루반에서는 세계 여러 나라의 놀이를 체험할 수 있다. 무려 8가지의 놀이가 준비되어 있다. 브라질의 탐파, 인도네시아의 라리바키악, 필리핀의 깡통 쓰러뜨리기 등이 있다. 바다반에서는 장난감

〈 전통의상 체험하기 〉

〈 다양한 국기 알기 〉

을 만들 수 있다. 일본의 켄다마, 중국의 춤 추는 용, 그리고 아프리카의 땡땡이북이 있다. 사랑반에서는 모차르트와 함께 떠나는 음악여행을 주제로, 세계 여러 나라의 악기를 연주해 보고 배울 수 있다. 마지막으로 자람반에서는 여러 나라의 집에 대해 배우고 이글루 만들기 체험을 한다.

부스 체험할 땐 여권이 필요하다. 나라를 넘나들 때 여권이 필수인 것처럼 말이다. 부스 체험을 완료하면 여권에 도장을 받을 수 있다.

부스 활동을 마치고 여권에 찍힌 도장들을 보며 소감을 나눴다. 그리고 기록을 통해 부스 활동을 마무리한다.

"여러 나라 음식이 너무 맛있었다. 나초가 멕시코 음식, 감자튀김이 프랑스 요리라는 것을 알게 되었다. 부스에서 먹은 음식의 맛은 최고였다."

"다양한 체험을 하는 것도 좋았지만 부스를 운영하는 것도 재미있었다. 다음에도 다시 하면 좋겠다."

"부스 운영하면서 같은 말을 반복하는 게 힘들었다. 같은 말을 반복하지 않도록 선생님 말씀에 잘 경청해야겠다고 느꼈다."

부스 운영이 생각보다 쉽지 않았지만 뭔가 해냈다는 뿌듯함을 느끼는 아이들이다. 먼 훗날 아이들이 세계여행을 떠나면 9살 때 체험 부스를 했던 일을 떠올릴 수도 있지 않을까?

2.
3·4학년군
〈관계를 맺다〉

1) 다시, 새로운 학교

운 좋게 TF팀으로 해밀초등학교의 터전부터 일구는 작업에 함께 하게 되었다. 이전 학교에서도 여러 가지 새로운 일들을 해왔지만, 해밀초등학교는 또 다르고, 또 특별하다. 유·초·중·고가 길을 건너지 않고 동그랗게 모여 있는 해밀학구. 더욱이 초등학교는 복합커뮤니티센터와 물리적으로 연결되어 있어, 학교와 마을이 함께하는 교육과정을 운영하기에 적합하며, 의도적으로 설계된 곳이라는 것이 시각적으로 선명하다. 그리고 해밀에서 처음 하는 시도, 학년군교육과정.

새로운 학교를 만들어 나가는 것은 설레는 일이다. 그러나 동시에 두려운 일이기도 하다. 새로운 사람들과, 새로운 공간 그리고 새로운 시간과의 만남은 그야말로 낯선 것들과의 적응이며 지난한 투쟁의 역사를 새로 쓴다는 것이다.

혁신학교였던 이전 학교에서의 셀 수 없는 협의회들과 그 안에서의 논쟁과 갈등, 협치의 시간은 실로 고난의 길이었음을 고백한다.

혁신학교의 시작을 함께하는 것이 처음이 아니었기에, 이 일이 얼마나 어려운 것인지는 잘 알고 있다. 무엇이 중요한지도, 어디서 미끄러질 위험이 있는지도, 어떻게 흘러갈 것인지도 예측이 가능하다. 이 '예측가능'함이 시행착오를 줄일 수 있는 힘이기도 하지만 동시에 곁의 동료교사들과 거리와 속도 차이를 크게 하는 주요 원인이기도 하다. 익숙함을 바탕으로 하되 함께 걷기 위한 통제와 조절이 스스로도 필요하다. 나를 비롯한 학교 구성원들이 새로운 학교를 만들어가는 과정에서 조금이라도 힘을 덜어내되, 우리 학교 교육과정의 빛깔을 살리며 역동적으로 운영하기 위한 시스템이 간절하다. 그리고 이를 작동시키는 것은 결국 사람이다.

두레장들과 학년장, 학년(군)장이 학교교육과정과 학년(군)교육과정을 연계하여 운영할 수 있도록 학교의 교육철학을 공유하며 마음을 합치는 일이 우선이다. 방향과 뜻이 합의되지 않은 상태에서의 운영은 길을 잃기 마련이다. 리더교사들이 어떤 마음과 목표로 작은공동체를 운영하는가에 따라 학교공동체의 걸음이 달려 있다고 해도 무방할 것이다.

개별화교육 제공, 삶과 배움의 일치

시스템의 작동을 사람이 담당한다면 이를 지탱하는 것은 교육과정의 내용이다. 잘 만들어진 교육과정은 학생이 교육활동을 통해 배움과 성장이 이루어지도록 의도적으로 구성된다. 이를 위해 교육활동이 교사 중심에서 학생 중심으로, 교과서 중심에서 삶 중심으로, 지식습득에서 삶의 힘 기르기로 관점이 달라진다.

해밀초등학교 교육과정의 핵심은 학생 저마다의 속도를 존중하고 개성과 특성에 따른 개별화교육을 제공하고자 하는 것이며 동시에 학교와 마을을 연결한 삶과 배움의 일치에 있다. 이를 위하여 다양한 교육 활동을 운영하는데, 그중에서도 '수학협력수업'은 특별하다. 현재 다양한 시도교육청에서 '협력교사제', '1교실 2교사제' 등의 이름으로 운영하고 있지만, 해밀초등학교의 수학협력수업이 특별한 것은 같은 학년의 동료교사 간에 이루어지는 협력수업이며, 수업의 방식 또한 학생참여, 배움중심으로 전환했기 때문이다.

책임지고 싶다, 그 마음으로

이 도시에서 우리는 신세계를 여는 것 같았지만, 사실 이 시도가 새로운 것만은 아니었다.

2019년, 6학년을 맡게 된 나를 포함한 여섯 명의 교사들은 여태 한 번도 제대로 이루지 못한 일을 함께해내고 싶었다. 열정도 있었고, 의지도 있었다. 무엇보다 '우리 같이 6학년 가서 잘해 보자'라는 짧은 문장으로 다져진 전우애가 있었다. 그리고 모여 앉은 1월의 어느 날, 교육과정 안의 여러 과제(기초학력, 학생자치, 학생평가, 생활교육 등) 중, 기초학력을 수업과 연계하여 풀어야 할 가장 큰 과제로 삼았다. 그리고 '어떻게'라는 고민을 시작했다.

보편교육을 실행하는 공교육기관에서 무엇보다 지원이 필요한 학생은 학습 곤란을 겪는 학생들이다. '한 아이도 소외되지 않는 교육'이라는 기치가 달린 지 오래고 정부 차원에서, 학교 차원에서 다중적 지원을 아끼지 않고 있다. 막대한 예산, 인적 자원의 지원에도 불구하고 학습부진학생의 통계를 보면 그 효과가 미비하다고 볼 수 있다. 인풋에 비해 조촐한 아웃풋은 무엇 때문일까?

간단히 말하자면, '내' 것이 아닌 '남'의 것이었기 때문이 아닐까. 학생

과연 어떻게 하면 학생의 학습부진을 예방하고 처치할 수 있을까? 그동안 교사들이 이를 위해 노력해 왔는데 왜 효과는 미비할까? 왜 학생들은 학습 무기력에서 헤어나지 못할까? 어떻게 해야 학생들이 학습자존감을 되찾을 수 있을까?

다시 1월로 돌아가서, 기초학력책임교육을 위해 동료교사들과 한참 동안 고민하고 내린 결론은 다중트랙이다. 특히, 다른 교과에 비해 학습부진이 발생한 후 회복이 어려우므로 모든 학생들이 차시별 학습목표를 반드시 달성시키도록 도와야 한다고 동의한 수학과 학습에 대한 세 가지 지원방안을 도출했다.

① 방과후 학습지도
② 일상적 연산훈련
③ 수업 내 교사협력수업

방과후 학습지도는 3월 초 진단활동을 통해 개별지원이 필요한 학생들을 선정하고 해당학생들의 심층진단을 통해 수준별로 세 개의 보충학급을 편성한다. 그리고 일주일에 3회 정기적으로 운영하며 이 학급은 부장교사를 제외한 희망교사가 담당한다.

일상적 연산훈련은 아침활동 시간을 활용하여 실시한다. 타영역에 비해 학습부진이 자주 깊이 발생하기 때문에 거의 날마다 연습이 필요하다고 판단했다.

수업 내 교사협력수업은 A학급의 개별지원이 필요한 학생을 돕기 위해 B학급의 교사가 A학급의 수업에 참여해 두 교사가 협력하여 수업을 실시하는 것이다. 말하자면 다중지원이라고도 할 수 있는데, 이는 수학과 학습부진 발생이 대단히 쉽고 늘 일어나는 일임과 동시에 그 처치는 대단히 어려움에 모두 동의했기 때문이다. 한 가지 지원만으로 학생을 제대로 지원할 수 없음을 모두가 경험을 통해 알고 있었기에, 수학 학습에서의 누수만큼은 어떤 일이 있어도 막겠다는 의지가 강했다.

포기하지 않을 거예요

수학협력수업에 대하여 이야기를 시작하면 어쩔 수 없이 과거로 돌아가곤 한다. 여러 번 듣고 읽은 독자들에게 죄송하지만, 그것이 시작이었고 그래서 지금이 있으므로 그야말로 어쩔 수 없는 일이다.

동료교사들과 협력수업을 도입한 이후로 5년이 흘렀다. 코로나19로 교실에서 아이들을 만나지 못했고, 혼란 속에서 새로운 학교를 열었다. 그리고 이제 새로운 학교가 익숙한 학교가 되기까지 협력수업을 놓지 않고 함께 실천하고 확대하기 위한 노력을 이어가고 있다.

2019

대가없는 헌신에 주춤하지 않고 뛰어드는 동력은 무엇일까. 이 해의 동료교사들은 귀한 전담수업시간을 할애하여 옆 반에 협력교사로 참여함을 기꺼이 받아들였고, 일 년 내내 실천을 이어갔다. 자연스레 일상적인 수업나눔이 일어났고, 이를 위해 관찰양식을 만들기도 했다. 우왕좌왕했으나, 실천 속에서 형태를 다듬어갔다.

"두 교사가 수학수업과 전담수업시간표를 맞춰서 협력수업할 거예요."

2019년 2월, 새 학기를 맞이하는 워크숍 기간의 마지막 날, 전 교원이 모여 학년별로 기획한 교육과정의 얼개를 공유하는 자리가 있었다. 공간을 채우는 웅성웅성하는 소리.

"전담시간에 옆 반 수업을 도와주러 들어간다고?"
"에이, 말도 안돼."

시작은 이러했으나, 한 해 동안 날마다의 실천은 타인에게 호소력을 갖게 되나 보다. 2020년을 앞두고 4학년부터 6학년까지 세 개 학년 20여 명의 교사들이 마음을 모았고, 우리 같이 해보자 하였다. 그리고 누구도 예상하지 못한 멈춤, 코로나19가 닥쳤다.

2020

갑작스레 닥친 재앙에 학교가 할 수 있는 일은 많지 않았다. 당황스럽기는 교육청, 교육부도 마찬가지. 등교하지 못하는 아이들을 위한 당장의 대책이 필요했고 원격수업을 준비하고 실행하는 데 여념이 없던 1학기를 보냈다. 아이들이 서로 대면할 수 없으니 협력수업은 시도도 할 수 없었다. 더욱 아쉬운 것은 함께 하기로 한 4~6학년 교사들의 마음이 빛을 보지 못한 것이다.

1학기를 마치고 새로운 학교, 해밀초등학교로 옮기게 되었다. 교육 과정을 맡게 되었고, TF팀 교사들과 함께 학교교육과정의 얼개를 논 하며 공통교육활동의 한 꼭지로 수학협력수업을 해보자 하였다.

개교 후 학급수는 계속 늘어났으며 그에 따라 새로운 교사들도 늘었 다. 초기 TF팀 교사들이 세운 교육과정을 받아들이기에 쉽지 않았던 것 같다. 역시, 스스로 원해서 한 일이 아닌 타인에 의해 주어진 일은 힘이 나지 않는 법이다. 게다가 개교 첫해의 학교는 대단히 바쁘다.

2021

개교업무로, 밀려드는 전학생들로 학교의 하루는 복잡다단하다. 수 학협력수업 외 여러 개의 공통교육활동을 소화하는 데 쓰이는 에너지 또한 만만치 않다. '공통'으로 함께 실천해 보자 하였지만 과제가 좀 많 았다. 어려움 속에서도 몇 개 학급이 자발적으로 해보겠다고 한다.

이와 더불어 협력수업을 실천하고 있는 두 학교의 교사들을 모아 정 책연구회를 꾸려 서로의 실천을 공유하며 격려했다. 서울시교육청에 서 운영한 협력교사제 연구진이었던 이형빈 교수와 함께 수업을 나누 기도 하였다.

2022

학교 공통의 교육활동이 많아서 학년, 학급교육과정의 운영이 버겁 다는 의견들이 많다. 개교 3년 차에 접어드니, 구성원들의 학교교육과 정 이해도나 학급운영도 안정화되어 가는 듯하다. 구성원 협의에 따라 학교단위의 공통교육활동을 모두 내려놓기로 했지만, 학년(군)단위로, 학급 단위로 자율에 기반한 선택적 실천을 이어갔다. 또한 세종시교육청에서도 시작한 수학협력교사제 사업을 신청하여 3학년에 협력교사 한 명이 와서 담임교사들과 협력수업을 운영하였다. 이와 더불어 달라진 점은 교육청의 지원 없이 실천하는 교사들끼리 뭉친 자발적 연구회를 운영했다는 것이다. 이름은 '알아서 하는 연구회'다.

2023

업무팀에서 일하다가 4학년 학급으로 자리를 옮겼다. 같은 학년 동료교사들에게 조심스레 협력수업을 함께 해보지 않겠느냐 제안했는데, 모두가 동의했다. 물론 교사마다 운영의 차이는 있지만 한 개 학년이 모두 실천한다는 것은 의미 있는 일이다. 더불어 협력교사제를 도입한 3학년, 스스로 희망해서 실천하는 5·6학년 교사들 몇몇이 모여 교내 전문적학습공동체를 꾸려 달마다 만나서 서로의 수업을 나누고 있다. 요즘은 함께 실천해 볼 과제를 정하고 한 달 동안 교실 수업에 적용한 후 그 효과에 대해 논의를 시도 중이다. 단순히 공유를 넘어 연구로 한 단계 성장하고 있다.

협력수업이란

2015년부터 '기초학력 보장을 위한 초등 협력교사제'라는 명칭의 사업을 추진해 온 서울특별시교육청은 협력교사제를 아래와 같이 정의한다.

> 협력교사제란 정규 교육과정 운영 중 일부 교과(국어, 수학)에 협력교사를 추가로 투입하여 담임교사와 협력수업(Co-teaching)을 진행하고, 이를 통해 모든 학생들이 소외되지 않고 참여하는 수업 전략을 구사하며, 특히 배움이 느린 학생에 대한 개별화된 지원을 제공하도록 하는 제도를 의미한다(서울특별시교육청, 2015).

또한 화성창의지성교육센터(2014)는 담임교사와 협력교사 간 수업 모델을 크게 '교수−지원 교수 유형', '스테이션 교수 유형', '팀티칭 교수 유형', '평행 교수 유형', '대안 교수 유형' 등 다섯 가지로 구분하였다. 이 중 우리가 운영한 협력수업은 다양한 형태의 교수 유형을 매우 유동적으로 사용한다.[**]

유형	내용
교수−지원 교수	담임교사가 전체 수업을 진행하고 협력교사는 교실을 순회하면서 수업을 보조하는 형태
스테이션 교수	학생들이 두 교사가 위치한 스테이션을 순회하면서 학습을 하는 형태
팀티칭 교수	두 교사가 한 수업의 내용을 서로 번갈아 가며 진행하는 형태
평행 교수	학생들을 두 그룹으로 나누어 두 교사가 각각의 그룹을 담당하는 형태
대안 교수	한 교사가 전체 학생을 지도하는 동안 다른 교사는 소집단을 구성하여 예습 또는 심화 학습을 하는 형태

〈 담임교사와 협력교사 간 수업모델 〉

수학협력교사제 사업을 운영하던 3학년은 주로 '교수−지원 교수 유형'을 활용한다. 타 학년도 주로 그러하지만, 강의식 수업의 비율을 줄이고 학생들이 서로 나누고 배우는 협력학습을 적용한 수업은 그 운영이 대단히 역동적이어서 그때 그때 '스테이션 교수 유형', '평행 교수 유형'을 자주 활용하게 되며, 특히 학습의 속도가 서로 다른 학생들의 개별화 수업을 위하여 '대안 교수 유형'을 적용하기도 한다.

[**] 이형빈·강에스더, 〈초등학생 기초학력 보장을 위한 협력교사제 수업의 효과성 연구〉, 2015

모든 아이를 비추는 햇살처럼

해밀초등학교에서 '수학또래학습'이라고 이름을 붙이고 실천하고 있는 이 협력수업은 학생 한 명 한 명의 다양성과 속도를 존중하며 누구도 소외되는 일이 없게 하겠다는 '햇살교육과정'의 개별화교육 철학과 맞닿아 있다.

기존의 학습부진학생을 선별하고 추가적인 보충학습을 제공하거나 수준별 수업을 실시하는 '배제적 방식'에서 수업 혁신을 통해 모든 학생들의 배움을 보장함으로써 학습부진을 사전에 예방하는 '포괄적 방식'으로 변화하는 패러다임은 해밀초등학교의 수학협력수업에서 잘 드러난다.

예방보다 사후처방에 집중해 왔던 사후 보충지도의 방식은 해당 학생에게 낙인효과나 역효과를 불러일으키기 쉽다. 그러나 차시 내 수업에서의 개별지원, 학생의 능동적 참여와 흥미를 유발하는 수업 방법의 혁신, 협력교사와의 라포형성 등과 같은 다중적 지원은 학생으로 하여금 학습자존감 향상 및 학습 부진 예방과 처치가 가능함을 확인할 수 있었다.

새로움이란 설레고 신나는 것이지만 때로는 낯섦과 두려움이기도 하다. 두려움은 맞서거나 등지고 조금의 도전과 용기를 꺼내어 시도해 본다면 그것은 소중한 경험이 될 것이다.

2) 협력, 왜 필요할까?

협력의 글자 그대로를 해석하면 '힘을 합하여 서로 돕다'라는 뜻이다. 어떠한 목표를 공유해 함께 힘을 합해 활동해 나갈 때 우리는 이를 협력이라고 말한다. 협력은 경쟁과 상반되는 가치이다. 협력과 상반되는 의미를 지닌 경쟁은 '같은 목적에 대하여 이기거나 앞서려고 서로 겨룸'을 의미한다. 우리나라의 전통적 교육 시스템은 명문대 입학과 시험 성적을 우선시하여 학생들 간의 경쟁을 유발하는 일명 입시 위주의 경쟁교육이었으며 나 또한 그러한 교육 시스템 속에서 성장해 왔다. 하지만 승자와 패자를 낙인찍는 경쟁교육은 여러 부작용을 가져왔으며 교육 공동체에 속해 있는 구성원에게 불안감과 회의감을 준다. 이기는 것만을 강조하는 경쟁교육은 친구를 함께하는 공동체가 아닌 이겨야 하는 대상으로 바라보게 만들며, 교육 시스템의 영향으로 형성된 경쟁 환경은 교육 본연의 목적과 어긋나는 결과를 가져온다.

협력의 필요성은 학생뿐만 아니라 교사에게도 해당된다. 경쟁 시스템 속 경쟁을 유발하는 여러 제도들로 많은 교사들이 회의를 느끼기도 하며 때로는 이해관계가 얽힌 상황 속에서 의견이 충돌하여 갈등을 겪기도 한다. 공교육의 교사로서 중요한 역할 중 하나는 교육의 질을 높이고 사회적 공익을 실현하기 위해 힘쓰는 것이다. 가르치고 배우는 일에 있어서 구성원이 서로 협력하는 것은 중요하다. 구성원들이 지치지 않으면서 교육 목표를 향해 함께 나아가기 위해서는 많은 노력이 필요하다. 그중 협력은 공동체에 속해 있는 여러 구성원들이 서로의 존재를 인정하고 도움을 주고받는 우호적인 관계를 형성하게 한다. 특히 교실 속에서의 협력은 배움을 나누고 함께 공유하려는 마음에서부터 시작된다.

교육 경력 7년 차에 접어든 나는 올해 4학년 담임을 맡게 되었다.

4학년은 저학년에서 고학년으로 넘어가는 중간 단계인 만큼 학습 내용이 깊어지고 넓어진다. 다양한 과목 중에서도 특히 수학은 계열성이 뚜렷하고 여러 개념들이 서로 연계되어 있기 때문에 이전 단계의 학습이 제대로 이루어지지 않으면 연계된 다음 단계에서 어려움을 겪을 수 있다. 해당 학년의 개념을 충분히 이해하지 못하면 다음 학년으로 올라갔을 때 학습 부진이 누적되고 어디서 시작된 것인지 모를 부진의 늪에서 빠져나오기 위해 엄청난 고생을 하게 된다. 이러한 어려움에 직면한 많은 학생들이 '난 역시 수학에 소질이 없어' 하며 수학에 지레 겁을 먹고 도망치는 일명 수포자가 되어버리는 것이다.

학기초 학년 교육과정의 큰 틀을 잡아가기 시작할 때, 동학년 선생님들과 수학 과목의 특성과 학습 부진이 큰 수학 과목에 대해 어떻게 접근하면 좋을지에 대한 고민을 함께 나누었다. 기존의 수업과 다른 방식의 접근이 필요하다는 것에 동의하여 수학협력수업을 시도해 보기로 하였다. 수학협력수업은 기존의 전체 강의식 수업과 비교해서 학생의 배움을 중심에 두는 수업 방식이다. 일반적인 수학 수업의 경우 선생님이 개념에 대해 설명하고, 학생들은 개념을 익히기 위해 문제를 푼다. 학생-학생, 교사-학생 간 상호작용의 기회가 적으며 많은 학생들이 소극적인 학습 태도를 보인다. 수학협력수업의 경우 학생들 간 상호작용의 기회가 대폭 확대되고 학생들은 자신의 실력에 맞는 학습 유형을 결정한다. 맞춤형 학습을 통해 학생들은 주도적으로 배움을 형성하고, 학생들이 맡은 다양한 역할 속에서 협력이 자연스럽게 이루어진다.

수학협력수업 어떻게 할까

수학협력수업은 일명 스배나 학습으로 부르기도 한다. 스배나는 스스로, 배움, 나눔의 앞 글자를 따서 지칭한 것이다. 수학협력수업에서 중요한 부분을 차지하는데 또래학습 과정에서 학생들이 선택하게 되는 스스로, 배움, 나눔이라는 역할이 학습 과정과 방향에 영향을 주기 때문이다. 스배나 역할 선택 과정에서 학생들은 자기 자신이 개념을 얼마나 잘 이해했는지 되돌아보고 자신에게 맞는 역할을 선정한다. 이때 선택에 어려움을 겪는 학생들을 위해 제시하는 선정 기준은 다음과 같다.

첫째, '스스로'는 수학 개념과 원리를 이해하는데 시간이 좀 더 필요하지만 스스로 공부하고 싶은 학생에게 해당된다.

둘째, '배움이'는 수학 개념과 원리를 이해하기 어렵고 다른 사람의 보충 설명이 필요한 학생이다.

셋째, '나눔이'는 수학 개념과 원리를 잘 이해하고 이를 다른 학생에게 가르쳐주고자 하는 학생에게 해당된다.

올해 내가 4학년 학생들을 대상으로 실천한 수학협력수업의 흐름은 다음과 같이 이루어진다. 먼저 선생님이 전체 학생을 대상으로 교과서를 활용하여 핵심 개념과 원리를 설명한다. 다음으로 학생들은 보충학습지 또는 수학 익힘책을 통해 자신의 이해도를 점검하고 '스스로, 배움이, 나눔이' 중 한 가지 역할을 결정한다. 학생들이 역할을 결정하고 나면 교사는 '배움이-나눔이', '스스로-스스로' 등 상황과 구성원에 적합한 방식으로 협력학습팀을 매칭한다. 이때 학생들 개개인의 특성과 학습 상황을 고려하여 매칭하는 것이 좋은데, 때에 따라 1:1, 1:2 등 다양한 비율로 구성할 수 있다. 다음으로 매칭된 학생들끼리 만나서로 질문하고 가르치며 배움을 형성한다. 수학협력수업의 수업 흐름은 정해져 있는 것은 아니다. 학년, 선생님에 따라 조금씩은 다를 수 있으며 단원의 특성이나 내용에 따라 달라질 수 있다.

그렇다면 수학협력수업을 실제로 경험한 학생들은 수업 과정에서 어떤 것을 느끼고 배웠을까? 아무리 좋은 교수법이라도 학생들의 눈높이에 맞지 않으면 지속되기 어렵다. 일 년 동안 수학협력수업에 참여한 해밀초등학교 4학년 바다반 학생들의 이야기를 들어보았다.

수학협력수업은 일반 수업과 어떤 점이 다른가요?

　황지윤 학생 : 교과서로만 설명하셨다면 수학 수업이 지루해서 힘들었을 것 같아요. 수학협력수업은 수업 시간에 친구들을 더 많이 만날 수 있어요. 덕분에 수학 시간을 좀 더 즐겁게 보낼 수 있었어요.

　배정훈 학생 : 수학 문제를 풀 때 모르는 문제가 있으면 보통 선생님한테 가는데 스배나를 하면 친구들을 통해 배울 수 있어요. 어려운 문제가 나왔을 때 선생님께 바로 가지 않고 자기가 스스로 생각해 볼 수 있어요.

수학협력수업이 수학 공부를 하는 데 도움이 되었나요?

　이재성 학생 : 수학을 잘하는 친구나 설명을 잘하는 친구를 만났을 때 좀 더 자세하게 배워서 좋았어요. 선생님의 설명은 반 전체한테 설명해 주시는 것이기 때문에 친구가 일대 일로 설명해 주는 게 이해가 잘 됐어요.

　정보석 학생 : 각자 수학 실력이 다르고 모르는 부분이 다르잖아요. 나눔이가 여러 명이 있으니까 나눔이가 서로 다른 부분을 담당해서 가르쳐주면 좋은 것 같아요.

　윤태희 학생 : 친구들이 가르쳐주니깐 더 잘 이해할 수 있었어요. 선생님이 설명하실 때는 길게 설명해 주셔서 어려웠는데 친구들은 짧고 간단하게 말해서 이해하기가 쉬웠어요.

수학협력수업에 참여하면서 느낀 소감을 말씀해 주세요.

　장윤채 학생 : 배움이랑 나눔이가 서로 질문을 하고 문제를 풀어나가면서 알고 있는 지식을 나눠주는 게 인상 깊었습니다. 함께 힘을 합쳐 문제를 풀어나가는 것이 협력이라는 생각을 했습니다.

　황지윤 학생 : 수학이 제가 제일 싫어하는 과목이었는데 지금은 좋아하는 과목 2위가 되었어요. 친구들과 함께 공부하니까 더 재밌고 친해질 수도 있어서 좋았어요

　정보석 학생 : 배움이 입장에서 이야기할게요. 저는 지금까지 나눔이를 한 번도 안 해봤어요. 항상 배움이 역할을 했는데 나눔이 친구들이 열심히 설명해 주는 게 느껴져서 친구들의 소중함을 느낄 수 있었어요.

　배정훈 학생 : 저는 배움이와 나눔이 역할을 다 해봤어요. 나눔이는 배우는 사람이 잘 이해하면 기분 좋고 배움이는 친절하게 설명해 주면 기뻐요. 두 역할 모두 좋은 점이 있는 것 같아요.

　양현준 학생 : 제가 나눔이가 되어 설명을 했을 때 친구들이 집중을 잘해줘서 좋았어요. 친구들이 정말 설명 잘한다며 저를 많이 칭찬해줘서 좋았어요.

　방가온 학생 : 친구들과 같이 한다는 게 가장 좋은점이고요, 배움이들은 조금 힘들수도 있다는 생각을 했어요. 친구들이 설명을 잘못할 때도 있잖아요. 그럴 때는 일반 수업에서 좀 더 설명을 집중적으로 해주시면 좋겠어요.

　여러 학생들이 수학협력수업을 긍정적으로 인식하고 있었다. 배움의 형태를 스스로 선택할 수 있고 학생 간 상호작용이 활발하게 일어난다

는 점에서 만족도가 높았다. 다만 일반 수업의 형태에 익숙해져 있는 학생들이 수학협력수업에 적응해 나가기 위해서는 어느 정도 적응 기간이 필요하다. 수학협력수업의 목적과 필요성을 아이들과 함께 공유하고 부족한 점들을 학생들의 특성에 맞게 보완해 나가는 것이 성공적인 수학협력수업으로 가는 비결이 아닐까?

교사 간 협력이 이루어지다

수학을 더 잘 가르치고 학생들이 잘 배울 수 있도록 돕는 또 하나의 장치는 선생님들과의 협력이었다. 교사 간 협력 수업은 한 교실 내에 담임교사와 함께 협력 교사가 함께 수업을 만들어 나가는 수업이다. 올해 우리 학년의 협력 수업은 일주일에 2시간씩 이루어졌으며 전담 시간을 활용해 다른 반의 수업을 지원하는 방식으로 이루어졌다.

협력 수업이 처음부터 물 흘러가듯 진행되었던 것은 아니다. 동학년 선생님들과 수학 과목에 대해 협력 수업을 진행하기로 하였을 때 아이들의 배움을 위한 방안이라는 것을 알면서도 한 편으로는 잘할 수 있을까 걱정이 되기도 하였다. 걱정이 앞섰던 가장 큰 이유는 한 교실에 두 명의 교사가 존재한다는 것에 대한 부담감 때문이었다. '우리 반에 들어오시는 협력 선생님이 나의 수업을 보고 형편없다고 생각하시면 어쩌지?', '수업을 잘하시는 다른 선생님의 수업과 비교되는 것은 아닐까?' 하는 등의 걱정이 들었기 때문이다. 이런 생각과 부담감이 들었던 까닭은 흔히 전통적인 공개수업이나 동료장학이 끝난 뒤 협의회에서 수업의 잘한 점과 보완할 점에 대해 이야기하곤 했었기 때문이다. 수업을 평가 대상으로 보고 보완할 점을 지적하는 전통적인 수업평가관이 수업을 공개하거나 수업을 함께 하는 것에 부담을 느끼게 한 것이다.

하지만 막상 수학협력수업을 해보니 부담감은 자연스레 사라지게 되었다. 선생님들 간에 협력 수업의 목적을 함께 공유하고 서로 도움을 주기 위한 신뢰의 관계를 형성해 나갔기 때문이다. 협력 수업에서 선생님들의 수업 방식이나 설명보다 학생들이 잘 이해하고 있는지, 어려움이 없는지에 등에 대해 집중하였다.

수업 효과적인 측면에서 보았을 때, 협력수업은 여러 가지 장점을 가지고 있다. 교사 한 명보다 두 명일 때 학생에 대한 개별 피드백 시간이 월등히 높아지게 된다. 특히 수학 과목은 학생 별 수준차가 크고, 학습 부진이 많이 일어나기 때문에 개별 학생에 대한 수업 이해도 점검과 피드백이 중요하다. 두 명의 교사가 협력하여 수업을 진행하기 때문에 학생에 대한 개별 지도나 피드백 시간이 매우 늘어났고, 학생의 이해도나 특성에 대한 관찰 기회도 늘어나게 되었다. 걱정했던 것보다 부담감은 없어지게 되었고 기존의 수업에 비해 좋은 점이 많다는 것을 체감하게 되었다. 협력 수업의 목적을 공유하고 함께 실천해 나가면서 더욱 두터운 신뢰와 동료애가 형성되어 갔다.

선생님들과의 협력은 수업을 공유하고 나누는 모든 시간에 이루어진다. 수업에 대해 이야기하는 일상적인 말들도 그렇다. 수업을 준비하기 위한 "오늘 핵심 질문은 어떤 걸로 하는 게 좋을까요?"와 같은 말이나, "오늘 길동이가 핵심 개념을 이해하지 못한 것 같아요."와 같은 학생들에 대한 피드백, 개념을 가르칠 때 유의해야 할 부분이나 아이들이 가지고 있는 오개념 등 가르치고 배우는 일에 대한 생각을 자연스러운 분위기 속에서 이야기 나누며 공유하는 것들이 모두 협력의 토대 위에 이루어졌다. 쉬는 시간, 점심시간 등 잠깐의 짧은 휴식 시간 속에서 나누는 수업에 대한 나눔과 피드백이 아이들을 가르치는 데 많은 도움이 되었다. 수학협력수업을 함께 실천한 동학년 선생님들의 이야기를 들어보았다.

수학협력수업은 일반 수업과 어떤 점이 다른가요?

다솜반 선생님 : '서로가 서로를 돕는다'라는 점에서 도덕적인 측면이 수학 수업에 들어갔던 거 같아요.

마루반 선생님 : 하나의 교실에 두 명의 교사가 있다는 점이요. 하나의 교실에 한 명의 교사면 충분하다고 생각했었는데 수학협력수업을 경험해 보고 나서 그 생각이 바뀌었습니다. 한 분의 선생님이 더 들어오셨을 때 그만큼 더 양질의 교육이 가능하다고 느껴졌어요.

수학협력수업이 학생들의 수학 학습에 도움이 되었나요?

다솜반 선생님 : 학생들이 서로 가르치고 배우면서 인지적으로 부하가 걸리지 않으면서도 수학을 즐겁게 학습하고 또 서로 상호 작용하면서 수학 학습에 대한 부담이 줄어든 것 같습니다.

마루반 선생님 : 오히려 어른인 선생님보다 더 나은 선생님이 아이들 옆에 있다는 느낌이 들었어요. 아이들이 제 언어로 알려주는 것보다 또래의 언어로 들었을 때 좀 더 편안히 받아들이는 경향이 있어요.

수학협력수업을 실천하면서 어려운 점은 없으셨나요?

다솜반 선생님 : 전담 시간이 얼마 없어서 그 시간 동안 해야 하는 일이 많아서 다른 선생님 수업을 많이 못 도와 드려 아쉬웠습니다.

마루반 선생님 : 수학협력수업을 시작하기 전이 제일 어려웠어요. 처음에는 제 교실에 다른 선생님이 들어오신다는 점이 공개수업처럼 느껴졌습니다. 또 결국에 아이들한테

집중하게 되고 그렇게 되기까지 신뢰가 필요한 것 같아요. '선생님이 내 수업을 평가의 잣대로 보지 않는구나'라는 그런 신뢰는 쌓여 있었기 때문에 좀 편안하게 진행할 수 있었어요. 그리고 또 설명하는 부분에 있어서 차이가 있을 때 서로 의견을 주고받으면서 전문성을 보완할 수 있는 좋은 기회가 되었습니다.

수학협력수업은 보완할 점이 있다면 무엇인가요?

> 다솜반 선생님 : 수학협력수업을 모든 차시의 수업에 적용할 필요는 없다고 생각합니다. 근데 분명히 도움이 되는 차시가 있고 그 도움이 되는 차시에 적절히 활용하면 좋을 것 같아요.

> 마루반 선생님 : 제도적으로 잘 정착이 되고 시행되면 더 많은 학생들에게 도움이 될 것 같습니다.

협력의 경험이 일상으로 확대되다

배우고 가르치는 과정에서 서로가 도움을 주며 함께하는 경험은 우리의 삶 속으로 확장된다. 누군가를 도와주었을 때 느끼는 기쁨은 우리 삶을 풍요롭게 만든다. 특히 학생들이 교실 속에서 서로 힘을 합하여 문제를 해결했을 때 느끼는 성취감은 말로 이룰 수 없을 정도로 소중한 경험이다.

학생들끼리 협력 수업에서 협력하는 경험은 일상생활로 확대된다. 협력의 가치를 이해한 학생들은 도움을 주고받는 게 어려운 일이 아닌 당연하고 자연스러운 일이 되는 것이다. 수업에서뿐만 아니라 일상에서 스스로 해결할 수 없는 일을 만났을 때나 도움이 필요한 친구를 보았을 때, 자연스럽게 도움을 청하고 도움을 주는 분위기가 형성된다.

사실 누군가와 함께 나아가는 것, 협력하기가 늘 쉬운 것만은 아니다. 다른 사람을 돕기 위해서는 시간과 노력을 할애해야 하고 약간의 수고로움을 견뎌내야 하기 때문이다. 하지만 나와 동료 선생님들, 학생들은 수학협력수업을 통해 1+1이 2가 아닌 그 이상이 될 수가 있음을 직접 체험했다.

세종시의 초등학교들은 학교마다 2월에 새 학기를 준비하기 위한 교육과정 집중 수립 기간을 갖는다. 우리 학교는 이 기간에 학년군, 학년 단위의 교육 목표, 교육 과정을 함께 논의하고 큰 틀을 만든다. 올해 초 3·4학년군 선생님들이 함께 모여 '함께 배우고 성장하는 우리'라는 학년군 교육 목표를 세웠다. 학년이 끝나가는 지금, 한 해을 되돌아보며 이 목표가 잘 달성되었는지 생각해 본다. 학생들을 협력하며 서로 배우고 가르치는 경험을 통해 나도 성장하였다. 이 순간 나는 함께 배우며 성장하는 주체가 학생뿐만 아니라 선생님도 포함되었다는 것을 깨달았다. 학습에 대한 고민들을 나눠가며 학습 공동체, 연구하는 공동체로 성장하였음을 느낀다.

수학협력수업은 똑같이 주어진 시간을 어떻게 하면 더 풍요롭고 지혜롭게 배우고 가르칠 수 있는가에 대한 고민이다. 새로운 시도를 하는 것은 어려웠지만, 협력이라는 가치를 교실 안에서 배우고 익힌 아이들을 보면 고민하고 노력한 시간이 보람차게 느껴진다. 특히 개인주의가 만연하는 이 시대에 협력의 가치는 더욱 소중하고 빛난다. 협력이라는 두 글자가 여러분의 생각과 마음속에 잠시 머물렀기를 바란다.

3.
5·6학년군
〈함께 하다〉

1) 학년군제와 학년군장

함께할 용기

2018년 부푼 꿈을 안고 세종이라는 새로운 지역에 왔다. 새로운 학교에서 시작하는 신규 교사의 삶. 쉽지 않은 도전이었기에 열심히 배웠고 최선을 다했다. 그러나 의욕만큼 잘하지 못했고, 스스로 아직 어수룩한 교사라는 생각을 떨칠 수 없었다. 주변 사람들도 나에게 기대하는 기준이 높지 않았고 나는 그 틀 안에 갇혀 딱 그만한 사람이 되어가고 있었다. 어느 순간 학교에서의 삶이 무료했고 한가했다. 자연스럽게 매너리즘에 빠졌고, 그러던 중 해밀이라는 두 번째 도전하게 되었다. 애초에 도전을 즐기지 않는 나로서 이 도전은 내 인생의 터닝 포인트가 되었다고 말할 수 있겠다.

개교 TF로 학교의 뼈대를 함께 고민했다. 2020년 9월 해밀초가 개교하였다. 학교는 날 그럴싸한 존재로 만들어줬다. 학년군장은 이름부터 낯선 직책이었다. 친구들을 만나서 근황을 이야기한 적이 있다.

"너 요즘 뭐해? 부장하고 있니?"
"응~ 나 학년군장이야."
"학년군장이 뭐야? 족장도 아니고 이름 너무 웃기다."

내가 알고 있는 선배 중에 적어도 학년군장을 한 사람은 한 명도 없었다. 책을 찾아보거나 인터넷을 봐도 학년군장에 대한 정보는 없었기에 학년군장의 정체성에 대해 혼란스러웠다. 때로는 학년부장과의 영역이 겹쳐서 생기는 불편한 감정도 있었다. 조언을 구하고 싶어도 그럴 수 없었다. 내가 처음이었기 때문이다. 언젠가 교장선생님께서 학년군은 학교 안의 작은 학교이자 학년군장은 작은 학교의 교장과 같다고 하셨다. 학교 안의 작은 학교, 그리고 내가 그 학교의 교장이라니 재미있었다.

학년부장으로서 한 학년을 온전히 책임지는 것도 힘든 일인데 두 학년을 총괄하는 학년군장을 큰 거부감 없이 맡을 수 있었던 이유는 무엇이었을까? 얼마 전 학교폭력예방교육을 들으면서 그에 대한 답을 찾을 수 있었다.

"너희들 부모님이 시키는 거 왠지 하기 싫지? 왜 그런 것 같아? 바로 명령하기 때문이야."

어른들의 세계도 같은 이치라는 생각이 들었다. 스스로 잘하던 일도 시키면 하고 싶지 않다. 지금까지 누구도 학년군장을 억지로 시키지 않았고 나를 평가하지 않았다. 묵묵히 옆에서 지켜봐 줬고, 그렇게 3년이라는 시간이 지났다.

"내가 가는 길이 길이고, 그게 곧 다른 사람의 길이 될 거야."

학년군장으로서 여러 일이 있었다. 때로는 행복했고 때로는 그만두고 싶을 정도로 힘들었다. 교장 선생님은 시야를 넓히라는 말씀을 많이 하셨다. 시야를 넓히라는 것이 어떤 의미인지 지금도 온전히 알지 못한다. 한 가지 확실한 건 함께하는 것이 더 이상 두렵지 않다는 것이다.

왜 우리는 함께 해야 하는가?

아이나 어른할 것 없이 누군가와 함께 마음을 맞춘다는 것은 힘든 일이다. 실제로 어떨 때는 혼자 하는 게 훨씬 편하기도 하다. 사람들과 함께 지내다 보면 자연스럽게 갈등이 생기고 이는 일상처럼 일어나는 일이다. 하지만 나는 사람 사이의 갈등에서 피로를 많이 느끼는 성격이기에 갈등이 생기는 것을 좋아하지 않았다. 불편한 긴장감은 나를 지치게 했고, 같은 일이 반복되면서 그 사람에 대한 원망의 감정이 싹텄다.

어느 날 모둠 활동을 하면서 갈등이 생긴 모둠이 있었고, 나는 학급 전체에 이렇게 말하고 생각에 잠겼다.

"얘들아, 혼자서 잘하는 사람보다는 생각이 다른 사람들과 함께 조율하며 살아갈 수 있는 사람이 되어야 하지 않을까? 사람은 사람 사이에서 빛나는 법이야."

이건 그냥 어른들이 그럴싸하게 하는 말이고 아이들이 왜 친구들과 함께 공부해야 하냐고 다시 묻는다면 난 뭐라고 설명해야 하지? 그때 문득 이런 생각이 들었다.

"우리는 현재 혐오와 배척의 시대에 살고 있지 않은가?"

나와 생각이 조금만 달라도 이상한 사람으로 취급하고, 다양성을 인정하지 못하는 사람들. 사람들의 갈등을 부추기고 서로 편을 가르고 싸우는 사람들. 그리고 그 속에서 무언가 잘못되고 있다는 불편한 감정보다는 이런 사회에 무뎌지는 사람들. 나도 사회 속에서 순응하면서 살아가는 작은 시민일 뿐이다. 그러나 그에 앞서 교육자가 아닌가?

교육자로서 나는 자라나는 아이들에게 무엇을 가르쳐야 하는가? 나는 이 시대에 어떤 교사가 되어야 하는가? 나는 현재 무엇을 하고 있는가? 꼬리를 무는 질문이 머릿속에 가득 찼다. 갈등은 반드시 존재하며 더 나은 발전을 위해 필요하다. 그 갈등을 외면하지 않고 소통하고 해결하려고 노력하는 사람이 필요하고 누군가는 그 역할을 해야 한다. 집에서 나오지 않고 사람들과 교류하지 않는 사람들이 일본에 많아져서 사회적으로 큰 문제라고 한다. 사람 속에서 함께 살아갈 수 있는 능력, 서로 소통할 수 있는 능력, 다른 생각을 가진 사람들과 양보하면서 합의점을 찾아갈 수 있는 능력. 미래의 인재는 이런 능력을 갖춰야 하지 않을까?

"그래서 나는 여기서 무엇을 할 수 있을까?"

나는 그에 대한 해답을 학년군제에서 찾을 수 있었다. 한국에서 학년군이라는 제도는 성취기준을 제시하는 교육과정 문서상에만 존재하는 경우가 대부분이다. 대부분의 초등학교에서는 학년 중심으로 교육과정을 펼쳐나가며, 일부 작은 학교에서만 자연스럽게 학년군 교육과정이 운영되기도 한다. 초등학생들을 흔히 저, 중, 고학년으로 분류하는 것처럼 인접 학년 학생들의 특징이 비슷하다는 점, 무의미하게 반복되는 교육활동을 줄이고, 교육과정에 위계를 둘 수 있다는 점 등 학년군제의 도전은 충분한 값어치가 있음에도 학교에서 실천하는 데 여러 가지 한계가 있다.

해밀초등학교의 개교를 준비하며 우리는 북유럽의 교육에 대해 공부하며 새로운 꿈을 꾸었다. 학년 연임, 중임 등 다양한 아이디어가 나왔고 학년군제를 함께 해보자는 의견이 있었다. 큰 학교에서의 학년군제는 여러 가지 어려움이 예상되었지만 그럼에도 일단 해보자고 약속했고 지금까지 실천하고 있다. 하지만 일단 해보자는 말은 누군가에게는 너무나도 무모한 도전일 수 있다. 함께하는 선생님들을 설득 혹은 이해시킬 수 있는 이유가 필요했다.

"학년군제를 해야 하는 필요성은 무엇일까?"

먼저 학년군제의 장점과 단점에 대해 숙고했다. 장점만큼 단점도 분명했다. 인접 학년의 생활 지도 및 교육 과정 운영이 내실화된다는 점, 학생들 2년 동안의 성장을 지원할 수 있다는 좋은 점도 있지만, 현재 교사들의 인사 시스템(1년 단위)과 맞지 않다는 점, 자칫 2년 동안 민원에 시달리는 등 기계적인 학년군 운영으로 인한 부작용도 예상되었다. 학년군제에 대한 장·단점을 논리적으로 분석하기 보다는 내가 느꼈던 가장 좋았던 점이 무엇인지 생각해 봤다.

"학년군제를 하면서 함께 했을 때의 기쁨이 가장 컸다."

학생들이 얻는 좋은 점도 많겠지만 나에게 학년군제는 교사로서 큰 감동과 성장의 기회였다. 많은 사람들과 마음을 맞추고 함께 무언가를 한다는 것은 큰 고통과 동시에 성장의 기쁨을 줬다. 어쩌면 고통과 성장은 실과 바늘처럼 함께 존재하며 우리는 혼자이고 싶으면서도 함께 하고 싶은 갈망을 갖고 있는지도 모르겠다.

해밀초등학교의 학년군제는 해가 갈수록 정교해지고 완성도가 높아지고 있다. 누군가 나에게 학년군제를 꼭 해야 하는지 다시 묻는다면 아직도 명확하게 대답하기는 어려울 것 같다. 하지만 내가 쓰고 있는 학년군장으로서의 삶과 학년군의 경험이 언젠가 나와 비슷한 길을 걷게 될 사람에게 나침반이 될 것이라 믿는다.

함께하는 길

해밀초등학교는 2020년 9월 1일 개교와 함께 학년군 교육과정을 운영하고 있다. 작은 학교에서는 특수한 환경으로 인해 여러 학년을 통합한 교육과정을 운영하기도 한다. 하지만 큰 규모의 학교에서는 보통 학년 중심의 교육과정을 펼쳐나가기에 해밀초등학교의 학년군 교육과정 운영 시도는 의미가 있다.

해밀초등학교는 학년군 교육과정 운영을 정착시키기 위해 학년군장이라는 교육과정 담당 보직을 만들고 인사와 예산의 권한을 학년군장에게 분산하여 운영하고 있다. 학년군장은 학기초에 학년군 교육과정을 기획하고, 이를 실제 운영할 수 있도록 기반을 조성한다. 학년군장이 혼자 교육과정을 기획한다면 단순히 2개의 학년 교육과정을 한 사람이 만든다는 의미에 지나지 않을 것이다. 학년군장은 학년군에 소속된 교사들과 함께 교육과정을 기획해야 하며, 이 과정이 선행되기 위해 학년군 워크숍이 필요하다.

초창기 학년군장 위주의 교육과정 기획에 대해 해밀초등학교 교사들의 학년군 교육과정 기획 과정에 참여할 수 있도록 해달라는 요구가 있었으며, 이를 바탕으로 학년군 워크숍을 기획하게 되었다. 학년군 워크숍에서는 학년군 공동체의 형성, 학년군 학생 특성 분석, 학년군 교육목표와 활동, 학교와 교사의 비전 등 다양한 내용을 다루며, 무엇보다 학년군이라는 교사의 소속감이 학급, 학년 교육과정을 하나의 학년군 교육과정으로 묶는 데 역할을 하고 있다.

학년군 워크숍을 진행하기 위해 학년군장 협의체에서 함께 워크숍 내용을 기획하였으며, 2022학년도 교육과정 평가회 결과를 바탕으로 2023학년도 학년군 교육과정 워크숍을 계획하였다. 학년군 교사가 처음부터 함께 기획하는 학년군 교육과정, 효율적인 협의체 운영, 전입 교원과의 새로운 공동체 형성 등의 피드백을 담은 학년군 교육과정 워크숍을 통해 2023학년도 학년군 교육과정의 기틀을 마련하고 함께 나아가야 할 방향을 설정했다.

첫날, 새로운 학년군 구성원들과의 관계 맺기 활동을 진행했다. 2023학년도를 맞이하는 나의 기분을 색깔로 표현하고 돌아가면서 발표와 자기소개를 했다. 이어 긴장된 분위기를 바꾸기 위해 간단한 놀

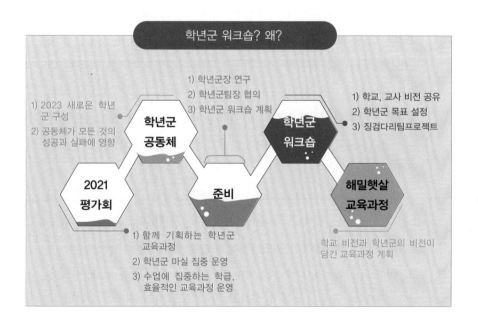

이 활동을 했다. 편안한 분위기 속에서 서로에 대해 알아가는 시간을 가졌다. 다음으로 2023학년도 부장단 회의 내용과 5·6학년군 군장과 학년장이 협의한 내용을 전달했고 학교 및 교사의 비전을 나누고 학교는 대체할 수 없는 교육의 장임을 공감했다. 이어 해밀초등학교는 어떤 학교인지 생각해 보고 올해 해밀초등학교에서 해보고 싶은 활동, 관심 있는 교과에 대한 이야기를 나눴다.

해밀초등학교의 비전을 함께 공유하고 그 의미를 나누었다. 학교 비전은 학교 교육의 출발점이자 도달해야 할 도착점이므로 이에 대해 공동의 개념을 갖는 것이 중요하다. '스스로'와 '더불어'가 가지는 자율과 협력의 의미에 더하여 '삶을 가꾸는'(주체성) 더 적극적인 의미를 부여하고, 5·6학년군 교육과정을 펼쳐가기로 했다. 다음으로 고학년 학급 경영이라는 주제로 6학년 학년장의 다년간 학급 경영 노하우를 공유했다. 실제로 5·6학년군이 처음인 교사와 고학년을 막연히 두려워했던 교사들에게 도움이 된 시간이었다.

마지막으로 '해밀햇살교육과정'과 '징검다리팀프로젝트'에 대해 살펴보았다. '자율'과 '협력', '개별화교육' 등 해밀초등학교의 비전이 담긴 해밀햇살교육과정과 핵심적 교육활동인 징검다리팀프로젝트 활동에 대해 살펴보면서 교육과정 워크숍의 목적을 공감했다. 특히 학년군에서 펼쳐지는 징검다리팀프로젝트의 연결성(마을, 수준과 흥미가 비슷한 학생, 학년군 교육과정)과 체계(학년군별 유기적으로 연계, 심화·발전)에 대해 살펴보았다.

둘째 날은 포춘 쿠키로 하루를 시작했다. 학년군 워크숍 첫 날의 소감을 간단하게 말하고 둘째 날의 일정을 진행했다. 처음으로 학년군 교육목표를 설정하기 위한 기초 작업을 했다. 학교 비전, 교사 비전, 해밀초등학교 5·6학년군 학생들의 특징, 해밀학력 등을 바탕으로 5·6학년군 교육목표를 설정하고, 이에 도달하기 위한 5·6학년 교육활동들을 계획했다. 학교 비전, 5·6학년군 교육 목표, 2022학년도 교육과정 평가 결과, 시대적인 교육적 요구 등을 살펴보고 5·6학년군 징검다리팀프로젝트 주제를 선정했다. 5·6학년군 징검다리팀프로젝트의 이름은 '세계로 DIVE(Demoractic citizens Issue Voice Experience)'이며, 세계시민으로서 우리 주변의 여러 문제들에 관심을 갖고 목소리 내는 경험을 한다는 의미로 프로젝트 활동을 기획하였한다.

해밀초등학교 학교 비전을 바탕으로 5·6학년군의 교육 방향 및 목표를 설정하고 이를 달성하기 위한 구체적인 교육 활동을 계획했다. 먼저 5·6학년군 선생님들의 교육 경험을 공유하면서, 펼치고 싶은 활동들에 대해 이야기했다. 선생님들이 해밀초등학교에서 해보고 싶은 활동, 또 고학년 운영에서 걱정되는 것들을 나누면서 부족한 부분들을 서로 보완해 줄 수 있다는 믿음과 협력의 분위기를 만들었다. 그리고 2022학년도 교육과정 평가회 내용을 함께 음미했다. 작년 교육과정 내용에서 유지할 것과 개선이 필요한 것들을 살펴보고 개선이 필요했던 점들은 2023학년도 교육과정에 개선되도록 노력했다.

2022학년도 교육과정 평가회 결과

① 학년 목표와 학년군 목표가 별도 존재하여 학년군 목표가 실제 활용되지 못함.

② 학년군 목표가 다소 모호하게 서술되어 구체적으로 서술할 필요가 있음.

③ 학년군 목표를 달성하기 위해 학년군 활동을 실천하는 것이기 때문에 학년군 목표와 활동 간에 관련이 있으면 좋겠음.

④ 5학년과 6학년이 함께 팀을 이루기 때문에 학생들끼리의 관계 형성 및 규칙이 필요하며, 이를 뒷받침하기 위한 활동들을 구성해야 함.

⑤ 징검다리팀프로젝트 운영을 위해 선택과 집중의 교육과정 운영이 필요함.

⑥ 징검다리팀프로젝트 주제가 '환경'이어서 다양한 주제로 탐구하고 싶어하던 학생들의 요구를 반영하지 못함.

⑦ 교과에 없는 내용을 프로젝트로 진행하여 교재를 따로 개발해야 했음.

⑧ 2년간의 학년군 교육과정 운영으로 징검다리팀프로젝트 내용의 중복을 피하고 학년별 위계를 두어야 함.

다음으로 5·6학년군 학생들의 학생 특성을 파악했다. 초등학교 생활의 마무리라고 할 수 있는 5·6학년은 사춘기로 인해 몸과 마음에 변화가 있으며 교육활동에 적극적으로 참여하지 않고 생활지도가 어렵다는 공통의 의견이 있었다. 어린이와 청소년의 중간 지점에서 해밀초등학교 5·6학년군에서 시간을 보낸 학생들이 도달했으면 하는 목표 지점을 함께 고민했다. 5·6학년군 학생들은 어떤 목표를 갖고 생활하며, 어떤 학생이 되어야 할까? 해밀초등학교는 세종형학력을 기반으로 한 해밀학력을 제시하고 있다. 해밀학력은 해밀초등학교에서 시간을 온전히 보낸 학생들이 도달해야 하는 일종의 목표 지점과 같다. 실제로 학년군에서 펼쳐지는 교육활동은 1·2학년군, 3·4학년군, 5·6학년군이 유기적으로 연계되고, 심화·발전되며 동시에 학년군의 특색을 살린다.

마지막으로 5·6학년군 교육목표, 다른 학년군과 연계, 5학년과 6학년 교육과정의 연계, 5·6학년군 교육활동의 체계적이며 연속적인 운영, 학생들의 흥미와 요구를 고려하고 반영했는지 살펴보며 내용을 정

지성
배움을 좋아하고,
스스로 탐구하는 힘을 가진 학생
(지적호감, 자기주도)

심성
서로의 마음을 공감하며,
갈등을 해결하는 학생
(공감, 갈등해결)

나를 찾아서 우리 함께 세계로 DIVE

시민성
공동체의 가치를 알고,
삶을 주체적으로 살아가는 학생
(공동체 의식, 주체적 의사결정)

건강
안전의 중요성을 알고,
건강한 몸과 마음을 가진 학생
(안전, 마음 건강 관리)

선했다. 5·6학년군의 학년군 교육목표는 해밀학력을 바탕으로 지성, 심성, 시민성, 건강 각 범주별 목표를 종합하여 서술한다. '나를 찾아서, 우리 함께, 세계로 DIVE'라는 5·6학년군 교육 목표 아래 지성, 심성, 시민성, 건강 범주의 목표를 정했다. 5·6학년군 중점 활동의 구체적인 운영 시기와 방법 등은 학년군 협의를 통해 의견을 모으고 실행해 가며 보완한다.

2) 5·6학년군이 함께하다, 학년군 동아리

* 5학년과 6학년이 함께 하는 동아리 활동을 통해 학년군 공동체 소속감을 부여한다.
* 학생들이 자율적으로 조직한 동아리를 홍보하고 운영하면서 자율성과 창의성을 기른다.

학생들의 적성과 특기를 살리기 위해 이루어지는 활동인 동아리는 보통 학년 내에서 운영되거나 학급 내에서 운영된다. 그리고 학생들의 다양한 희망을 반영하기 어려운 환경이다. 학생들의 희망에 비해 지도할 수 있는 교사 수는 한정적이기 때문이다. 하지만 해밀에서는 학생들의 희망을 최대한 많이 반영하기 위해 선생님들이 두 팔을 걷고 나섰다. 대상 범위를 학급, 학년이 아닌 학년군으로 넓혔다. 올해 해밀에서는 5학년 8학급, 6학년 6학급으로 구성되었고 감사하게도 교무실에 계신 학생 자치 업무부장님께서도 함께 팀을 맡아주셔서 총 15분의 선생님들과 함께 할 수 있었다. 그래서 학생들의 희망 주제를 다양하게 펼칠 수 있었다.

또한 동아리를 운영할 때 선생님들의 주도하에 이루어지기보다 학생들이, 특히 6학년 선배들이 후배들과 소통하며 리더십 있게 동아리를 이끌기를 바랐다. 함께 소통하고 활동하면서 공동체를 형성하고 고학년에서 발생 빈도가 잦은 선후배 간 갈등을 줄이는 데에 도움이 되길 원했기 때문이다. 결과적으로 선배들은 리더십을 발휘하여 후배들을 배려하며 이끌었으며, 후배들은 선배들과 함께하며 서로에 대한 이해, 예절을 익히게 되었다. 선생님도 학생들도 모두 만족한 활동이었다.

3월 초 학생들에게 위 취지를 각급 담임 선생님들께서 안내하시고 수요 조사를 진행했다. 학년별로 구글시트에서 희망 주제들을 수합했고 학년군 선생님들이 함께 모여 이를 최종 수합했다. 이 과정에서 현실적으로 운영 가능한 주제, 합쳐서 함께 운영할 수 있는 주제 등이 있나 살펴보는 시간을 가졌다. 함께 가지치기를 하며 최종 주제들을 선정하였고, 이를 6학년 담임 선생님들께서 6학년 학생들과 함께 살펴보며 희망 주제를 선택하는 시간을 가졌다. 6학년이 먼저 팀을 꾸리고 팀장과 부팀장을 각각 선출하도록 했다. 선출된 팀장과 부팀장을 중심으로 6학년이 먼저 협의하여 동아리 홍보 포스터를 작성했다. 이를 5학년 복도에 일정 기간을 게시하였고 이후 5학년 학생들이 본인 희망 주제를 선택하였다. 총 16개의 동아리들을 운영하게 되었는데, 지도 가능 교사들은 15명이어서 소규모의 동아리는 한 장소로 모아 2개의 동아리를 동시에 운영해 16개 동아리들을 운영할 수 있었다.

시수는 동아리 활동으로 16차시 운영했고 일정은 아래와 같이 운영했다. 동아리는 각 학급과 특별실, 야외 공간을 사용해 운영했다. 특별실 사용은 감사하게도 다른 학년군에 배려해 주셔서 우리 학년군이 우선적으로 사용할 수 있었다.

각 동아리마다 운영 방향이 달랐는데 어떤 동아리는 학생들의 소질 계발에 초점을 두었고, 어떤 동아리는 체험 및 실습 활동이나 마을 탐색에 초점을 두었다. 그리고 본인들의 적성 및 소질 계발에 그치지 않고 후배들에게 공연을 한 동아리도 있었다. 학생들의 소감을 두 편 추렸는데, 아래와 같다.

> 새 학기가 시작되면 모르는 아이들이 많이 생긴다. 물론 같은 학년에는 아는 친구들이 많겠지만, 학년과 학년 사이에는 엄청난 벽이 생기기 마련이다. 이 크고 높은 벽을 무너뜨려 줄 활동은 바로 동아리이다. 동아리는 6학년과 5학년을 이어줄 크고 중요한 행사이다. 우리가 만든 동아리의 종류는 매우 다양하다. 예를 들어, 공예부, 덕질부, 등등 여러 가지 활동이 많다.
>
> 첫 번째로, 6학년 동아리의 구성원들과 만나서, 8주 차까지의 계획을 모두 짰다. 계획 하나하나가 비용이 꽤 들어서 걱정이 되었지만, 모두가 재밌게 참여해 줄 생각에, 걱정이 바로 사라졌다.
>
> 그다음으로, 포스터를 제작했는데, 12명이 함께 하려니 조금 힘들겠구나 싶었지만, 완성작을 보니 그런 생각도 싹 달아났다. 모든 것이 아름답고 작품 하나하나가 눈에 잘 들어왔기 때문이다.
>
> 마지막으로, 5학년 동생들이 생활하고 있는 여름마을에 가서, 우리가

손수 제작한 포스터를 붙였다. 정말 다양한 동아리의 포스터들이 하나부터 열까지 완벽하고 멋졌다. 기초 과정을 해내고 나니, 뿌듯한 마음도들고, '작년에 선배들은 많이 힘들었겠다.'라는 생각도 들었다. 2023년 동아리 활동을 작년 선배들처럼 멋지게 이끌어가야겠다.

처음에는 '마술을 잘할 수 있을까?'라고 생각했는데, 친한 친구들과 함께 마술을 배울 수 있어서 좋았다. 원래 마술을 보는 걸 좋아했는데 막상 하고 보니까 성공할 때 뿌듯하고 기뻤다. 마술시범을 보여줄 때마다 재미있고 신기했다. 특히 친한 친구들과 함께 마술을 배울 수 있었던 것이 좋았다. 그리고 내가 배운 마술을 누군가에게 보여줄 수 있는 것이 뿌듯하고 기뻤다. 성공할 때마다 신기하다고 반응해 줄 때 기뻤다. 내가 할 수 있는 마술이 늘 때마다 보여줄 수 있는 마술도 많아지고, 여러 가지 마술을 많이 각각 보여줄 수 있는 마술이 많아져서 좋고 마술을 내가 할 수 있는 게 좋고 뿌듯했다. 이번 동아리가 나에게는 재미있고 유익했다.

5·6학년군 진로 원데이 클래스

올해 해밀에서 마을강사 시수를 5·6학년군에 배정하기로 협의가 되어 이를 연계하여 활동을 펼치기로 했다. 학생들의 다양한 진로 탐색과 더불어 체험하는 시간을 마련하고자 했다. 운영 시기는 마을 축제가 종료된 시점에 함께 즐거운 시간을 보내며, 그간 함께한 서로를 격려하는 활동이 되길 바라기도 했다.

준비하며 아쉬웠던 점이 있다면 마을강사 신청이 2학기 중이 아닌 여름방학 중에 이루어진 점이다. 그리고 우리가 희망하는 일자에 선택할 수 있는 주제는 많지 않았다. 한정적인 상황이었지만, 우리는 할 수 있는 최선을 다하여 운영하고자 노력했다.

군장과 5·6학년장이 함께 모여 신청된 14개 주제를 펼쳐두고 각 학년에서 담당할 주제들을 나누었다. 재료비 지출이 필요한 주제가 있었기 때문에 그 규모를 파악하고자 학년 선생님들께 하나씩 주제를 드리고 강사님들과 연락을 취하도록 부탁드렸다. 재료비는 학년군에서 끌어올 수 있는 예산을 최대한 활용하여 운영했다.

학생들 배정은 주제별로 5학년과 6학년 인원만 크게 나눠두고 각 학년에서 자율로 배정하도록 했다. 5학년은 학생들의 수요를 반영하여 1차 배정하고 초과한 주제에 한해서 추첨을 통해 2~4차 배정했다. 6학년은 주제마다 학급별 제한 학생 수를 두고 배정했다.

운영은 단순 체험 및 실습 활동에 그치지 않고 진로와 연계하여 운영될 수 있도록 준비했다. 강사들에게 당신의 직업을 진로 탐색 입장에서 학생들에게 소개하고 이후에 체험 활동이 진행될 수 있도록 준비를 부탁드렸다. 활동 진행 후 학생들은 전반적으로 만족도가 높았다.

"한 번만 하고 끝이에요? 재밌었는데…….또 하고 싶어요."

교사들 또한 활동 운영 준비에 조금 어려운 점이 있었지만 그래도 전반적으로 만족한다는 소감을 들려주었다.

"학생들이 1학기 때 운영한 동아리 활동을 그리워했는데, 이 활동으로 잠시 그때로 돌아가 즐거웠을 거예요. 그리고 본인이 관심 있는 분야의 진로들에 대해서도 탐색해 보는 시간이어서 뜻깊었을 겁니다."

3) 그림자 체험학습

 기존의 체험학습이 교사가 직접 기획하고 운영하고 평가하는 체험
학습이라면, 그림자 체험학습은 기획, 운영, 평가까지 모든 과정에 학
생이 주도적으로 참여하는 체험학습이다. 이때 함께하는 어른은 교사
또는 학부모이다. 어른의 역할은 아이들이 처음부터 끝까지 스스로 계
획한 바를 실행할 수 있도록 곁에서 지원하며, 안전을 확보해 주는 그
림자 역할을 맡는다.

 사실 이전 학교에서 그림자 체험학습과 비슷한 결의 체험학습을 경
험했던 터라 다른 선생님들보다 그림자 체험학습에 대한 부담감이 적
었다. 그건 사실이다. 보통의 체험학습과 다른 형태여서 그림자 체험학
습을 처음 접하는 선생님들은 걱정도 많고 어려워하였다. 교사들과 그
림자 체험학습의 목적과 의도를 함께 공유하는 자리가 필요하다고 생
각하여 2월 새 학기 준비기간에 그림자 체험학습에 대한 공유했다. 많
은 고민이 있었지만 학생들이 교과 과목에서 배우지 못한 다양한 것들
을 배울 수 있다는 점에서 함께 용기를 내보기로 했다.

그림자 체험학습 과정
① 학년 목표 설정 및 그림자 체험학습 활동 기획
 새 학기 준비기간(2월)에는 학년 선생님들끼리 만나 맡은 학년 교과
서를 쭉 훑어보며 1년간 교육활동의 목표를 함께 고민하고 한 문장으
로 정리한다.

 5학년 교육 목표는 '나와 네가 만나 함께 세상으로 나아가는 우리'이
다. 이 교육 목표는 다음 3가지 프로젝트가 담겨있다.

 - 나와의 만남

- 인권과의 만남
- 역사와의 만남

이 중 그림자 체험학습은 '역사와의 만남'으로 정했다. 학생들이 사회(역사)를 배워보며 역사 유적지에 관심을 갖고, 실제 유적지가 있는 곳을 조사하고 직접 탐방해 보는 방향으로 그림자 체험학습을 기획할 기회를 줘야겠다고 생각했기 때문이다.

6학년의 교육 목표는 '나를 찾아서 우리 함께 세계로 DIVE'이다. 사회 시간에 배우는 민주화와 관련한 장소 또는 역사 장소를 조사해 보고, 진로와 연계하여 나의 롤모델 및 진로 체험을 할 수 있는 장소를 탐방하는 방향으로 설정했다. 이것은 앞의 3가지 프로젝트 가운데 '나를 찾아서'에 해당된다.

다음은 2022년 5학년 그림자 체험학습의 과정을 기록한 것이다.

② 학급다모임을 통한 지역 선정

학생들의 모든 수요를 받아 학급 내에 다양한 모둠으로 나누어 다양한 지역을 탐방하면 좋겠지만, 그림자 체험학습이 처음이고, 모둠 수가 늘어나면 그만큼 그림자 선생님의 인원이 많이 필요하기 때문에 한 학급에서 지역은 통일하고, 2개의 모둠으로 나누어 이동하기로 했다.

아이들에게 그림자 체험학습의 목적과 기획 의도를 알려줬다. 아이들의 반응은 예상했던 것처럼 뜨거웠다.

"선생님! 그러면 5학년 학급이 모두 다른 지역으로 가는 거예요?"
"선생님! 진짜 저희가 지역도 정하고 활동도 정하는 거예요?"

뜨거웠던 반응도 잠시, 갑자기 걱정이 생긴 학생들도 있었다. 질문이

쏟아졌다. 그리고 질문 속에는 항상 '만약에'라는 단어가 들어 있었다.

"선생님! 만약에 길 잃으면 어쩌죠?"
"그림자 선생님은 너희가 길을 고민하고 스스로 찾을 때까지 옆에서 안전을 지켜주며 옆에 있을 거야. 길을 찾는 도움은 줄 수 없단다."

"선생님! 만약에 기차를 놓치면 어쩌죠?"
"그림자 선생님이 너희를 도와줄 수 있는 순간이 2가지가 있어. 하나는 너희가 위험에 빠질 상황일 때, 또 하나는 너희가 기차를 놓칠 상황일 때야. 이때는 그림자 선생님이 안전하게 너희를 보호하고 지켜주실 거야."

본격적인 지역 정하기가 시작되었다. 아이들은 사회 교과서를 살펴보면서 역사 유적지가 있는 지역을 조사하기 시작했다. 어느 지역에 어떤 역사 유적지가 있으며, 다른 관광 요소, 할 수 있는 활동 등을 조사하여 학급 친구들에게 발표하고 투표로 지역을 정했다. 그렇게 6개 학급에서 모두 다른 계획이 나왔다. 지역이 같은 학급도 있었지만 역사 유적지는 모두 달랐다.

③ 팀 나누기 및 세부 계획 수립

지역이 결정되고 나서 직접 기차표 또는 버스 시간을 알아보며 교통편을 예약했다. 팀을 나누는 기준은 역사 유적지를 제외하고 '진로'와 관련된 활동을 2개 찾고 그중 하나를 선택하는 것으로 했다. 우리 학급에서는 도자기 만들기 팀, 실내 스포츠 배우기 팀으로 나눠졌다.

본격적으로 팀을 나눈 후에는 세부 계획을 수립했다. 아이들이 정해야 하는 항목은 다음과 같다.

- 기차역 또는 정류장에서 체험 장소까지 가는 방법 알아보기
- 점심 식사 메뉴 정하기 및 식당 예약
- 진로 체험 예약
- 소요 시간 및 필요한 경비 및 준비물 확인하기

정해야 할 것들은 많고 하고 싶은 활동도 많으니 의견 조율이 쉽지는 않았던 모양이다. 곳곳에서 갈등이 생기는 것 같았다. 팀 안에서 의견이 매번 같을 수는 없기에 서로의 의견이 달라 생긴 갈등에도 현명하게 조율하는 경험도 의미가 있다고 생각한다.

④ 그림자 선생님과의 만남

한 팀은 담임교사가 인솔, 다른 한 팀은 그림자 선생님이 인솔하게 되었다. 그림자 선생님은 프로젝트지도사 또는 학부모이기 때문에 혼자 10명이 넘는 학생을 인솔하기에는 쉽지 않다. 그래서 담임교사가 인솔하지 않는 팀에는 2명의 그림자를 배치하였다.

그림자 체험학습 2일 전. 그림자 선생님과 아이들의 사전 협의회가 있었다. 이 자리에서 아이들은 그림자 선생님과 간단하게 인사를 나누고 그동안 계획한 일정을 발표하였다.

⑤ 그림자 체험학습 당일

아침부터 학급 대화방이 시끌시끌하다.

"얘들아~! 일어났지?"
"모두 7시까지 늦지않게 와야 해! 이따 보자~!"

그림자 체험학습 생각에 설레는 마음이 보인다. 설레는 마음도 잠시

학교에 도착하고 정류장으로 걸어가는 모습을 보니 긴장한 모습이 보인다. 교실에서 연습한 것처럼 두 줄로 짝을 지어 함께 걸어가며 길잡이 친구들이 앞에서 이끌고, 2명의 팀장 친구들이 앞, 뒤로 위치하여 함께 걸어가는 아이들이었다.

미리 역할을 나눈 대로 총무는 돈과 영수증을 관리하고, 기록이 친구는 그림자 체험학습의 순간순간 그때의 감정과 본 풍경을 메모했다. 환경지킴이 친구들도 비닐봉지를 들고 다니며 친구들이 지나간 흔적들을 끝까지 살폈다. 한 명도 빠지는 친구 없이 모두가 제 역할을 해내고 있었다.

걱정했던 것보다 길을 잘 찾고 열심히 활동에 참여했다. 그렇게 별 탈 없이 진행되나 싶었다. 돌아가는 기차를 타기 위해 시내버스를 타고 기차역으로 이동해야 할 때 지금까지 훌륭하게 길을 잘 찾아왔기에 당연히 잘하겠지 하고 생각했다. 그런데 아이들이 당당히 기차역으로 가는 반대 방향의 정류장 앞에서 버스를 기다리고 있다. 그림자의 역할을 잊지 않고 묵묵히 지켜봤다. 한 명의 친구가 이상함을 감지하고 친구들에게 이야기한다.

"얘들아! 여기 아닌 거 같아. 반대쪽 아닌가?"

아이들이 잠시 당황하지만 자신 있게 이야기한다.

"아니야. 여기 맞아!"

그렇게 몇 분의 시간이 흐르고……, 기차 시간은 다가오고 있고……, 어쩔 수 없이 결정했다.

"얘들아! 기차 시간이 다가오고 있어서 지금은 선생님이 도움을 줄게요. 반대 방향으로 건너가서 버스 탑시다."

다행히 기차역에 무사히 도착하여 세종으로 올 수 있었다.

⑥ 학생 소감

저희는 9월 22일 목요일 현장체험학습을 다녀왔습니다. 하지만 우리 5학년은 단순한 체험학습이 아닌 '그림자 체험학습'을 다녀왔습니다. 그림자 체험학습은 학생이 직접 계획하고 활동하는 현장체험학습입니다. 여기서 선생님은 우리를 그림자처럼 따라다니며 안전을 지켜주시는 역할을 합니다. 5학년 반이 모두 다른 지역을 가는데 우리 반은 투표를 통해 전주에 가기로 결정했습니다. 모든 친구들이 한 팀으로 가는 게 아니라 A팀, B팀으로 나눠서 활동했습니다. 전주역에 가는 것까지는 우리 반 모두가 함께 이동할 계획으로 짰습니다.

먼저 우리는 아침 7시에 만났습니다. 이른 시간인데도 친구들을 만나니 앞으로의 일정이 기대되었습니다. 우리 엄마는 그림자선생님으로 신청해서 다른 팀이긴 했지만 같이 갔습니다. 길잡이 친구들이 앞장서서 BRT 버스 정류장으로 갔습니다. 한 달 전부터 미리 조사를 해놓아서 그나마 쉽게 버스에 탔습니다. 행여 다른 버스를 탈까 봐, 다른 정류장에서 내릴까 봐 조마조마했지만 다행히도 잘했습니다. 누리동, 한별동을 지나 오송역에 도착했습니다. 나름 안도했지만 아직 훨씬 많이 남았다는 생각에 떨렸습니다.

전주역으로 가는 기차는 8시 2분이었는데 길잡이 친구들이 시간을 확인하고 승차홈까지 잘 이끌어준 덕분에 기차에 안전하게 탑승했습니다. 거의 6년 만에 기차를 탔는데 생각보다 조용했습니다. 전주역에 도착해서 우리 반 단체사진을 찍었습니다. 특히 기차역이 한옥으로 되어 있어서 예뻤습니다.

우리의 일정은 이제 시작합니다. 우리의 첫 번째 일정은 한옥마을로 가야 합니다. 총 4개의 버스가 있었는데 우리는 119번 버스를 타고 갔습니다. 세종 BRT와 다르게 시내버스는 정류장이 많아서 헷갈렸지만 한옥마을에 잘 도착했습니다. 한옥마을에 도착하고 B팀과 작별 인사를 했습니다.

한복을 대여하기 위해 미리 예약해 놓은 한복대여점에 갔습니다. 한복을 고르고 친구들 모두 한복을 입으니 엄청 멋졌습니다.

경기전으로 들어갔습니다. 들어가자마자 알 수 없는 웅장한 느낌이 들었습니다. 조금 더 안으로 들어가니 사진 스팟들이 엄청 많았습니다. 경기전은 원래 조선 태조 어진을 봉안한 곳이라는데 사진을 위한 곳이라 해도 마땅할 만큼 사진이 잘 나왔습니다. 다음에는 꼭 개인사진을 찍어야겠습니다. 사진을 다 찍고 조선 태조 어진을 보러 들어갔습니다. 찾아보니 11월 쯤에만 원본을 게시한다고 해서 원본을 보러 다시 오고 싶었습니다.

우리 A팀은 베테랑 칼국수 식당에 갔습니다. 유명한 맛집이라 해서 웨이팅을 할 줄 알았는데 다행히 평일이라 기다리지 않고 바로 들어갔습니다. 내 모둠에는 한 명만 칼국수를 시켰는데 한 입 먹어보니 내가 시킨 소바보다 칼국수가 훨씬 맛있었어요. 이름이 칼국수집이면 칼국수를 먹어야 한다는 걸 다시금 깨달았습니다.

점심을 일찍 먹어서 시간이 많이 남았습니다. 친구들과 함께 쇼핑했습니다. 문방구에도 가고, 운세 뽑기도 하고, 맛있는 걸 사 먹기도 했습니다. 친구들이랑 길거리를 돌아다니며 놀아본 게 오랜만이라 더 신났습니다.

이제 도자기를 만들 시간입니다! 공방에서 다함께 도자기 체험을 했습니다. 컵, 접시, 꽃병을 만들 수 있었는데 저는 접시를 만들었습니다. 그림 그리는 게 어렵긴 했지만 나름 잘 만들어진 것 같았습니다. 그래도 다시 해보면 더 잘할 수 있을 것 같습니다. 한 달 뒤쯤 만든 도자기가 학교로 온다는데 깨지지 않고 잘 왔으면 좋겠습니다.

도자기 체험을 마치고 전주 명물인 초코파이를 사러 갔습니다. 나는 오리지날 2개를 샀는데 갑자기 전주 초코파이가 왜 유명해진 건지 궁금해서 물어봤습니다.

"저기 혹시 전주에 왜 초코파이가 유명하게 된 건지 아시나요?"
"아~ 저희 풍년제과가 영업을 시작했는데 너무 맛있어서 인터넷에 퍼지고 그래서 유명하게 된 거에요~."

특별한 이유가 있을 줄 알았는데 입소문을 탔던 거라서 오히려 더 신기했습니다. 초코파이도 사 먹고 친구들은 오짱도 사 먹었습니다.

길거리 쇼핑을 하다 보니 생각보다 시간이 지체되어 마음이 급해졌습니다. 급하게 길을 찾아서 정류장으로 갔습니다. 여기서 위기가 찾아왔습니다. 나는 순간 오는 버스와 가는 버스가 같은 정류장을 쓴다고 착각하고 있었던 것입니다. 그래서 횡단보도를 건너야 한다고 말했습니다. 결국 현영샘이 도와주셔서 횡단보도를 건너지 않고 반대편 정류장으로 갔습니다. 이제 모든 친구들이 노선을 보기 시작했고 저는 미스테리가 풀리고 함께 전주역으로 갔습니다.

그래도 아직 끝난 게 아닙니다. 전주역에 도착해서 화장실에 다녀온 후 승차홈으로 내려갔습니다. 마지막이 삐끗하긴 했지만 기차는 잘 탔습니다. 기차를 타고 가며 기록이 활동하다 보니 벌써 오송역이었습니다. 오송역에서 나와 BRT를 기다렸습니다. 그리고 해밀동에 도착했습니다.

그렇게 우리 반은 해밀초에 도착했습니다. 처음에 느꼈던 안도감보다 이때 느꼈던 안도감이 100배는 컸던 것 같습니다. 줄을 맞춰 집합 장소인 해밀아이문으로 이동했습니다. 해밀아이문으로 오자 도착했다는 기쁨과 끝났다는 아쉬움이 동시에 느껴졌습니다. 아쉬움이 더 컸지만 기쁜 마음으로 집에 돌아갔습니다. 왜냐면 6학년 때도 있으니까!

4) 세계로 DIVE! 징검다리팀프로젝트

'세계로 DIVE!'의 탄생

5·6학년군 징검다리팀프로젝트 내용

나를 찾아서	우리 함께	나를 찾아서
(5학년) • 인권 • 온책읽기(몬스터차일드) • CATI 검사 • 성교육 • 그림자 체험학습(역사탐험대) • 자연과 우리 **(6학년)** • 진로검사 • 나의 비전 찾기 • 역사적 인물 속 롤모델 찾기 • 그림자 체험학습(진로탐험대)	**(5·6학년)** • 학급 다모임 • 어깨동무 • 어깨동무 반티 • 학년군 동아리, 진로 • 학년군 운동회 • 5·6학년군 존중의 약속	**(5·6학년)** • Democratic citizens • Issue • Voice • Experience 환경, 안전, 인권, 평화, 역사 등을 포함하는 다양한 프로젝트 활동

코로나19 등 급변하는 사회 변화 속에서 지속 가능한 발전, 노 플라스틱, 일회용품 줄이기 등 지구 환경에 관심을 가져야 한다는 우려의 목소리가 커지고 있다. 한 시대를 살아가는 세계 시민, 민주 시민으로서 시대적 요구를 반영하여 교육과정을 계획할 필요가 있다. '세계로 DIVE(Demoractic citizens, Issue, Voice, Experience)'는 징검다리팀프로젝트의 제목으로 세계시민으로서 우리 주변의 여러 문제에 관심을 갖고 목소리 내는 경험을 한다는 의미의 활동이다. 환경, 통일, 평화, 인권, 안전 등 다양한 주제를 담을 수 있는 큰 틀이며, 학생들이 주체적으로 주제를 선정하고 일정기간 동안 자율적으로 탐구한다. 5학년과 6학년

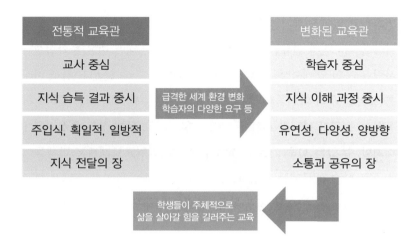

전통적 교육관		변화된 교육관
교사 중심		학습자 중심
지식 습득 결과 중시	급격한 세계 환경 변화 학습자의 다양한 요구 등	지식 이해 과정 중시
주입식, 획일적, 일방적		유연성, 다양성, 양방향
지식 전달의 장		소통과 공유의 장

학생들이 주체적으로
삶을 살아갈 힘을 길러주는 교육

이 한 팀이 되어 활동을 진행하며 교사는 주제 탐구에 필요한 인적, 물적 자원과 환경을 제공한다. 징검다리팀프로젝트를 통해 학생들의 흥미와 요구를 반영한 학년군 교육활동을 운영함과 동시에, 5학년과 6학년의 학년 특색을 살린 학년 교육활동도 별개로 운영한다.

해밀초등학교에서는 개교 이후 3년째 학년군 징검다리팀프로젝트 활동을 하고 있다. 작년 징검다리팀프로젝트 평가회 후 지속 가능한 계발이라는 환경 주제에 초점이 맞춰진 것에 아쉬움이 있었기에, 올해는 다양한 주제들을 포괄하자는 의견이 나왔다. 그러다가 유명 여자 아이돌 그룹의 노래 가사에서 아이디어를 가져와 '세계로 다이브'라는 프로젝트 이름을 짓게 되었다. 세계로 DIVE는 민주시민으로서 세계의 여러 문제에 목소리 내는 경험을 한다. 즉 해밀민주시민으로서 세계의 문제에 대해 고민하고 탐구하는 프로젝트 활동이다.

징검다리팀프로젝트는 해밀초등학교 비전을 실천하기 위한 활동이다. 해밀초의 학교 교육 비전은 스스로 더불어 삶을 살아가는 학생인데, 이를 키워드로 설명하면 자율과 협력이다. 현대 사회는 급격하게 변화하고 있고 인류가 세계 변화에 따라가기에 급급한 상황이다. 코로나19를 겪으면서 인류는 큰 위기를 맞이했고, 미래에 대한 불확실성과 사람은 자연 앞에 작은 존재임을 다시 한번 느낄 수 있었다. 결국 미래를 살아갈 우리 아이들에게 필요한 능력은 단순히 지식을 암기하고 사용하는 능력이 아니라 새로운 지식을 창출하고 문제 상황에 유연하게 대처할 수 있는 힘을 기르는 것이다. 징검다리팀프로젝트는 학생들이 스스로 학습할 문제를 선정하고 팀을 이루어 학습활동하는 데서 학교 비전을 실천할 수 있는 활동이자, 현재와 미래를 살아갈 아이들에게 필요한 활동이다.

학생들은 세계의 여러 가지 문제들을 살펴보고 그중 내가 탐구하고 싶은 주제를 선정하고, 그 주제를 어떤 방법으로 탐구할지, 어떻게 해결 방법을 제시할지 등을 학생들이 자율적으로 선택한다. 그리고 비슷한 관심사를 가진 5·6학년 학생들이 팀을 이루게 되는데, 학습 주제, 학습 형태, 내용, 결과물까지 주체적인 결정을 통해 학습을 진행하게 된다. 팀 활동을 하면서 생각이 다른 사람들과 소통하는 방법, 의견을 하나로 모으는 과정에서 필요한 배려와 협력 등을 배울 수 있다.

징검다리팀프로젝트 활동은 학습자가 주체적으로 학습을 진행한다는 점, 그리고 팀을 이루어 활동한다는 점이 가장 큰 특징이다. 여기에서 교사의 역할은 지식의 전달자가 아닌 조력자이다. 즉 학생들이 학습 계획을 짜는 데 체계적으로 도움을 주거나 회의 진행 방법, 그리고 발문을 통한 학생들의 학습 촉진을 돕는다. 징검다리팀프로젝트에서의 교사 역할은 일반 수업에서의 교사 역할과는 다르다고 할 수 있다.

징검다리팀프로젝트의 준비

징검다리팀프로젝트를 시작하기 전 가장 중요한 단계는 학생과 교사가 목적을 공유하는 것이다. 우리가 이것을 왜 하는지에 대한 설명과 동의는 활동 내내 끊임없이 이뤄져야 한다. 학생들은 무려 16시간 동안 팀 활동을 함께 한다. 목적의식 없이 만나게 되었을 때 긴 시간을 허비할 수 있기 때문에 체계적인 학습 도입이 필요하다. 학생들은 공통 기반교육으로 기후변화 교육을 들었다. 세계에 여러 가지 문제가 있지만 기후 변화 교육을 통해 지구촌 기후 환경에 대한 문제 인식을 공유하게 된다. 전 영역에 대한 기반교육을 실시하면 좋겠지만, 주제의 폭이 너무 다양하고 교과에 알맞은 성취기준이 없는 경우도 있었기 때문에 현실적인 어려움도 있었다. 2022 개정 교육과정의 도입으로 프로젝트 내용을 구성하고 운영하는 데 좀 더 여유가 생길 것으로 기대한다.

교사들에게도 징검다리팀프로젝트의 목표 공유가 필요하다. 단순히 누군가 시켜서가 아니라 우리가 왜 징검다리팀프로젝트를 해야 하는지 필요성에 대해 이야기하고, 그에 대한 방법을 함께 고민해야 한다. 교육활동의 주체는 보통 교사이다. 학습자 주도성이 중요한 징검다리팀프로젝트 활동에서도 교사의 교육적 동의가 필요하다. 교사가 필요성에 대해 이해할 수 있어야 학생들에게 기회가 주어지고, 그다음에 주체적으로 활동할 수 있는 기반이 마련될 수 있다. 징검다리팀프로젝트의 가치에 대해 논의하고 올해는 어떤 방향으로 프로젝트를 진행시킬 수 있을지, 학생들이 겪게 될 문제는 무엇인지, 그리고 그 문제들을 어떤 방법으로 다루어야 할지에 대한 논의가 필요했다. 우리는 2월 교사 워크숍에서 이러한 내용들에 대한 이야기를 나누었고 해밀햇살교육과정(학년군교육과정)에 담았다.

지금까지 징검다리팀프로젝트의 소프트웨어를 만들기 위한 과정이었다고 하면 실제로 수업을 진행하기 위해 하드웨어를 구축해야 한다. 징검다리팀프로젝트 수업을 실제로 진행하기 전에 고려해야 할 것들이 많다. 아래의 표에 정리한 내용처럼 학교의 비전으로 활동을 설계해야 하며, 교사들의 자발적인 참여를 필요로 하고, 수업에 활용 가능한 자원(수업 장소, 예산, 인적 역량)들을 파악하여 예상되는 어려움을 해결하기 위해 학교와 적극적으로 소통해야 한다.

<figure>
징검다리팀프로젝트의 설계

학교비전
자율과 협력

예산
프로젝트 운영비
마을학교 등

교육 주체별 소통
연석회의
학교평가 환류

교사들의 참여
2월 교직원 워크숍
학년군 마실

수업 장소, 시수
5·6학년장 회의
특별실 등 활용
장소 파악

인적자원
교사
마을교사
프로젝트지도사

프로젝트
학습 설계
</figure>

활동 기간

징검다리팀프로젝트의 활동 기간은 마을축제 기간에 맞춰서 9월부터 10월까지 진행했다. 이번 마을축제는 해밀학술제라는 주제로 학생들의 활동을 학술적으로 풀어보기로 계획했기 때문에 이를 목표로 각 팀에서 활동을 진행하게 되었다. 해밀초등학교는 매주 금요일 5·6교시를 징검다리팀프로젝트 시간으로 고정 운영하고 있다. 물론 프로젝트가 활발히 이뤄지는 시기는 정해져 있기 때문에 1년 내내 금요일 5·6교시를 활용하지는 않는다. 올해는 매주 금요일이 아닌 다른 요일에 더 많은 차시로 수업을 진행하기도 했다. 2022학년도 징검다리팀프로젝트 평가회에서 산출물 제작을 위해 집중 학습의 필요성이 제기되었고, 이를 반영하여 수요일과 금요일 이렇게 주 2회 프로젝트 수업을 진행하는 경우도 생겼다.

예산

어떤 조직이 조직으로서 일을 진행할 수 있게 하려면 두 가지가 필요하다. 바로 '인력'과 '예산'이다. 징검다리팀프로젝트를 진행하기 위해서도 예산이 필요하다. 해밀초등학교는 징검다리팀프로젝트를 운영하기 위한 예산이 마련되어 있다. 이 예산은 학년군장이 총괄하여 징검다리팀프로젝트 활동에 사용한다. 하지만 올해도 예산이 다소 부족해서 활동에 제약이 있었던 부분이 있었다. 두 개의 학년이 무언가를 함께 도모하는 것은 비용적인 측면에서도 부담이 많은 것이 사실이다. 게다가 해밀마을축제는 해밀유·초·중, 마을 주민도 함께하는 축제여서 체험 부스를 운영하더라도 많은 수량이 필요했다. 내년에도 팀프로젝트 활동에 무리가 없도록 예산 편성이 필요함을 학교와 적극적으로 소통해야겠다는 생각이 들었다.

활동 주제와 팀 구성

세계로 DIVE 징검다리팀프로젝트의 주제를 선정하기 위해 학생들이 기반 교육을 통해 발견했던 세계의 문제 말고도 탐구하고 싶은 문제에 대해 브레인스토밍 과정을 거친다. 교사는 비슷한 주제들을 유목화하고 탐구 주제 목록을 정한다. 학생들은 탐구 주제 목록을 보고 희망 순위를 적어서 제출하고 교사는 학생들의 희망 순위에 따라 팀을 구성한다.

탐구 주제는 전쟁과 평화, 인권, 동물 복지, 기후 변화 등 13개로 유목화했으며 5학년 8학급, 6학년 6학급 총 351명의 학생과 15명의 교사 그리고 9명의 프로젝트지도사가 참여하여 24개의 팀으로 구성하여 팀 프로젝트 활동을 진행하였다. 학생들이 많이 신청한 주제는 a,b,c로 다시 팀을 소그룹화했다. 징검다리팀프로젝트는 소그룹으로 활동하는 것이 목표이기에 팀별 인원이 20명을 넘지 않도록 했고, 학생들의 희망을 최대한 고려하지만 작년 평가회 결과를 반영하여 팀을 운영할 수 있는 리더십이 있는 학생들을 팀별로 고루 배치했다.

인적 역량을 활용한 팀 구성

이 프로젝트의 핵심은 학생들이 주도적으로 팀을 이뤄 학습을 진행하는 부분이다. 소그룹 학습을 지향하기 때문에 학생들이 조직한 팀을 맡아줄 많은 어른들이 필요하다. 그러나 담임 교사의 수만으로는 이 프로젝트를 진행하는 데 한계가 많다. 이를 보완하기 위해 해밀초등학교는 개교부터 프로젝트지도사를 양성했다. 학부모와 마을 주민으로 구성된 프로젝트지도사는 학년 또는 학년군에서 계획된 학습 방면에 여러 가지 형태로 참여하여 도움을 주고 있다. 활동 보조부터 프로젝트 학습에 참여하는 형태까지 다양한 방면에서 해밀초등학교 교육활동에 참여하고 있다. 매년 양성되고 있는 프로젝트지도사는 프로젝트 학습에 필요한 역량 연수를 받고 이수를 하게 된다. 학년군별로 필요한 역량을 파악하고 이와 관련된 연수를 진행하여 전문성을 높이고 있다.

올해는 9명의 프로젝트지도사와 함께 10명의 교육청 마을교사(72시간)를 활용했다. 팀프로젝트 활동 산출물 제작을 위해 공예 학습이 필요했고 여기에 마을교사(공예)를 투입하여 학습에 적절한 도움을 주고자 계획했다. 결과적으로 ① 교사와 학생으로 이뤄진 팀, ② 교사와 학생 프로젝트지도사로 이뤄진 팀, ③ 교사와 학생 마을교사로 이뤄진 팀 이렇게 3개의 형태로 수업을 진행하게 되었다.

수업 장소

24개의 팀은 정해진 시간에 각자의 공간에서 학습을 진행한다. 해밀마을의 생태를 살펴보기 위해 어떤 팀은 원수산에 나가기도 하고, 동시에 어떤 팀은 컴퓨터실에서 코딩으로 남북통일 관련 퀴즈를 만들기도 한다. 어떤 교실에서는 전쟁과 평화에 대한 포스터를 제작하고, 어떤 교실에서는 공정무역 초콜릿을 활용한 간식을 만든다. 이렇게 각자의 공간에서 다양한 학습을 진행하기 위해서는 이를 뒷받침할 수업공간이 필요하다.

모든 것이 갖춰진 공간에서 수업을 진행한 것은 아니다. 우리가 확보할 수 있는 공간은 5·6학년 교실 14개뿐이었기 때문에 10개의 특별실을 추가로 사용해야 했다. 방과후 수업 시간과 겹쳐서 특별실을 활용하지 못할 때도 있었지만 이 기간은 5·6학년군 징검다리팀프로젝트를 위한 시간이라는 합의가 있었기에 무리 없이 수업을 진행할 수 있었다. 더 다양한 공간을 수업에 활용하고 싶었지만, 컴퓨터와 칠판이 있어야 했고, 학생들의 책상과 의자, 그리고 와이파이가 있어야 하는 등 최소한의 교육 환경이 마련되어 있어야 한다. 올해 수업 장소에서 겪었던 문제들은 내년 프로젝트를 진행할 때 큰 고려요소가 될 것이다.

따스한 햇살되어

징검다리팀프로젝트 수업에 참여하면서 학생들의 성장을 보는 것도 큰 기쁨이었지만, 나 스스로도 성장할 수 있는 뜻깊은 시간이었다. 학생들은 자율적으로 학습 주제를 선정하고, 서로 다른 생각을 가진 사람들과 소통하고 협력하면서 문제를 해결하는 과정에서 성장의 기쁨을 느낄 수 있었다. 징검다리팀프로젝트에 참여한 교사, 프로젝트지도사, 마을 교사도 같은 감정을 느꼈다. 큰 프로젝트를 해냈다는 성취감과 동시에 교육주체로서 한걸음 성장한 기분이 들었다.

해밀초등학교의 학교 교육과정 이름은 해밀햇살교육과정이다. 햇살이라는 이름이 붙은 이유는 햇살처럼 따뜻하게 한 아이의 성장을 지원해 준다는 의미와 함께 다양한 시선으로 아이를 입체적으로 바라본다는 의미를 지닌다. 나는 징검다리팀프로젝트가 정말 햇살처럼 학생들을 비춰줬다는 생각한다. 대부분의 나라에서 편의상 나이로 학년을 구분하지만 이는 학습자의 다양한 특성을 반영하기 어렵다. 특히 초등학교 학생들은 같은 나이임에도 발달 속도에 큰 차이를 보이기도 한다. 성별, 나이, 흥미 등 다양한 학습자의 환경을 고려하고 동시에 흥미와 관심이 같은 학생들이 함께 팀을 이뤄 활동한다는 것이 결코 쉽지 않음을 안다. 그럼에도 해밀초에서 함께 활동했던 5·6학년 학생, 교사, 프로젝트지도사, 마을 교사 모두 따스한 햇살처럼 서로를 비췄다는 사실은 의미가 깊다.

4.
해밀초
학부모회

후술될 학부모회의 여러 활동들을 이해하려면 2023학년도 학부모회 조직에 대한 이해가 선행되어야 한다.

교원대표

교장, 교감, 학교 두레장, 마을 두레장, 학년군장

3주체
연석회의

행정실장

회의에서
의견전달

학부모 대표

학부모회 담당교사, 학부모회 임원

학생대표

학생회 담당교사
전체학생회 대표

학부모다모임

동아리 '엄마품 마을'학교 협의회

기타 학부모조직 협의회

학부모회 밴드와
해밀소통이 발행으로
결과전달

모든 학교에 동일하게 적용되는 학부모회 고유의 기능은 학부모들의 의견을 수렴하여 학교에 전달하고, 학교의 입장을 학부모에게 전달하는 중간자 역할일 것이다. 우리 학부모회에서의 학부모 의견 수렴은 전체 학부모 다모임이나 대의원회에서 이루어지고, 학교와의 소통은 3주체 연석회의에서 이루어진다. 연석회의 결과는 학부모회 밴드에 게시하거나《해밀소통이》라는 간행물을 제작하여 학부모들과 공유한다.

우리 해밀초 학부모회는 엄마, 아빠품마을학교, 해밀다온돌봄교실, 그리고 해밀마을학교(세종시교육청 민간보조금 지원사업)를 중심으로 한 해 동안 교내에서 돌봄과 교육활동을 지속적으로 수행한다. 상기 지속 사업의 운영에 대해서는 새로운 장에서 운영자 각자의 목소리로 이야기해 보도록 하겠다.

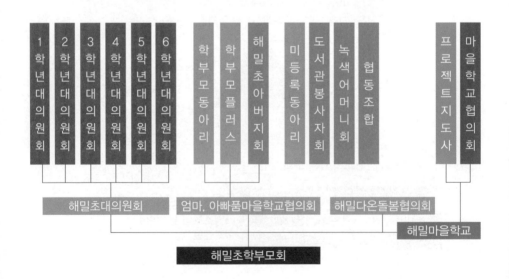

2023학년도 해밀초 학부모회의 조직도는 상하가 반전되어 있다. 그 이유는 우리 학부모회 운영의 목적을 달성하기 위한 모든 활동은 교내 학부모 조직 및 개별 학부모 정기 봉사자들의 협력이 없다면 이루어질 수 없으므로, 그들을 지원할 수 있는 방법을 끊임없이 모색하는 조직이기 때문이다.

또한 자치적으로 활동하면서도 학부모회와 긴밀하게 협력하는 해밀초 녹색학부모회, 해밀초 도서관 학부모봉사자회, 해밀초 아버지회, 그리고 해밀학교사회적협동조합과의 협력 활동을 통해 다양한 이벤트를 전개하고 있는데, 이들의 활동도 후술할 것이다.

5.
해밀
마을학교

해밀의 마을선생님이
우리 아이들의 학교 교육에 함께하는

해밀마을학교는 세종시교육청의 민간보조금 지원사업인 2023년 세종마을학교의 하나로, 올해로 2년 차 운영을 하고 있다. 해밀마을학교(단체)와 해밀초등학교, 해밀유치원 그리고 해밀동주민센터가 협의체로 함께하는 해밀마을학교는 해밀마을의 학교들과의 교육과정 협력수업과 해밀의 마을교사인 해밀학습프로젝트지도사 양성을 주사업으로 한다. 앞에서 기술한 2학년 숲놀이, 4학년 마을탐방, 그리고 5·6학년의 징검다리 팀프로젝트가 올해 해밀마을학교와 함께한 사업들이다.

올해 2월에도 우리는 연석회의에 참석하여 2023년 세종마을학교 공모사업에 지원할 계획임을 말씀드렸다. 신청을 하려면 사업계획이 나와야 하는데, 이를 우리가 스스로 정할 수는 없는 노릇이다. 작년에도 마을학교와 함께한 경험이 있어, 선생님들은 올해의 교육과정 운영 중

〈 숲밧줄놀이 〉

어느 부분에서 마을학교와 프로젝트지도사의 참여가 필요한지 이미
생각해 놓고 있었다. 이후 진행된 군장선생님들과 마을학교 운영자의
협의회에서 각 학년마다 필요한 마을학교 프로그램과 수업 일정이 조
율되었다. 유치원에 연락하여 유치원에서 원하는 프로그램과 일정도
확인을 끝냈다. 그리고 3월, 교육청에서는 공모계획을 발표하였고 우
리는 올해도 선정이 되었다.

해밀마을학교 운영의 철학

선생님들은 교육 철학을 가지고 마을학교와 연계한 프로그램을 계
획하는데, 마을학교 담당자인 우리는 어떠한가. 우리는 학교 맞춤형으
로 프로그램을 운영한다. 기준이 없다는 것이 아니라 마을교육공동체
의 철학을 가지고 운영하고 있다는 뜻이다. 프로젝트지도사 양성의 기
본과정은 매년 거의 유사하지만, 역량강화 과정은 철저히 학교의 필요
에 따른다. 그래서 해밀마을학교에서 활동하는 프로젝트지도사는 한
동안 학교에 단순히 동원되는 학부모, 전문성을 가지고 있지 않은 사

람들이라는 오해를 받았다. 다양한 역량강화 수업과 학교 현장에의 지속적인 투입, 그것보다 더 나은 훈련이 따로 있을까. 이들은 어느덧 3년 차가 되어 나름의 전문성을 가지게 되었다.

사실 프로젝트지도사는 해밀초 개교TF에서 선생님들의 계획으로 시작되었다. 첫 회 프로젝트지도사로 양성된 사람들은 해밀초 학부모들이었다. 수료증을 받고 얼마 후 바로 5·6학년 징검다리 팀프로젝트에 투입되었다. 학부모회로서 그리고 마을학교 운영자로서 프로젝트지도사에 대한 여러 질문을 받게 되면서 오히려 논리가 정립되었다.

질문1. 해밀학습프로젝트지도사들은 모두 해밀초의 학부모일까?

아니다, 그들 중에는 마을주민도 있고, 막내가 졸업하여 중학교 학부모가 된 사람들도 있다.

질문2. 자녀가 졸업하여 중학교 학부모가 되면 자격을 잃게 되는가?

아니다. 중학교 학부모가 되더라도 그들은 여전히 우리 학교의 철학과 교육의 목표를 가장 정확하게 이해하고 있는 사람들이다.

질문3. 그렇다면 아직 미취학 자녀를 둔 유치원 학부모는 어떠한가?

그들은 짧게는 몇 개월, 길게는 2~3년 후에는 우리 학부모가 될 사람들이다.

질문4. 현재 활동하지 않는 프로젝트지도사들은 인력관리풀에서 제명해야 하는 것이 아닌가?

아니다. 그들은 사회에 재진입하기도 하였고, 자녀가 활동하는 해당학년이 아니라 쉬고 있지만, 언제든지 도움이 필요할 때 전문화된 역량을 가지고 돌아올 수 있는 사람들이다. 해밀의 마을교육을 장기적으로 보았을 때 은퇴하고 활동가로 활동한다고 한다면 우리는 미래의 활동가들을 끊임없이 배출하고 있다.

올해는 세종마을학교의 선정이 늦어져 프로젝트지도사 4기 양성 기본과정을 해밀초에서 진행하였다. 마을학교에서는 밧줄, 미술, 공예, 요리 등의 역량강화 연수만을 진행하였는데, 앞으로는 마을학교에서, 더 먼 미래에는 주민자치회와 함께 협력하여 진행할 수 있는 날을 기대해 본다.

2023년 해밀마을학교의 세부사업

올 해 진행된 해밀마을학교의 세부사업은 아래의 표와 같다. 마을학교와의 협력을 강화하는 방향으로 개선된 것도 있고, 프로젝트지도사를 활용하여 새로운 시도를 해본 학년도 있다. 학년과의 프로젝트 시작 전 협의를 하다가 요청에 의해 신규 개설된 프로젝트도 있지만, 연초에 진행하기로 협의하였는데 갑작스런 환경의 변화로 축소되거나 진행하지 못한 프로젝트도 있다. 한 해 동안 사업이 쉬지 않고 진행되는 가운데서도 학교가 마을을 필요로 할 때 언제든지 함께할 수 있도록 우리는 계속해서 협의하고 프로젝트지도사들을 준비시킨다.

순	장소	대상	내용
A. 숲생태체험 및 밧줄놀이 프로그램			
1	원수산	해밀초 2학년 재학생 185명	•기쁨뜰 공원, 원수산 생태탐방 및 숲체험, 밧줄놀이
2	원수산	해밀유치원 재원생 168명	•사계절 생태 오감 관찰학습 •놀이와 연계한 계절놀이 활동 •원수산과 기쁨뜰 근린공원을 활용한 밧줄놀이

B. 팀프로젝트 프로그램			
3	해밀초	해밀초 3학년 재학생 185명	•교과시간에 배운 내용과 관련하여 우리 고장의 유산, 관광지, 축제, 역사에 대한 탐색적 실내조사 실시
	세종시		•현장체험학습 진행
4	해밀초 정문, BRT정류장	해밀초 4학년 재학생 89명	•4학년 마을로 JUMP 캠페인 진행
5	해밀초	해밀초 5·6학년 재학생 316명	•세계시민교육 이해하기 •팀프로젝트 설계 및 수행
	해밀동 주민센터 앞 광장		•해밀학술제
	해밀초		•해밀마을축제 성과발표회
6	해밀초	해밀초 4학년 재학생 189명	•4학년 학생 진로동아리 구성 및 운영
C. 체험학습 프로그램			
7	공주, 대전, 동대구, 서울, 수원	해밀초 6학년 재학생 146명	•교과시간에 배운 내용과 관련하여 주제선정부터 운영, 평가까지 학생이 스스로 체험학습 일정 기획, 체험학습
D. 프로젝트지도사 역량강화			
8	해밀초	해밀유 프로젝트 지도사 18명	해밀유치원 숲밧줄놀이 수업 대비 밧줄매듭 연수
9	해밀초	프로젝트지도사 15명	미술연수(펜드로잉)
10	해밀초	프로젝트지도사 15명	공예연수(마크라메)
11	해밀초	프로젝트지도사 15명	음악연수(우쿨렐레)
12	해밀마을 2단지 쿠킹룸	프로젝트지도사 15명	요리연수(제과)

〈 2023년 해밀마을학교 세부사업(교육 유형별) 〉

마을을 연결하는 사람들

지난 6월, 4학년과 함께한 마을프로젝트에서 해밀학습프로젝트지도사에 대한 호평이 있었다. 그들은 이미 동일한 프로젝트를 세 번째 경험하는 사람들이었으며, 교내 각 부분에서 정기적으로 봉사를 하고 있었으므로 담당하게 될 학생들과 이미 친숙한 사이였다. 마을의 문제를 조사하러 나갔을 때는 마을 주민의 한 사람으로서 이미 이 문제가 아파트 입주자대표회의와 주민자치회를 통해 어떠한 해결 과정 중에 있는 지도 인지하고 있던 터였다.

마을과 학교를 연결하는 역할은 여기에서도 빛을 발했는데, 한 학교 선생님이 사전에 인근단지 관리사무소에 연락하여 우리 학생들의 인터뷰가 가능하도록 섭외하려고 하였으나 서면으로 질의하라고 거절을 당한 것이다. 하지만 프로젝트지도사들은 마을의 주민이자 주민자치위원, 지역사회보장협의체 위원, 아파트 선거관리위원 등으로 활동하고 있었으므로, 이 사실을 알고는 주민센터, 주민자치회, 각 단지 관리사무소에 연락하여 학생들의 활동에 대한 협조를 이끌어낼 수 있었다.

학생들에게 직접적으로 가르치지 않는 대신 길을 걸으며 한 번쯤 더 생각해 볼 수 있는 유의미한 질문들, 예를 들면 단지 안에는 담배꽁초가 없는데 왜 단지와 상가 사이 도로에는 많을까? 왜 마트 앞에는 쓰레기가 항상 버려져 있고, 직원들이 주기적으로 나와 치워야 하는 수고가 있음에도 불구하고 가게 밖에 쓰레기통을 두지 않을까? 등 학생들의 깊이 있는 사고를 유도하였다. 이것은 어찌 보면 프로젝트지도사들이 학교 선생님과 마을활동가 사이의 어딘가에 있는 것 같은 느낌이었다.

프로젝트지도사로서의 고민

매 활동의 시작과 끝에는 협의회가 있다. 프로젝트지도사들과의 사후협의회에서 나오는 의견은 대체로 비슷하다. 처음 활동하는 지도사들은 "학교 선생님들이 확실한 가이드라인과 교재를 주면 좋을 것 같다." "내가 하고 있는 것이 맞는 지 매 순간 의심스러웠다." "내가 지도하는 그룹의 아이들이 학교 선생님들이 직접 지도하는 그룹에 비해 학습의 질이 떨어질까 봐 죄책감이 들었다." 등이다. 경력이 있는 지도사라 하더라도 차이는 있지만 비교육자라는 부담에서 완전히 자유로울 수는 없다. 하지만 사후협의회를 해본 결과 그 부분에 있어서는 학교 선생님들의 걱정도 크게 다르지 않다는 것을 알게 되었다. 내가 가르쳐보지 않은 분야에 대한 두려움, 학습의 설계와 진행을 학생들에게 온전히 맡기는 것에 대한 불안함이 그것이다.

그럼에도 불구하고 프로젝트지도사들이 내년의 활동을 기다리는 이유는 선생님들과의 진솔한 협의회, 그리고 격려 덕분이다. 이것은 마치 학부모회 담당 선생님이 초짜 학부모회장을 기다려 준 것처럼 초보 활동가들이 교내에서 활동할 수 있는 기회를 매번 열어주며 성장하기를 기다려 주는 해밀 선생님들만의 방법이다.

마을교육공동체의 철학

해밀마을학교를 운영에는 두 가지 목적이 있다. 하나는 마을과 함께 함으로써 학교의 교육을 더욱 풍요롭게 하고자 한다. 학교 선생님들만으로 진행한다면 학년군으로 묶는다고 해도 그 반의 수만큼 프로그램이 개설되겠지만, 프로젝트지도사가 함께한다면 아이들의 경험과 선택의 폭은 그만큼 넓어진다. 다양한 배경과 환경을 가진 프로젝트지도사들이 함께하는 프로젝트에서 동일한 주제이더라도 언제나 다른 성과물이 나온다는 것을 경이롭게 지켜보았다. 다만 이것은 어디까지나 선생님들이 그들을 신뢰할 때의 이야기이다.

다른 하나는 마을교사를 지속적으로 양성하고 그 수를 넓혀서 마을

주민 누구나, 마을 어디에서나 활동할 수 있는 선생님이 될 수 있도록 경험을 제공하는 것이다. 2023년 4월 유우석 교장선생님이 '세종의 소리'라는 인터넷 신문에 기고한 〈해밀이 일기, 상상을 실현으로 만들어요〉를 보면 이러한 철학이 더 잘 드러난다.

해밀마을학교가 꿈꾸는 길

현재 해밀마을학교는 교육과정 협력수업과 그 과정에 함께하는 마을선생님인 프로젝트지도사 양성에 힘쓰고 있다. 이렇게 마을교사들은 점점 많아지고 그들의 역량은 강화되어 해밀초 뿐만 아니라 해밀의 모든 학교에서 활동할 수 있는 날이 오기를 고대하고 있다. 그리고 더 나아가 마을에서 입소자의 나이 제한 없는 돌봄과 청소년 쉼터를 제공하고, 저녁시간 재능기부를 하고 싶은 마을주민과 학교를 포함한 마을의 공간을 연결하는 역할을 하게 되는 날이 올까. 해밀이의 상상을 나도 해본다.

6.
엄마·아빠품
마을학교

엄마·아빠품 마을학교?

해밀초 학부모들에게 '해밀초 학부모회가 하는 사업 중 가장 먼저 생각나는 것이 무엇인지' 묻는다면 대부분 엄마·아빠품 마을학교라고 말할 것이다. 엄마·아빠품 마을학교는 재능 있는 마을주민 및 학부모들이 직접 방과후 선생님이 되어 운영하는 수업으로, 2023학년도 2학기 현재 7개 과목 10개 수업이 진행되고 있다.

엄마·아빠품 마을학교는 강좌의 신설, 수업의 구성, 학생모집 방법 등 대부분의 사항들이 매월 진행되는 엄마·아빠품 마을학교 협의회에서 결정된다. 협의회에는 학부모 동아리 대표와 학부모 플러스라 구분하는 곧, 동아리에는 속하지 않았지만 전문성을 가지고 수업을 할 수 있는 사람들, 그리고 사안에 따라 협의체로 해밀학교사회적협동조합의 대표가 참여하는데, 이들은 다년간의 진행을 통해 본 사업의 운영목적과 학부모회의 철학을 십분 이해하고 있는 사람들이다.

엄마품마을학교를 둘러싼 오해도 있었으나

처음에는 "학부모 동아리 또는 마을 주민들이 수업한다는데 수준이 떨어지는 거 아니냐?"며 의심하던 학부모들도 있었으나, 이 수업들이 단순히 자격증 보유 수준을 넘어 여러 기관에 출강하던 전문가들(전문 강사) 내지는 원어민(중국인 결혼이주자와 재일교포)들의 외국어 수업이라는 것이 조금씩 알려지기 시작한 후에는 매 수강신청 기간마다 오픈런을 방불케 한다. 2023학년도 1학기와 여름방학 강좌가 끝나고 이에 대한 만족도 조사를 하였는데, 운영 전반의 만족에 대해서는 응답자의 95.8%(1학기)와 100%(여름방학)가 본 프로그램에 계속 참여하겠는가 하는 질문에는 99.9%(1학기)와 100%(여름방학)가 긍정적으로 응답하였다.

일반 방과후학교 담당자와의 협의

이제 3년 차에 접어든 이 사업에서의 학부모회의 역할이라고 한다면 학부모동아리를 보다 활성화하여 동아리 활동을 통한 역량강화가 가능하도록 소통하는 것과 엄마·아빠품 마을학교를 구성하는 마을선생님들이 존중받으면서 보다 나은 조건에서 수업을 진행할 수 있도록 행정적인 지원을 다하는 것이다. 이 행정적인 지원에는 강의실 선정, 학생 모집 및 문서 작업, 수업물품의 품의 및 검수 등이 포함된다. 본 사업을 진행하는 데 있어서의 난제는 강의실 확보와 일반 방과후학교와 겹치는 수강신청자를 가려내는 것이었다. 이 문제를 해결하기 위해 학부모회 담당선생님은 방과후학교를 담당하는 교무행정사 선생님과 직접 협의가 가능하도록 연결해 주었다. 교무행정사 선생님의 호의적인 지원 덕분에 우리는 단순 업무 협의에서 나아가 방과후지원실을 함께 사용하고, 매 학기 제공되는 일반 방과후학교 시간표에 엄마·아빠품 마을학교 일정을 함께 넣는 등 획기적으로 운영할 수 있었다.

과거: 학부모 동아리의 시작

교무지원팀이면서 코로나19 전담대응팀으로 쉴 새 없이 바빴을 학부모회 담당선생님은 개교 6개월 만인 2021년 4월 26일, 학부모회 밴드를 통하여 건강, 놀이, 독서, 보드게임, 심리의 5개 학부모 동아리 회원을 모집하였다. 그보다 선행된 작업은 3월에 진행된 학교종이(온라인 가정통신문)를 통한 학부모회와 녹색어머니회 가입 희망조사와 학부모 플러스 조사였는데, 앞에서 간단하게 설명한 전문성을 가진 학부모 플러스란 자격증을 소유하고 출강하고 있거나, 관련 사업체를 영위하고 있으면서 교내 재능기부를 희망하는 학부모들을 의미한다. 선생님이 이들에게 연락하여 동아리 대표를 맡아줄 것을 부탁한 후, 수락한 과목에 한하여 일반 학부모의 흥미를 끌 만한 연수를 3회씩 개설하여 신규 회원의 모집이 수월하도록 하였다.

해밀동아리 여름방학캠프(엄마·아빠품 마을학교의 전신)

개교 후 첫 번째 여름방학을 앞둘 무렵, 학부모회 담당선생님의 제안으로 여름방학 캠프를 진행하면 어떨까 하는 논의가 진행되었다. 제안

〈 해밀동아리 여름방학캠프 〉

의 의도는 코로나19 시국에 방학 중 활동이 제한되고 있는 상황에서 한 번씩이라도 학부모들의 활동이 학생 교육활동으로 환류가 되었으면 하는 것이었는데, 의욕이 넘치던 학부모 동아리들은 매주 같은 요일을 담당하여 한 달 동안 해밀동아리 여름방학캠프를 진행하였다. 학부모 동아리 대표들은 매 수업 직후 수업 내용과 후기를 학부모회 밴드에 탑재하였는데, 이 전통은 지금까

지 내려오고 있다. 우리 해밀이 어려운 시절을 잘 극복할 수 있었던 데에는 자신의 시간과 노력을 조금씩 보태어 모두의 아이들을 함께 돌본 학부모들의 봉사가 큰 비중을 차지하고 있을 것이라 자신한다.

2021년 2학기, 엄마품 마을학교의 탄생

함께 4회 수업을 준비하며 캠프를 운영하고 난 학부모들에게 자신감이 붙었던 것 같다. '이번 활동이 즐거웠다'며 '학기 중에도 충분히 해볼 수 있겠다'고 나선 학부모들이 나타난 것이다. 이렇게 탄생한 최초의 엄마품 마을학교는 그림책놀이터, 보드게임, 융합놀이의 세 과목이었고, 이 수업을 진행하던 학부모들은 꾸준한 동아리 활동은 물론이거니와 개인 역량 강화를 위한 자격증 취득 및 외부수업 참여 등의 자기 계발을 멈추지 않았다.

엄마·아빠품 마을학교로의 확장

이후 엄마품 마을학교는 점차 확장되었다. 그림책 독후활동 수업인 그림책놀이터에서 보조하던 한 학부모는 그다음 학기에 댕글댕글 책방이라는 아동인권, 전쟁, 난민, 장애 등 사회적 이슈를 중심으로 생각하는 그림책 수업을 꾸려서 독립하기도 하였고, 최근까지도 마크라메, 요가, 일본어, 중국어, 핸드벨 등 재능기부를 희망하는 새로운 학부모 플러스가 지속적으로 발굴되어 학생들에게 폭넓은 수업 선택의 기회를 제공할 수 있게 되었다.

2023년 현재, 학부모 동아리와 학부모회

엄마품 마을학교는 학부모의 봉사로 진행된다. 해밀초 학부모회는 엄마품 마을학교 선생님들의 활동 지속가능성을 담보하기 위해 정기적으로 봉사하는 학부모 봉사자를 존중하는 문화의 형성과 학부모 동아리의 활성화를 위해 노력한다.

학부모회는 매년 초 동아리 운영계획서를 취합하여 학부모회 예산을 편성하고, 매 학기초에는 학교종이를 통하여 신규 동아리 회원 모집공고를 진행한다. 최초 5개로 시작한 학부모 동아리는 더 늘어났던 적도 있지만, 최근에는 독서, 놀이, 보드게임의 3개 동아리가 공고히 유지되고 있다. 일주일에 두세 번씩 모여 친목을 도모하고 학생들과의 만남을 준비하는 일이 이제 그들 사이에서는 당연한 일이 되었다.

학부모 동아리가 교내 시설을 활용하고 학부모회 예산을 지원받으려면 이른바 등록동아리가 되어야 한다. 등록동아리의 조건은 엄마·아빠품 마을학교를 한 과목 이상 진행하고, 매년 10월에 진행되는 마을축제인 해밀무지개축제에서 진로체험부스를 운영하는 것이다. 이러한 조건이 부담스러운 이유로 또는 충분한 동아리 회원이 모집되지 않는 이유로 미등록동아리로 활동하거나, 매 학기 동아리 구성을 시도하는 동아리들도 있다. 비록 학부모회가 공식적인 지원을 하지는 못하지만 이들의 활동에 개인적으로 참여하고 지속적으로 소통하는 건, 우리 학부모회의 다른 활동들, 이를테면 해밀마을학교가 진행하는 교육과정 협력수업이나 해밀다온 돌봄교실에서도 이들이 마을선생님으로서 우리 학생들을 만날 수 있는 기회가 열려 있기 때문일 것이다.

앞에서 기술했듯이 공식적으로는 엄마·아빠품 마을학교 협의회를 통하여 한 달에 한 번씩 의견을 수렴한다지만, 구체적으로 이 자리는 공식적인 교내 행사를 안내하고 봉사 협조를 요청하거나, 교육청이나 진흥원, 사회적경제공동체센터 등의 공모사업을 안내하고, 각 등록동아리 대표들과 학부모플러스 선생님들이 만나 서로의 소식을 나누는 자리의 성격이 크다. 사실상 학부모회의 전방위적 지원은 여러 학부모 동아리 활동에의 직접적인 참여를 통해 절감한 필요의 파악을 통해 신속하게 이루어진다.

미래: 지속 가능한 엄마·아빠품 마을학교를 위하여

현재 우리 학부모회가 엄마·아빠품 마을학교를 안정적으로 운영하기 위해서는 매년 새로운 공모 사업을 통해 재원을 안정적으로 공급하는 것과 동시에 학부모 학습공동체인 동아리를 만들고 그 활동을 지원하는 것, 그리고 수요자에게 적합한 공간을 확보해야 한다는 과제가 있다.

우리가 꿈꾸는 마을교육

엄마·아빠품 마을학교의 사례만 보더라도 학부모 동아리 활성화를 통한 학부모 역량강화는 학생들의 교육활동으로 환류되고, 도출된 성공 사례에 가담하고자 하는 신규 회원들의 유입을 증가시키며, 종국에는 동아리 활동의 확장을 위한 편성 예산의 증가(활성화)라는 끊임없는 선순환을 유도한다.

해밀에서는 이 순환의 고리 안에서 마을의 선생님이 지속적으로 늘어나고, 학교의 교육은 새로운 마을 선생님들과의 관계 맺는 과정을 통해 점점 더 풍성해지고 있다. 아직 초보인 그들에게 담을 낮추고 학생들과 만날 수 있는 기회를 제공하는 것은 마을의 공동체성과 교육력을 성장시키려는 학교의 의지였고, 아직 교육과정 밖에서의 활동이지만 우리 학교에 들어오는 경험을 통해 학교와 교사에 대한 이해도가 높아지고, 학교의 철학과 교육목표를 이해하는 마을 구성원으로서 한발 성장하게 된 것은 해밀 학부모로서의 특권이다.

지금 우리는 해밀초 학부모 동아리이지만 졸업생 학부모도 떠나지 않고, 미래의 우리 학교 학부모들과 마을 어르신들까지 함께하여 학교급과 마을 경계를 넘나들며 아이들을 돌보는 때가 올까.

지금은 이상은 높고 멀어 아득해 보이지만, 우리가 함께 한 발자국씩 가다 보면 언젠가는 그곳에 다다르게 되는 날이 반드시 올 것이다.

7.
해밀다온
돌봄교실

모든 아이들을 내 아이처럼 관심갖고
다른 사람의 사랑하는 자녀임을 인정하고 용납하는

　지난 2020년 개교 이래 해밀초 학부모회가 진행한 사업 중 가장 보람 있는 사업을 꼽으라면 그것은 단연 해밀다온 돌봄교실이다. 2021학년도 1학기에 20명의 1학년 학생들과 그 학부모들로 구성하여 시작한 이래로, 매 학기마다 그 운영 형태를 조금씩 바꿔가며 2023학년도 겨울방학 현재 40명의 학생들이 10기 입소를 앞두고 있다. 이 페이지에서는 '유아기를 벗어난 초등학교 시기에도 마을에서의 공동육아가 가능할까?', '이제 시작 단계인데 우리의 운영 형태를 어떻게 구성하면 좋을까?' 고민하는 분들을 위하여 해밀다온이 걸어온 이야기를 나누고자 한다.
　우리 해밀초 학부모들은 2020년 8월부터 세종시 6-4생활권의 입주와 함께 전입한 사람들이었다. 방송에 출연하여 '아이들은 하늘을 보며 자라야 한다'고 주장하던 저명한 교수가 설계했다는 건물이 너무나 궁금하기도 했지만, 인터넷에 학교를 검색해 보면 평교사 출신 공모교장에 대한 기사가 학교에 대한 전부였다. 직전 학기에 각자의 지역에서 학부모의 교내 진입은 물론이고 학생들의 학교생활까지도 통제됨을 경험한 채 이 학교를 만났기에 우리 아이들의 일상이 언제 회복될지 우려하는 마음도 컸던 것 같다.

2020학년도 9월 개교한 우리 학교는 학교장의 결정하에 교원으로 구성된 코로나19 24시간 신고센터를 설치하고 전면등교를 실시하였다. 하루에도 수십 명씩 들어오는 전학생을 배치하고 유관기관과 긴밀히 협조하며 코로나19 확진자와 밀접접촉자를 관리하는 일은 쉽지 않은 도전이었을 것이다. 그러나 학교는 문을 닫지 않았고, 아이들은 계속해서 매일 같이 등교하였으며, 이런 시국에서도 우리가 누릴 수 있는 오늘을 조금도 빼앗기지 않겠다는 듯이 학교는 울타리를 조금씩 넓혀 나갔다.

돌봄교실의 시작

2021학년도 1학기에 학교는 신입생을 막 입학시킨 학부모들에게 학교에서 전용 교실을 주고 방과 후에 아이들을 함께 돌볼 수 있도록 지원하겠다고 공지를 보냈다.

교내에 전용 돌봄교실과 운영 비용을 지급하는 이 프로그램은 등록된 학부모라면 한 달에 한 번 이상 봉사를 해야 하는 까다로운 조건이 있었음에도 불구하고 직장맘들에게까지 인기를 끌었다. 학부모플러스라 명명하고 있는 학부모 전문가 인력풀을 이용하여 여러 기관에서 강사로 활동하고 있던 학부모들이 돌봄의 학생들에게 특별활동 수업을 진행하도록 하였고, 학부모 동아리 활동으로 역량이 강화된 학부모들도 엄마품 마을학교라는 이름의 방과후 수업을 시작할 수 있게 하였다. 동학년의 친구들이 방과 후 매일 같이 활동을 하면서 우여곡절이 있었겠지만 잘 극복하였고, 이렇게 학교에 첫발을 내딛은 학부모들은 현재까지도 엄마품마을학교 강사 또는 해밀학습프로젝트지도사(해밀마을교사)로 교내에서 활발하게 활동하고 있다.

해밀다온 2기의 조기종료

2022학년도의 해밀다온 돌봄교실은 2021학년도와 다른 모습으로 전개된다. 2월부터 급격히 늘어난 코로나19 확진자의 증가로 자가격리하는 학생들이 늘어나고, 3월 교육과정 설명회가 비대면으로 진행되어 홍보시기를 놓치게 됨과 동시에 코로나19와 함께 살아가는 시대의 개막으로 이미 정상화된 방과후와 학원 등원 스케줄이 결정되어 버린 1학년 학생들의 입소를 기대하기 어려워졌기 때문이었다. 3월 중 홍보 일정을 잡아 안내하였지만 문의가 없어 설명회는 진행되지 못하였다.

그러다가 학부모회 담당 선생님의 기지로 작년부터 교내에서 활발하게 활동하던 학부모들과 그들의 신입생 자녀 5명으로 어찌어찌 운영을 시작하게 되었는데, 한 사람씩 재능을 살려 심리, 생태, 영화, 크래프트, 놀이체육의 특별활동을 한 과목씩 맡아 요일별로 운영하도록 하였다. 하지만 매주 수업을 준비해야 하는 학부모들의 부담도 컸을 뿐더러, 이 아이들도 각자의 스케줄 때문에 하나둘씩 빠져나가다가 결국은 두 명만 남게 되어 정상적인 운영이 불가능하게 되었다.

다시 도약한 다온3기

2022학년도 5월, 해밀초 학부모회는 처음으로 운영의 변경을 꾀하였다. 돌봄교실의 운영은 한 사람(학부모회장)이 담임제로 전적으로 맡아서 하되, 입소대상을 1학년 학생과 그 형제자매로 확대하겠다는 것이다. 학부모들에게 부담을 주지 않아 일단은 발을 한 번이라도 들여놓게 하자는 생각과 한 사람이 담임제로 진행한다고 하면

학부모들이 믿고 보내주지 않을
까 하는 생각이 있었고, 전체 학
부모 다모임에서 이 안을 발표했
을 때 대다수의 학부모들에게 호
평을 얻었다. 이렇게 용기를 얻어
시작된 3기 운영은 총 여덟 명의
친구들로 진행이 되었는데, 친구
들끼리의 갈등은 조율하기가 쉬
웠지만 오히려 형제 간의 갈등에
여러 번 난처했던 기억이 있다.

〈 2022년 해밀다온 시범운영
홍보 포스터 〉

혼자 진행하는 교실이라 그전처
럼 특별활동 프로그램을 준비하지
는 못하였고, 이 시기는 간식을 먹고 다음 방과후나 학원에 가기 전
까지 잠시 머물렀다 가는 교실의 역할을 하게 되었다.

아이들이 적다 보니 집에서 솜사탕 기계나 달고나 만들기 키트를 가
져와서 몇 번씩 만들어 보기도 하고, 유급 봉사자를 위촉하지 않다 보
니 운영비가 풍족하여 다양한 만들기를 매일같이 제공할 수 있었다.
레고블럭을 만들다 만 상태로 넓은 테이블에 놓고 하교했다가 다음 날

〈 형제가 함께 들어온 돌봄교실 〉

〈 돌봄교실에서 솜사탕을
만들고 있는 1학년 친구들 〉

돌아와 만들고, 다 만든 작품은 사물함 위에 전시하기도 하는 등 아이들은 자유로운 분위기에서 동네 이모와 놀다가는 기분으로 다녀갔다.

3기를 운영하면서는 홍보의 필요성을 절감하였다. 분명히 학교종이와 학부모회 밴드로도 안내하였고, 매월 개최하는 학부모 다모임에서도 언급하였는데, 생각보다 모르는 학부모들이 많았다. 어떻게 알고 문의를 하더라도 아이들이 적다는 이야기에 혹시라도 2학기가 되면 학부모 봉사로 다시 전환될까 걱정하며 입소를 결정하지 못하는 경우가 있었기에 이 돌봄교실을 이렇게까지 유지하고 싶은 이유에 대하여 정확하게 알릴 필요가 있겠다 생각하게 되었다.

모두에게 열린 2022 여름다온

2022학년도 여름방학을 앞두고 학부모회는 돌봄교실의 수혜 대상을 보다 확장하기로 결정하였다. 당초 우리가 원하던 돌봄 봉사가 가능하면서 신입생 학생을 둔 가정의 경우 여름방학 때 봉사하면서까지

〈 2022년 여름 다온돌봄 첫 날 〉

이곳에 아이를 보낼 필요가 없을 것이라는 생각 때문에 방학 중에는 문을 닫을까도 고민하였지만, 학부모회 담당선생님과의 논의를 통해 우리에게는 전용 돌봄교실이 있으니 일반 돌봄에 입실이 어려운 아이들을 받아주어 맞벌이 학부모들이 방학에도 마음 놓고 직장생활을 할 수 있도록 '학부모를 섬기는' 학부모회의 역할에 충실해 보자는 결정을 하게 된 것이다.

4기 학생들의 입소 순위는 다음과 같다.

(1순위) 학부모 봉사가 가능한 1~2학년 학생
(2순위) 1순위의 형제자매
(3순위) 맞벌이 가정의 3~6학년 학생
(4순위) 기타 돌봄이 필요하다고 담임교사로부터 추천받은 학생

1~2학년의 경우, 해밀다온의 운영원칙을 지키기 위한 방법으로 학부모 봉사를 명시하였지만, 실제로는 일반돌봄교실에 선착순으로 입소하지 못한 맞벌이 가정의 아이들이었기 때문에 학부모들은 평일 휴무를 이용하거나 월차를 내어 기간 중 1회 이상 봉사에 참여하게 되었다. 공식적으로는 정원을 20명이라고 하였지만 어려운 사정을 가지고 연락하는 가정의 아이들을 비공식적으로 정원 없이 계속해서 받아주

〈 디퓨저 만들기 〉

〈 핸드벨로 학교종이 땡땡땡 합주 〉

는 바람에 그해 여름 우리와 함께한 학생 수는 26명을 넘어갔다.

여름 돌봄을 설레는 마음으로 준비하면서 여러 가지 특별활동 프로그램과 만들기들을 준비하고, 책상 배열을 바꾸며 이번 돌봄은 어떤 모습일까 설레던 기억이 난다. 하지만 첫 날 돌봄을 해보고는 우리 돌봄이 어디로 흘러갈지를 받아들이게 되었다. 아이들마다 수준과 취향이 너무 다른 탓에 야심차게 준비해 둔 테셀레이션 펜꽂이 만들기, 천연화장품 만들기나 캘리그라피 작품만들기 등 방과후학교 수준의 여러 프로그램들은 거의 진행하지 못하였다.

대신 1학년 아이들이 설명서대로만 만들고 고이 정리해 두던 맥포머스의 로봇이 큰 인기를 끌었다. 가장 좋았던 점은 아이들이 요구하는 물품을 구입하고, 원하는 활동을 진행하여 아이들이 방향을 스스로 정하면 어른들이 실현해 주는 돌봄교실이 진행되었다는 것이다. 큰 아이들이 작은 아이들을 놀이에서 제외시키지 않고 함께 놀아주었다. 대형 그룹이 되다 보니 한두 명의 사소한 다툼이 전체 아이들의 토론회로 확장되기도 하였다. 어리다고만 생각한 초등학생들의 입장을 들어볼 수 있었던 시간들은, 세 명의 아이를 키우며 살아가는 한 명의 학부모로서 다온이 아니면 평생 경험할 수 없었을 소중한 기억이었다.

2022년 2학기 다온의 새로운 시도

2학기가 시작되자 학교생활 후 학원 일정으로 돌아간 아이들은 해밀다온 돌봄교실을 찾지 않았다. 다만 학교에서 마주칠 때마다 "쌤~" 하고 부르는 아이들과의 인사만이 우리가 여름에 좋은 기억을 나누었다는 증거가 될 뿐이었다.

해밀초에는 많은 학부모 봉사자들이 있다. 매일 시간을 나누어 책놀이터에서 봉사하는 해밀초 도서관 학부모봉사자회와 학기 중 엄마품 마을학교(방과후)를 운영하는 학부모 동아리 회원들, 그리고 해밀학교사회적협동조합이 운영하는 해밀COOP마켓(교내매점)에서 수고하는 사람들이 그들이다. 10월에는 3일간의 해밀마을 전체가 진행하는 축제를 준비해야 하기도 하고, 학부모회에서도 2학기 동안 많은 활동들이 예정되어 있었기에, 해밀다온은 돌봄봉사자를 위촉하여 운영하되 교내에서 봉사하는 학부모들의 아이들이 언제든지 긴급돌봄의 형태로 이용할 수 있는 방향으로 바꾸어 보았다.

아이들이 비정기적으로 들어오게 되니 간식은 신청하지 않았고, 위촉 봉사자들은 정해진 시간에 아이들과 놀아주다가 일지를 작성하고 퇴근하도록 하였다. 한 학기를 운영하며 출석부를 살펴보니 학부모 봉사자들은 아이들의 방과후 스케줄에 맞추어 자신의 봉사시간을 정하기 때문에 이 시기에 다온돌봄교실을 이용하는 학생 수는 많지 않았다. 아이들로서도 친구들의 출석이 고정적이지 않았으므로 입실하지 않고 차라리 엄마가 봉사하고 있는 해밀COOP마켓이나 책놀이터에서 체류하는 횟수가 늘어났고 학기가 마무리될 즈음에는 돌봄교실을 찾는 학생들이 거의 보이지 않았다.

다시 방학돌봄, 그리고 우리에게 이 돌봄이 필요한 이유

방학 중 전 학년 돌봄은 2022학년도 겨울방학에도 32명의 학생들과 함께 진행하였다. 우리도 방학 중에 쉬고 싶지만, 우리 학부모회가 방학 중 돌봄을 계속적으로 진행하는 이유는 다음과 같다.

첫째, 우리 학교에는 1~2학년 재학생 수가 너무 많기 때문에, 7실까지 있는 일반 돌봄교실에서도 희망하는 모든 맞벌이 가정 아이들을 전부 수용하는 것이 불가능하다는 것이다. 해밀동 인구분포를 보면 향후 몇 년간은 신입생의 수가 전년도에 비해 계속해서 증가할 것으로 예상되며 내년에는 1학년이 11개 반으로 증설된다. 둘째, 아이를 키워보니 3·4학년 조차도 혼자 식사를 챙겨 먹기에는 아직 어린 친구들이라는

〈 때로는 상 위에서 〉

〈 때로는 바닥에서 〉

〈 함께하는 보드게임 〉

〈 실내놀이터 〉

것을 우리 모두가 엄마의 마음으로 이해하고 있었다는 것이다. 그래서 인지 방학 돌봄학생의 절반은 3·4학년이 채운다. 오전 7시, 자는 아이의 모습을 보며 출근하면서 자신의 고학년 자녀가 느지막이 일어나 하루 종일 집에서 핸드폰만 보고 있을까 봐 걱정하는 부모님들이 있는 것도 또 다른 이유이다.

다중학년 교실이라 학교폭력에 노출된다고?

처음에는 중·고학년 친구들이 함께 있다면 우리 아이가 치이지 않을까 하는 저학년 학부모님들의 우려가 있었다. 하지만 학년이 섞여 있는 돌봄교실에 들어오기 싫은 것은 고학년도 마찬가지였다. "이 나이에 돌봄에 가야 하느냐"며 "창피하다"고 들어오지 않기도 하고, "여기는 심심하다"며 유튜브를 틀어달라던 친구들이 있었다. 사실 1~2학년과 트러블을 일으키는 것은 3·4학년일 가능성이 크다. 하지만 우리 교실에서 3·4학년이 왕이 될 수 없었던 이유는 이 교실에 5·6학년 형님들이 함께 있었기 때문이다. 우리 고학년 친구들은 이제 저학년의 한지공예나 디폼블럭 등의 만들기를 도와주기도 하고, 중학년(3·4학년)과는 루미큐브나 할리갈리를 하며 시간을 보냈다. 그리고 교실 안이 답답하면 동생들을 데리고 운동장에 나가 축구도 한 판 하고 들어오기도 하였다. 혼합연령을 처음으로 시도했던 2022년 여름방학에는 3명뿐이던 고학년 학생들이 2022년 겨울엔 친구들까지 데리고 돌아와 7명이 되었다.

2023년, 앞으로도 끝나지 않을 돌봄 이야기

2023년 1학기, 우리에게 주어진 새로운 어려움은 신입생 및 전입생의 증가로 필요 교실 수가 늘어남에 따라 전용으로 사용하던 우리 돌봄교실을 1학년차미반(10반) 겸용교실로 전환하였다는 점이다. 학부모 봉사자들의 돌봄 봉사는 여전히 무급이었고, 코로나19 종식 선언을 포함한 사회·경제적 환경의 변화로 학부모들의 맞벌이가 증가하였다. 즉 돌봄 수요는 전보다 증가하였는데, 봉사할 수 있는 학부모들의 참여는 현저히 줄어들었다. 이에 우리는 위촉 봉사자와 학부모 봉사자의 스케줄을 적절히 배치하여 돌봄교실을 운영하기 시작하였고, 오늘날까지 이어지고 있다.

〈 고학년 돌봄으로 책놀이터 내 세미나실에서 운영된 해밀독서실 〉

지난 2023년 여름학기에는 46명의 학생들이 입소를 희망하여 저학년(1~3학년, 22명)의 해밀다온돌봄은 우리 돌봄교실에서, 고학년(4~6학년, 24명)은 해밀독서실이라는 이름으로 책놀이터 세미나실에서 진행하였다. 오늘은 2023년 12월 13일(수). 2024년 1월 8일부터 시작될 2023년 겨울학기 돌봄교실 신청서와 증빙서류를 정리 중이다. '이번에는 꼭 20명만 받아야지!' 결심했는데, 작년 여름부터 오던 아이들이 이번에도 돌아오기를 희망하여, 학부모회 담당 선생님의 도움을 받아 분반을 준비하고 있다. 작년부터 가슴에 품었던 우리 돌봄 친구들 중 몇 명은 이번 겨울을 마지막으로 내년에 해밀중학교에 입학한다.

돌봄을 마무리하며

지난 시간 동안 해밀다온 돌봄교실을 운영하면서 얻은 가장 큰 보상은 작은 수고의 몇 배가 되어 돌아오는 아이들의 사랑과 감사라고 생각한다. 우리 마을의 아이들은 우리가 함께 키운다는 성장한 공동체 의식과, 우리 학교에 아이들을 보내면 아이가 고학년이 되어도 마음 놓고 일할 수 있다는 학교에 대한 자부심도 있다. 앞으로도 교내에서 봉사하며 자신이 오롯이 가져가는 행복과 그 가치를 아는 사람들이 더 많이 함께했으면 하는 바람이다.

8.
책놀이터

학부모가 꾸려가는 해밀초 도서관

4월 세계 책의 날 행사를
어린이날 행사와 합치다!

　2021년 해밀초 책놀이터가
출범하고 첫 번째 행사로 세계
책의 날을 기념하기로 했다. 학
생독서동아리는 미라클 책모
닝이라는 행사를 준비했는데,
책놀이터로 협조요청이 들어
왔다. 책놀이터를 홍보하고 독
서에 대한 관심을 늘리기 위해
함께 준비하기로 했다. 준비하
다 보니 책놀이터 1년 예산 중
상당한 부분을 할애해야 하는

〈 학생독서동아리의 행사포스터 〉

난관에 부딪혔다. 그렇다고 준비를 줄일 수도 없는 부분이라 학부모 독서동아리와 학부모회에 협조를 구했다. 규모가 커진 세계 책의 날 행사는 5월 5일 어린이날과 합쳐서 행사를 준비하기로 했다. 2021년은 코로나19가 창궐하던 시기라 행사를 준비하면서 방역에 만전을 기하고 있었지만, 초등학교를 중심으로 확진자가 나오는 등 상황이 여의찮아 학교가 결국 쉬게 되었다. 다행히 이틀 뒤 다시 학교 문을 열 수 있어서 방역에 최선을 다하며 행사를 안전하게 진행했다.

이는 팬데믹 속에서도 안전하게 이뤄낸 축제라 강화된 방역지침에 힘들어하던 서로를 위로하는 역할을 했다. 그리고 아이들을 안전하게 지키면서 축제를 진행했다는 자신감도 생겼다.

장애인 사서보조원과 방역도우미

책놀이터에 장애인 사서보조원이 들어왔는데, 사서보조원이 되기 위해 학교에서 훈련을 했고 우수한 성적으로 졸업했다고 한다. 오전시간과 오후시간을 담당하는 보조원 1명씩과 그들의 직무를 지도하는 직무지도사가 함께 들어왔다. 책을 정리하고, 책놀이터내 질서를 유지하며, 환경정화에 힘쓴다. 장애인들의 사회진출을 돕고 함께 살아가는 것을 아이들에게 자연스럽게 노출시켰다.

또한 방역을 담당하는 방역도우미가 책놀이터에 상주했다. 학교별로 인원이 할당되었는데, 책놀이터처럼 한 곳을 담당하는 방역도우미는 해밀초 외에 다른 곳에는 없었다. 책놀이터는 불특정 다수의 해밀아이들이 방문하는 곳이라 더더욱 방역에 만전을 기했다. 아이들이 교실로 돌아가고 나면 창문을 다 열어 환기했고, 손잡이는 항상 새것처럼 반짝이며, 유리창은 먼지 하나 보이지 않을 정도로 투명하게 닦았다.

우리 책놀이터는 오전 8시부터 시작이다.

교실의 문이 열리기 전 학교에 일찍 오는 해밀아이들을 위해 해밀초 책놀이터는 8시에 문을 연다. 대출은 9시부터 진행하고, 그전에는 단순히 열람만 할 수 있지만, 아침에 책놀이터는 아이들로 북적거린다. 아침 8시에 책놀이터 문을 연다는 것은 의미가 크다. 바로 아침 돌봄의 효과를 기대할 수 있기 때문이다. 해밀초는 학교와 마을이 함께 아이들을 돌보는 중이다.

대출기한

책놀이터 도서는 학생은 2권씩 최대 1주일까지 대출을 할 수 있고, 학급은 담임선생님 이름으로 30권씩 최대 2주일까지 대출을 할 수 있다. 연장, 예약은 하지 않고 재대출은 횟수 제한 없이 할 수 있다. 또한 학교에서 어떤 형태로라도 수업을 진행하는 경우, 책놀이터 도서 이용 신청서를 작성하고 도서관 시스템에 등록하여 이용할 수 있다. 엄마품 마을학교에 출강하는 학부모 동아리원들도 원한다면 대출이 가능하다. 그 외에는 해밀초 바로 옆 공공도서관을 이용할 수 있게 유도하고 있다.

연체 시 연체일만큼 도서대출을 제한하고 있고, 분실 또는 파손 시에도 동일한 책을 반납하기 전까지는 연체로 간주한다. 연체자 관리에 있어 모든 연체자는 학급으로 매주 금요일 오전에 통지하고, 연체일 10일 이상일 경우 가정으로도 통지한다. 대부분은 책을 대출한 후 반납절차를 거치지 않아 발생하고, 때로는 교실에서 찾아오는 경우도 있다.

이용자 입장에서는 대출을 하고 실제로 가져가지 않아 연체되거나, 책놀이터로 가져왔지만 반납 절차를 거치지 않아 연체되면 억울할 수 있다. 이런 경우를 방지하기 위해 대출할 때에 매번 반납기일과 절차, 그리고 그러지 않을 시 연체가 될 수 있다는 것을 공지하고, 기대출 건에 대해서도 안내하지만 이런 불필요한 연체가 언제나 일어난다는 것이 안타깝다. 이런 에러를 줄일 수 있는 방법은 없을까 하고 고민을 거듭한다.

반납독려.. 학급으로 찾아감.. 그리고 연체도서 회수

도서 대출 기간은 일주일이다. 금요일에 빌리면 그다음 주 금요일에 반납하는 것이다. 그런데 반납일이 지났음에도 불구하고 여전히 반납하지 않는 경우가 있다. 연체가 길어질수록 대출을 못 하는 날도 길어진다. 문제는 이러한 페널티가 있음에도 불구하고 사실 책놀이터 책을 이용하지 않으면 된다라는 도덕적 해이가 있다는 것이다.

연체의 또 다른 문제는 연체자 말고도 책의 기다리는 아이들이에게 불이익이 있다는 것이다. 기다림의 연속이 바로 그것이다. 특별한 조치가 필요했다.

2022년에는 담임 선생님들에게 양해를 구하고 점심시간에 학급으로 찾아갔다. 이 과정에서 대부분을 회수할 수 있었는데, 책이 학급 서랍이나 사물함에 있었다. 선생님도 계속 아이들을 지도하고 가정으로도 안내했는데 잃어버린 것이 아니라 교실에 있었다니, 아이들은 여러 방법으로 지도가 필요하다는 것을 알았다.

답답한 우리가 나서자! 도서관 활용교육

2년간 책놀이터를 운영하며 고질적으로 반복되는 몇몇 사항들을 개선하고자 도서관 활용교육을 진행하고자 했다. 활용교육에 활동까지 계획을 세웠다.

미리캔버스로 교육용 PPT를 만들고 나아가 신입생과 전입생들을 위한 안내용 3단 브로슈어도 제작했다. 교육용 PPT는 크게 세 가지로 나눴는데, 하나는 입실순서와 책놀이터에서 지켜야 할 약속 등을 안내한 기본적인 이용규칙이고, 다른 하나는 대출 및 반납에 대한 해밀초 책놀이터만의 세부규칙을 안내했다. 마지막은 규칙만 알면 유치원생도 할 수 있는 청구기호로 책을 찾는 방법을 안내했다.

교육을 마치고 활동할 활동지를 만들었는데, 바로 청구기호로 책을 찾아 책 제목을 적는 책 제목 십자말풀이다. 물론 교육용 PPT와 브로슈어 제작이 힘들긴 했지만, 책 제목 십자말풀이는 원하는 초성 혹은 단어, 글자 수, 그리고 문장부호까지 맞는 것을 찾아야 하는 작업이었다.

무엇보다 한국십진분류법에 따라 주제별로 책을 골라야 했는데, 소장하고 있는 장서로만 하는 작업인데도 창작의 고통이 무엇인지 살짝 느낄 수 있었다.

그렇게 저학년은 한 개, 중·고학년용으로는 가로 10개, 세로 10개짜리를 만들어 중학년은 5개, 고학년은 7개씩 찾기로 했다. 특히 1학년은 유치원을 졸업하고 이제 막 초등학교에 입학하여 한글을 읽거나 쓰는 게 아직은 서툴기 때문에 2학년의 활동지와 수준 차이를 뒀다. 정답 유출을 방지하기 위해 각 학년별로 7세트씩 만들었다.

이렇게 열심히 준비했어도, 교육과정 시간에 수업해야 한다는 부담감이 컸다. 또한 '비전문가인 우리가 만든 수업을 과연 학급에서 신청할까?' 라는 의심도 살며시 들었다. 하지만 막상 신청받고 보니 전 학년, 전 학급에서 신청했다.

2학년부터 시작했는데, 해밀아이들의 반응이 폭발적이었다. 어려울까 봐 저학년은 4인 1조로 짝을 지어 활동지를 하게 했는데, 말해 주지 않아도 책놀이터 곳곳에 붙여둔 한국십진분류표를 참고해서 미션 청구기호가 어디쯤 있는지 찾아가는 거다.

그렇게 해서 섹션을 잘 찾아가도 청구기호를 한 번에 찾아내기는 힘들 텐데, 조별로 움직이니 어느 조든 이끌어 가는 친구가 있어 함께 잘 찾았다. 더 하고 싶다고 활동지를 더 달라는 조도 있고, 친구가 먼저 찾아서 속상하다는 아이, 활동지 답안을 서로 쓰겠다는 조도 있었다.

1학년과 수업을 할 때는 한글을 몰라 활동지를 못할까 봐 걱정도 했었지만, 아이들은 한글을 쓸 줄도, 읽을 줄 몰라도 청구기호를 보고 찾았고, 같은 청구기호가 있어도 칸의 수와 글자 수를 비교해 가며 결국 바로 그 책을 찾아냈다. 그림 그리듯이 활동지에 답을 쓰는데, 한글을 몰라도 잘할 수 있는 것을 보니 정말 대견했다.

중학년과 고학년 모두 활동지를 했는데, 어떤 팀은 십자말풀이 중 가로 혹은 세로를 1개 성공하기도 하고, 어떤 팀은 활동지를 다 완성해서 새로운 활동지에 도전하기도 했다.

이후, 책놀이터에서 대출업무를 할 때, 해밀아이들이 소장유무를 문의할 때면 청구기호를 적어주고 "어딨는지 찾을 수 있니? 우리 도서관 활용교육시간에 했었는데, 해볼 수 있겠니?"라고 물어보면 "할 줄 알아요." 혹은 "네, 제가 찾아볼게요."라고 대답을 한다. 그래서일까? 작년까지는 책놀이터내 도서검색대를 이용하기보다는 봉사자에게 책을 찾아달라고 바로 오는 해밀아이들이 많았는데, 올해는 확실히 도서검색대를 활용하는 경우가 많았다.

1차 도서관 활용보수교육

3월에 도서관 활용교육을 하였음에도 반납오류가 자주 나왔다. 반납오류는 반납절차를 거치지 않은 채로 반납하여 디지털 도서관 시스템(Digital Library System, DLSE) 상에서 연체로 처리된 경우를 말한다. 책놀이터에서만 책을 읽는 경우는 대출이 아닌 열람이라 대출하지 않음에도 대출하여, 책은 실제로 책놀이터를 나가지 않아 반납처리를 하지 않은 경우, 대출했던 책을 가지고 와서 서가에 바로 꽂아두거나 북카트에 올려둬서 반납처리를 안한 경우 등으로 불필요한 반납오류가 발생했다. 이로 인해 무고한 연체자가 나왔고, 책놀이터 도서를 바

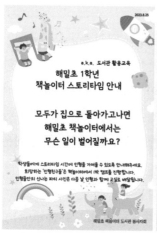

〈 도서관 활용 보수교육
안내문. 인형을 가지고
오라는 안내가 있다 〉

〈 Sleepover를 하며 책놀이터를
탐험하는 인형들 〉

로 대출할 수 없게 되어 불편함이 생긴다. 연체자일 때는 책놀이터를 방문하는 것을 꺼리는 경향도 있어 바로잡아야 했다.

도서관 활용 보수교육을 계획했고, 1학년들이 응답했다. 1학년들만 있어 아기자기한 것을 넣었는데, 바로 인형들이 책놀이터에서 하룻밤 자고 가는 인형들의 Sleepover이다.

인형들과 함께 교육을 듣기 위해 책놀이터에 입장할 때부터 안고 들어오고, 교육하는 동안 옆에 앉혀 놓고 함께 듣기도 했다. 다양한 교구 활용으로 좀 더 집중력 있게 1학년 해밀아이들을 교육했다.

Sleepover를 마치고 사진은 각 학급의 담임선생님을 통해 학급 밴드에 게시하였는데, 반응이 폭발적이었다. 첫날 인형이 몇몇 오지 않았지만, 뒤로 갈수록 인형들의 출석률이 높아진 것만 봐도 알 수 있다.

장서를 준비하자

　새학년이 시작되었다. 학급도 새로운 곳이고, 담임선생님도 새롭다. 친구들도 새롭고 배우는 것도 새롭다. 책놀이터도 새로운 책을 준비하는데, 1단계가 끝나면 구매희망도서목록이 나온다. 그외 연령별 추천도서와 책놀이터 보유장서의 다음 도서, 정기간행물 등을 선정해야 한다. 수백 권 많게는 천 여권에 해당하는 단행본을 골라내는 것은 쉬운 일이 아니다. 아니 이건 까다로운 일이다. 새로 발행되는 단행본들을 일일이 읽을 수도 없는 노릇이다. 그래서 나는 도움을 받는다.

　바로 각종 도서관의 사서추천도서를 이용하는 것이다. 국립어린이청소년도서관, 서울특별시교육청 어린이도서관 등 각종 어린이 도서관들을 기웃기웃한다. 또한 양질의 영어원서를 구입하기 위해 미국의 도서관들을 기웃거리는 것은 당연한 절차다. 이렇게 하다 보면 어느덧 살 수 있는 장서목록이 완성된다.

　이때 놓치기 쉬운 작업이 기 도서원부에 등록된 도서와 중복되는 도서를 골라내는 일이다. 기존에 작업자는 중복도서를 골라내기 위해 엑셀에서 단순히 정렬하였는데, 방대한 양을 이 방법으로 작업하기에는 시간과 노력이 많이 낭비되는 방법이었다.

　그래서 기존 작업과정에 우선적으로 엑셀함수를 사용했다. 함수로, 조건부 서식으로, 필터로 중복값을 찾았는데, 결과적으로 시간과 노력을 많이 아꼈다. 여러 조건을 적용한 것은 사실 DLS(디지털 전자도서관 시스템)에 등록된 도서원부의 내용이 입력한 사람에 따라 띄어쓰기, 문장부호, 권차 등이 달라 하나의 함수로는 완벽히 걸러지지 않기 때문이다.

　2021년에는 학년 초에 1회 도서구매를 진행했다가 상반기에 출간한 양질의 도서를 다음 해 구입할 때까지 기다려야 한다는 것에 부담을 느꼈다. 그래서 2022년에는 1, 2학기에 나눠 두 번 구매했다. 새로 나온 책인데 학교에 있어서 좋다는 등 학생들의 만족도도 높아 2023년 올해도 1학기와 2학기에 도서구매를 진행했다.

나에게 쓰는 편지

한 학기를 마무리하는 시점에 다음 학기를 위한 나에게 쓰는 편지라는 행사를 진행했다. 나에게 쓰는 편지는 2학기 동안 이루고 싶은 목표 등을 준비된 엽서에 써서 책놀이터에 제출하면 학기가 마무리되는 12월 크리스마스쯤 선물과 함께 학급으로 전달하는 행사이다. 자율적으로 책놀이터에 와서 행사에 참여하라고 했더니 사실 참여율은 그렇게 높지는 않았다. 하지만 행사의 의미가 좋아 이것을 발전시키고자 했다. 23년 6월 행사에 전학년, 전학급으로 홍보했고, 희망하는 학급은 책놀이터에서 행사를 진행하기로 했다. 많은 학급이 신청했고 1,000여 명에 해당하는 학생 중 500명 정도가 행사에 참여했다. 2022년부터 시작한 행사는 명실공히 책놀이터의 연례행사로 자기매김하게 되었다

작가와 만남

책놀이터를 2021년부터 운영하며 아쉬웠던 점은 바로 작가와 만남을 진행하지 않았던 것이다. 2023년에 도전을 했다. 작가 섭외부터 시작했다. 출판사로 접촉해 보라는 조언에 우리 학교에 많이 있고 인기 있는 책들의 출판사로 접촉을 시작했다. 그러다 추천받은 작가가 바로 환경에 대해 책을 쓴 박하나 작가님이었다. 마침 학교가 탄소중립실천학교로 선정되어 작가님과 함께 진행하기로 했다. 그다음으로 장소, 작가와 만남을 진행할 학생들 모집, 진행 등을 정해야 했는데, 다행히 책놀이터의 도서관에는 무대로 쓸 수 있는 공간이 있어서 장소는 쉽게 결정했다. 작가와 만남을 진행할 학생들을 모집하는 것은 쉬울 것이라 생각했다. 기존에 학생 독서동아리가 있어서 그 아이들과 함께 책을 먼저

〈 다양한 학년의 해밀아이들이 작가와 만남에 왔다 〉

읽고 토론 등의 독후활동을 한 후 질문선정 및 교내홍보까지 진행하면 되겠다 싶었다. 그런데 학생 독서동아리 아이들과 만남이 쉽지 않았다. 교육 과정 시간 외에 진행하는 행사라 더욱 그랬다. 할 수 없이 혼자 작가님과 소통하며 당일 필요한 활동지와 질문지를 준비했고, 책놀이터에 자주 오는 해밀아이들과 작가와 만남 소식에 일부러 찾아온 아이들 등과 행사를 진행했다.

작가와 만남을 끝내고 나니 학부모 도서관 봉사자로 주요한 부분을 수행한 것 같아 뿌듯했지만 미흡한 부분도 있었다. 다음에 또다시 행사를 진행한다면 연초에 독서동아리를 구성하고 작가 섭외 단계부터 독서동아리와 함께해야겠다.

독서동아리

책놀이터 예산에 독서동아리를 운영하는 예산이 있었다. 작년까지는 담당교사가 지도했는데, 작가와 만남 후, 직접 모집과 운영을 하기로 했다. 책읽는 것에 흥미를 가지는 아이들만 가입할 것이라 교내 인트라넷으로만 대상학년과 신청기간을 공지하고 다른 홍보는 하지 않

〈 동아리실 한 켠에 이용규칙,
활동지, 지정도서 등을
비치해뒀다 〉

았다. 그럼에도 20여 명이 신청을 했다. 정말 책을 좋아하는 해밀아이들을 만난 것이다. 드디어 첫 모임을 했다. 너도나도 흥미진진한 독서동아리! 일단 책을 많이 읽히는 것이 중요했기에 독후활동에 대한 부담을 없앴다. 대신 조건은 독서동아리실에서는 학습만화라도 만화는 절대 볼 수 없으며, 100페이지 이상의 도서를 읽는다는 조건을 걸었다. 평일 방과후나 점심시간은 독서동아리 활동을 하기에 시간이 부족하여 3주에 한 번 등교전 정기모임을 하기로 했다.

벌써 마지막 정기모임을 앞두고 있는데, 아이들이 선정도서를 읽고 펑펑 울었다, 손에서 책을 내려놓지 못했다 등의 이야기를 할 때면 보람을 느낀다. 정기모임마다 아침 7시 반에 와서 준비하는데, 힘은 든다. 하지만 계속 독서동아리를 하고 싶다거나 신규가입문의가 들어오는 걸 보면 잘하고 있다는 생각에 힘든 것보다 뿌듯함이 더 크다.

단순히 도서대출·반납 및 도서 정리하는 도서도우미로 생각했는데, 알고 보니 책놀이터를 창의적으로 운영하는 역할이었다. 처음 하는 일이라 어디서부터 시작해야 할지 몰랐고 그래서 주먹구구로 운영하며 시작했다. 도서관 운영 관련 연수도 듣고 회의도 계속하며 여기까지 왔다.

학교 안과 밖에서 '도서관 선생님~', '책놀이터 선생님~', '어? 어디서 많이 봤는데……', '선생님~ 우리 어디서 봤어요?'라고 물어오는 아이들을 보면 나 자신을 바르게 하게 된다. 이런 아이들이 안전하고 재미있게 책놀이터를 찾을 수 있게 오늘도 즐겁게 봉사한다.

9.
해밀학교
사회적협동조합

학교 안의 또 다른 학교가 만들어진다

2021년 3월, 학부모동아리 모집

학교는 코로나19 시대로부터 학생들의 일상 회복을 위해 귀 기울였고, 교육 회복과 더불어 학부모동아리도 활성화가 됨에 따라 교내 매점 운영을 위한 '학부모동아리'가 모집되었다.

그렇게 모집된 학부모 매점동아리는 '세종꿈마루' 사업을 통해 아이들을 위한 안전한 공간 그리고 건강한 먹거리를 제공하기 위한 공간을 계획하였고, 교과과정과 연계하여 살아있는 경제교육이 되기 위해 당시 학교협동조합 담당 조원익 장학사님의 '학교협동조합'에 대한 교육을 시작으로 '해밀초 매점준비위원회'가 출범되었다.

첫 교육의 주제는 '학교협동조합'

학교협동조합은 '협동조합기본법' 제2조에서 정한 사회적협동조합이다. 학생, 학부모, 교사, 지역주민 4주체가 자발적으로 참여하여 전원 1인 1표를 행사함으로써 민주적인 절차에 따라 운영되고, 학교 교육에 필요한 다양한 공익적 사업을 이루어 협동의 가치를 바탕으로 윤리적 경제 활동 및 소통과 나눔 교육 그리고 학교와 지역사회를 연결하는 사회적 경제 교육공동체이다.

어려웠다. 오롯이 학부모로 이루어진 모임은 학부모로서 그저 학교에서 봉사하고자 하는 가벼운 마음으로 발걸음하였고, 각기 다른 직업을 갖고 있기에 생소한 배움과 긴 교육 기간을 통해 사업을 진행해야 함은 큰 부담이 아닐 수 없었다.

그러나 일주일에 한 번씩 진행한 교육은 어느덧 1년, 학교협동조합 우수사례를 참고하고, 타지역 학교협동조합 견학을 통해 실질적인 매점운영과 협동조합간의 협력 관계를 맺으며 준비한 끝에 동아리는 결국 학부모 5인만 남게 됐다. 그러나 다행히도 그 인원이 협동조합 설립 과정에 필요한 발기인 최소인원 5인으로 선정됨으로써 해밀학교사회적협동조합 설립 절차를 위한 첫걸음을 내딛기 시작하였다.

드디어 기다리던 학교공간혁신을 위한 '세종꿈마루' 사업이 선정되며

〈 해밀초 매점준비위원회 〉

어느덧 프로젝트실 공사는 마무리되었다. 그 후 프로젝트실 내에 매점까지 완성됨으로써 완공을 기념하고, 2022년 1월 본격적인 협동조합의 시작을 알리는 '해밀학교사회적협동조합 창립총회'를 개최하게 되었다.

그러나 사회적협동조합인 우리는 일반 협동조합과는 달리 또 다른 준비를 시작하게 된다.

일반 협동조합은 창립총회를 시작으로 바로 설립이 될 수 있다면 사회적협동조합은 중앙부처의 교육부 장관 인가를 받아야 하고, 설립등기를 거쳐야만 설립이 될 수 있다.

그렇게 창립총회를 마치고 그해 5월, 교육부 인가와 동시에 설립등기와 사업자등록을 위해 준비한다. 서류제출과 검토받는 기간이 두 달 가량이나 되었지만, 그 기간 중에도 우리는 끊임없는 컨설팅을 받아가며 교육 및 회의를 진행하였다.

해밀학교사회적협동조합과 함께할 '조합원'을 맞이하다

협동조합의 첫 번째 과정 중 하나는 조합원 모집이다. 협동조합에 가입한 조합원은 출자금을 납부해야 하는데 해밀학교사회적협동조합은 초등학교 내 자리 잡고 있어 주로 학생들을 대상으로 사업 진행을 계획하는 만큼 타 중·고등학교 협동조합과는 달리 문턱을 낮춰야 한다는 의견이 많았다. 그렇게 결정된 해밀학교사회적협동조합의 출자금은 5천 원이었다.

그렇게 결정된 해밀학교사회적협동조합의 출자금은 5천 원이었다. 먼저 설립과정 중 하나인 이사장 인수인계 과정에서 설립등기 신청을 위해 우리는 이사장 포함 이사진과 유우석 교장선생님 그리고 협동조합 설립을 위해 함께 애써 준 교직원 조합원이 모여 첫 출자금을 납입하고, 출자금 서류를 포함하여 준비한 끝에 설립 등기를 받고 사업자 등록증까지 모두 마쳐 드디어 운영을 시작할 수 있게 되었다.

그리고 교직원, 학생, 학부모의 조합원 모집을 시작하였고, 현재 교직원 18명, 학생 120명, 학부모 75명, 지역주민 3명으로 전체 216명에 이르게 되었다.

학교공간혁신, '꿈이 이루어지는 공간'이 되다

해밀학교사회적협동조합의 운영 방식은 매점이다. 유우석교장님은 학교공간혁신 '세종꿈마루' 사업을 계획하며 이 공간이 '해밀초 아이들이 건강한 먹거리와 함께 안전한 틈새 돌봄이 될 수 있는 공간, 그리고 하교하는 아이들을 기다리는 학부모가 계절변화에 따른 불편함 없이 이용할 수 있는 해밀마을의 사랑방이 되기를 바란다.'라고 하였고, 드디어 그 꿈을 이루는 공간이 완성된 것이다.

그러나 당시 우리는 이사진 5명뿐이었기 때문에, 월요일부터 금요일

〈 매점-해밀COOP마켓 〉

까지 매주 5일 동안 학교 매점을 운영하기 어려워, 매전 운영을 함께할 봉사자를 모집하였다.

학교 매점은 주 이용자가 초등학생들이고, 아이들이 매점공간의 부재를 느끼는 공백을 줄이기 위해 방학을 포함해 1년 내내 운영하게 됨으로써 개인 사정으로는 쉽게 휴무하기가 어렵고, 하나의 단체로서 학교 외 주말 행사도 있기에 온전히 봉사하는 마음만으로는 어려울 때가 종종 있다. 임원진을 포함하여 학부모로서 개인이 단순히 원하는 만큼의 일만을 하기가 어렵다는 뜻이기도 하다.

협동조합을 하며 지금도 변함없고 앞으로도 꼭 마음 새겨야 한다고 생각하는 것 중 하나는 진심에서 피어나는 의무감과 의무를 중요하게 여기는 책임감이라는 생각이었다. 그렇다 보니 학부모로서 학교를 위해 자원봉사자로 선뜻 나섰지만 어느덧 운영자로서 사업을 진행하고,

〈 해밀COOP마켓 유니폼 앞치마와 닉네임 〉

그 사업의 의무와 직접 운영을 위해 매일 학부모 자원봉사자가 참여하는 모습을 보면 그 끝에는 언제나 인건비를 생각하지 않을 수 없었다.

수익이 창출되는 매점 운영이기에 생각할 수 있는 부분이었고 협동조합 사업비 목록에 들어가지 못하는 건 아니기에 인건비 지급에 대한 방법을 알아보고, 시도해 보려 하기도 하였다. 하지만 처음부터 지금까지 함께하는 봉사자들은 인건비에 대한 회의 안건이 나올 때면 손사래 치며 오롯이 학생들을 위한 마음으로 순수자원봉사자를 자처한다.

마음 따뜻하게 모인 봉사자들은 가장 먼저 닉네임을 만든다. 닉네임, 엄마 나이가 되어 내가 누군가에게 닉네임으로 불려본 적이 있을까? 모두가 쑥스러웠지만 이제는 누구의 엄마보다 더 익숙하다. 그리고 누군가의 엄마가 아닌 모든 해밀초 아이들의 엄마 아빠가 되는 마음이 덤으로 오니 더욱 의미 있는 닉네임이 되었다.

닉네임을 정한 봉사자들과 함께한 첫 행사는 6월 해밀마을의 축제인 '해주자, 당근이지!'였다. 해밀마을 주민과 함께하는 행사에서 우리는 해밀COOP마켓에서 판매 예정인 먹거리를 준비하고, 해밀학교사회적협동조합을 알리는 첫 수익사업을 진행하게 되었다. 모두 첫 행사이다 보니 그저 즐거웠고, 가장 기억에 남는 추억 중의 하나가 아닐까 하는 생각이 든다.

첫 행사의 기쁨과 연이은 추억들이 하나둘 쌓여서일까? 개인의 사정에 따라 각자의 일터로 돌아감에도 불구하고 주말 행사 등 해밀 아이들을 위해 봉사에 나서기도 한다. 그러한 감사함으로 해밀학교사회적협동조합은 봉사자들에게 VMS(Volunteer Management System)봉사시간 등록과 한 달에 한 번 봉사왕을 뽑아 봉사자들을 응원하고 함께 친목을 위한 정기적인 브런치 모임을 하고 있다.

활짝 열린 세종시 첫, 학교매점! '해밀COOP마켓'

6월 첫 행사를 마치고 나니 바로 여름방학을 맞이하게 되며 매점 시범운영과 동시에 경제 캠프를 준비하게 되었다. 학교가 방학 중에도 여러 캠프 등 다양한 수업이 진행되는 것을 보며 해밀학교사회적협동조합도 본격적인 사업 진행을 위해 계획하였다. 마침 경제 캠프를 진행하고 있던 '신협'에 대한 정보를 얻게 되었고, 해밀마을 지점으로 직접 찾아가 문의해 보니 마치 우리를 기다린 듯 일사천리로 진행될 수 있도록 신협은 우리에게 지원을 아끼지 않았고, 지금까지 서로 협력 관계를 잘 유지하고 있다.

본격적인 매점 운영 시작에 앞서 우리는 메뉴 선정을 위해 학부모 시식회를 진행하였다. 학교에서 판매하는 물품들은 '어린이 식생활안전관리 특별법'에 따라 안심하고 먹을 수 있는 어린이 먹거리를 제공해야 하기 때문에 모든 물품에 대해 식품의약품안전처 홈페이지에서 식품 유형을 확인한 후 1회 제공량당 영양성분을 입력하고 조회하여 고열

〈 학부모 시식회 〉

량·저영양 제품이 아닌지를 꼭 확인해야 한다. 그리고 해밀COOP마켓은 학교 안의 매점으로 '어린이 식생활안전관리 종합계획'에 따라 고카페인 함유 식품은 판매 불가능하기 때문에 고카페인 식품이나 음료들은 성인 대상으로 판매하며 모두 기부금으로 받고 있다.

위와 같이 선별된 물품들은 시식회를 통해 선정 후 가격을 정해야만 하는데 학생들의 적극적인 참여를 위해 해밀학교사회적협동조합은 해밀COOP마켓 학생동아리를 모집하였다.

협동조합의 가장 큰 특징, 학생 조합원의 자발적인 참여!
– 해밀학교사회적협동조합 학생 동아리 '해밀투게더' –

협동조합 동아리 '해밀투게더'로 구성된 학생들은 매점 운영을 위한 상품유통, 판매, 홍보 과정을 학생들이 주도적으로 움직일 수 있도록 정기적인 회의를 진행하고, 방학 중 직접 운영 기회를 갖음으로써 경제교육, 진로 교육, 민주시민 교육 등을 경험하고 나아가 학교 내의 경제적 선순환구조를 창출한다.

이것을 통하여 결과만을 중시하고 경쟁을 부추기는 대신 협동과 공동체를 강조하여 실패를 극복할 수 있는 역량을 배양하고, 기존 교육과정 안에서 학교가 풀어내기 힘든 문제를 학생들 스스로가 공동체적 방식으로 해결하며 학생 자치를 이룰 수 있는 구조를 형성할 수 있게 된다.

'해피투게더' 학생동아리 첫 번째 참여는 바로 매점의 상호를 정하는 것이었다. 공모를 통해 정해진 해밀초 매점의 이름은 '해밀COOP마켓'. 멋진 상호명과 함께 정기 모임을 갖는 학생들은 마켓의 주 이용자인 만큼 신메뉴 계획 시 시식회를 열어 좀 더 구체적인 메뉴 선정과 동시에 가격도 정하는 역할을 해주었다.

그뿐만 아니라 방학 중에는 학생동아리 아이들의 직접 경제 활동 참

〈 해피투게더 회의모습 〉

여를 위해 학생 봉사자를 모집하여 방학 때마다 학부모 봉사자와 함께 매점을 운영하고, 학부모와 마찬가지로 봉사시간을 VMS봉사활동 실적에 등록하고 있다.

그리고 특별하게 방학 중 조합원 아이들을 대상으로 '무비데이'를 기획하여 해밀COOP마켓에서 제공하는 간식과 함께 즐거운 영화감상 시간을 가졌다. 무비데이에는 조합원뿐만 아니라 돌봄 아이들도 함께 하여 더없이 기쁘고 즐거운 추억을 만들었다.

해밀아이들의 자랑, '해밀COOP마켓'

해밀COOP마켓의 모든 수익금과 기부금은 '해밀초 학생복지'에 사용된다

사회적협동조합은 조합원이 모여 함께 의논하고 결정하는 협동조합의 구조를 가지면서 자체의 이익을 추구하지 아니하고 40% 이상의 공익사업을 수행함으로써 공익을 목적으로 사업을 하는 비영리법인이다.

그렇다 보니 학교협동조합은 설립 목적이 학교와의 협업과 학생 교육이기에 교육과 지원을 추구하는데, 여기서 보이는 차이점은 얻은 수익을 조합원에게 배당하는 대신 학교 및 학생에게 사용한다는 점이다.

> 사업체의 명의는 해밀학교사회적협동조합 이사진이고,
> 해밀COOP마켓의 운영 방식은 매점으로 학부모가 주도적으로 설립하고,
> 이사진 포함 학부모 조합원 자원봉사자가 운영하여
> 아이들의 건강한 먹거리를 제공한다.

주 사업인 매점 운영뿐만 아니라 학교협동조합은 시와 교육청의 지원을 받아 공익적 사업을 우선시해야 한다. 그래서 1년간의 사업을 준비하면서 가장 먼저 여름·겨울 경제캠프를 진행하고, 두 번째 사업으로는 22년에 이어 올해에도 해밀마을의 가장 큰 축제이자 유·초·중·고 그리고 마을 주민이 함께하는 '무지개 축제'에서 학교협동조합을 알리는 부스를 운영하였다. 부스 운영은 해밀마을 학생들 모두에게 학교협동조합을 직접 알리는 기회였고, 동시에 수익을 얻게 되었다.

이렇게 해밀학교사회적협동조합은 학교 안에 있음으로써 주로 학교와 학생들을 위한 사업을 하지만 해밀초가 속해 있는 해밀마을은 '학교와 마을이 공동체를 이뤄가는 의미를 지니는 특색있는 마을'로서 해밀학교사회적협동조합은 한 걸음 더 나아가 지역사회에 관심을 갖고 하나가 되는 마음을 나누고자 하는 계획을 하였다. 먼저 해밀중학교 풋살동아리 대회에 나가는 아이들을 위해 간식을 기부하고, 해밀고등학교의 첫 수능시험을 응원하기 위해 해밀초등학교 아이들과 함께 응원하는 마음을 나누었다.

공익사업을 수행해야 하는 사회적협동조합으로서 조합간 협력사업과 지역간 협력사업을 하기도 하였다.

먼저 지역간 협력사업으로는 22년도 세종시 사회적기업 페스티벌

'한 지붕 세 가족'을 시작으로 23년도에도 '모두의 이응' 행사에 연 2회 참여하며 마을뿐만 아니라 세종시에 학교협동조합과 해밀COOP마켓을 알렸다.

23년도 가을에도 전의사회적협동조합에서 농사지은 고구마를 대량으로 구입하여 봉사자들과 해밀학교사회적협동조합을 위해 애써주신 분들을 위해 감사의 마음을 전하기도 하였다.

조합간 협력사업으로는 세종 내 학교협동조합 중 장영실고등학교 '다붓협동조합'에 협조를 요청하여서 빼빼로데이를 기념하여 학생들이 직접 만들고 포장한 수제 빼빼로를 구입 및 판매하였다.

서로의 사업을 위해 계획함으로써 우리가 주문한 빼빼로를 만들기 위해 다붓사회적협동조합 학생들이 방과 후 시간을 이용하여 3일 동안 밤늦게까지 작업하였다는 이야기에 우리도 더욱 뜻깊게 판매하였고, 다붓 학생들에게 고마운 마음을 전함으로써 의미 있는 기억으로 남았다.

또 학부모 조합원을 위한 문화강좌가 있다. 현재까지 '청 만들기' 2회 '고추잡채 & 꽃빵' 등 총 3번에 걸쳐 진행하였는데, 학부모들의 호응과 참여도가 높아 절대 빠질 수 없는 사업 중 하나로 자리 잡게 되었다.

이렇게 여러 사업들을 통해 모은 외부 활동 수익금과 매일 운영되는 해밀COOP마켓의 판매 수익금, 외부 행사부스 수익금, 그리고 기부금과 후원금들은 모두 학교

〈 세종시 사회적기업 페스티벌
'23 모두의 이응 〉

〈 어린이날, 해밀COOP마켓에서
아이스크림을 쏜다! 〉

〈 해밀초 스포츠동아리 유니폼 〉

와 학생들의 복지에 사용된다. 학교의 크고 작은 행사 때마다 1,200여명이 넘는 학생과 전 교직원 대상으로 22년 종업식, 23년도 입학식과 어린이날 등 의미 있는 날에 모두에게 간식을 나누고 있다. 해밀초 양심우산인 '무지개우산'을 전달하였으며, 세종시 교육감배 예선을 치르고 본선인 전국대회에 나가는 해밀초 스포츠동아리 학생들을 위해 유니폼 제작비용과 간식을 기부하기도 하였다.

열심히 준비하고 노력한 선수들이 유니폼을 입고 경기에 출전해 전국대회에 나가는 쾌거와 동시에 좋은 성적을 내주어 학교뿐만 아니라 해밀COOP마켓 봉사자들도 모두 뿌듯해 하였다.

그리고 큰 사업 중 하나인 '어울림 조합원 가족 캠프'를 진행하였다. 조합원 가족을 위한 행사로서 총 12가족 40여 명이 넘는 조합원들이 '임실치즈테마파크'에 가서 체험활동을 하며 2년간의 해밀학교사회적협동조합 사업을 더욱 따뜻하게 마무리 지었다.

1년간의 사업을 알리다

순탄하기만 했던 해밀학교사회적협동조합 은 총회를 준비하며 학교협동조합의 어려움을 겪게 되었다. 바로 공중을 위한 미성년자 법정

동의 절차이다. 총회는 최고의 의사 결정 기구로 이사장이 소집하여 연 1회를 진행하고 총회록 작성 후 공증을 받아야 하는데, 공증 시 미성년자는 법적 동의 절차가 꼭 필요하다.(친권자 2인의 인감증명서 필요) 특히 학생 참여도가 높은 해밀초는 학생 조합원 100여 명이 넘는 가운데 임원 선거를 꼭 진행해야 해 어려움이 많았다.

이러한 고충을 덜고자 교육부는 조합원의 50% 이상이 학생일 경우 공증면제를 추천하고 법무부에 신청하여 공증면제를 받을 수 있었다.

세종시 내 학교협동조합 중 세종예술고등학교의 사례에 따라 장학사님의 지원으로 23년 6월 드디어 공증면제를 받게 되었다.

22년도 2학기부터 시작된 사업들은 23년도에도 연이어 진행하면서 세종시 내 학교협동조합의 의미를 널리 알리기 시작하였고, 많은 매체와 다양한 지역에서 관심을 받았다. 한 해 두 해가 지나니 해밀학교사회적협동조합은 어느덧 타지역 학교들의 본보기가 되어 협동조합의 설립에 자문하는 역할을 하고, 더불어 협동조합 간 함께 협력하는 긴밀한 관계를 맺어가며 우리만의 길을 개척하며 성장하고 있다.

학교협동조합을 알아가고, 변화를 꿈꾸어 본다

협동조합을 알아가는 과정 속의 아쉬웠던 점도 있었다. 바로 협동조합은 학교를 지원할 수 있지만 학교는 협동조합을 지원할 수 없다는 점이다. 협동조합을 운영하다 보면 학교의 협조가 필요할 때가 있는데 협동조합은 사기업이기에 학교의 금전적 지원 받을 수 없다. 그동안에는 시·교육청의 지원을 받아 설립의 부담을 줄이고, 매점 수익금과 함께 연간 사업을 계획함으로써 공익사업과 학교 그리고 학생들을 위한 유익한 사업 결과를 내는 것에 힘을 쓸 수 있었다. 그러나 늘 시·교육청의 충분한 지원금을 받을 수는 없다. 따라서 시·교육청에서 받게 될 최소 예상지원금으로 자립 운영할 방법을 고민하고 있다.

특히나 해밀초 학교협동조합은 타 학교협동조합과 달리 학부모가 자립적으로 설립·운영함으로써 온전히 학교와 아이들의 복지에 힘쓰고 있는 만큼 조합이 오래 유지될 수 있도록 학교, 교육청과 긴밀하게 협조하고, 서로 지원을 받을 수 있는 방향으로 성장할 수 있기를 바라는 마음이다.

건강한 '해밀학교사회적협동조합'은 우리 모두가 만들어간다

해밀학교사회적협동조합은 이익을 창출함에도 불구하고 인건비 없이 모든 수익금을 학교와 아이들의 복지에 사용하고, 사회에 환원한다는 것에 대해 이해하기 어려울 수 있다. 이해하기가 어려워 때론 오해를 받는 경우도 있다. 그렇지만 모든 경험 속 위기를 극복하고, 그것을 감내함과 동시에 긍정으로 이겨내는 우리가 늘 얻는 것이 있다. 그것은 해밀학교사회적협동조합의 성공적인 성장과 협업의 기회로서 조합 간, 지역간 협동의 의미를 이해하고, 인간관계 속에서 함께하는 인연의 소중함을 깨닫게 되는 것이다.

해밀학교사회적협동조합은 학교 안에서 학교와는 별개의 사업체를 운영하고 있지만 학교라는 지붕 아래 학교와 학부모회와 연대하고 협력하며, 해밀초 학생들의 복지 향상을 위해 애쓰고 있다.

또한 학교협동조합은 교육경제공동체로서 지역사회와 마을이 함께하여 실천적 경제교육을 실현할 뿐 아니라 지역의 미래를 그리고 해밀 아이들의 성장에 적극 도움을 줄 수 있는 발판을 마련해 주고 싶은 마음이다.

그러므로 학교협동조합이 존재하는 가장 큰 이유는, 우리가 바라는 건강한 교육공동체 사회는 우리가 모두 함께 만들어 가는 것임을 몸소 보여주기 때문이다.

10.
해밀초
봉사자의 밤

우리 학교 이해하기

어쩌다 보니 신설 학교의 학부모회장이 되었는데 학부모회가 어떠한 역할을 해야 하는지, 정확히 말하자면 학교와 학부모들이 학부모회에 어떠한 기대를 하고 있는지 나는 전혀 알지 못했다. 3년 전 해밀초에 큰아이를 전학시키기 전까지 한국 교육기관에서 학부모로서의 경험은 전무했고, 먼 옛날 나의 학창 시절을 더듬어 보아도 우리 부모님이 학교를 출입하신 기억은 없었다. 학부모회장이 되기 전해인 2021년, 호기심에 참석한 학부모회 다모임에서 미국에서의 PTA(Parent Teacher Association, 미국 학부모회) 활동을 떠올리며 여러 활동을 제안해 보았는데, 몇몇 학부모들로부터 "잘 모르시는 것 같은데요, 그런 활동들은 한국에서는 할 수 없어요."라며 수 차례 거절을 당해 의기소침해 있었던 것도 사실이다.

그럼 나는 어떻게 해야 하지? 그래서 《어쩌다 혁신학교》라는 책 한권을 구입했다. 우리 학교의 개교 TF로 활동한 선생님 중 많은 분들이 소담초에서 오셨다니 그 학교를 만들어 가며 풀어낸 이야기들을 읽다 보면 우리 학교가 가야 할 길이 보일 것 같았다. 이름이 익숙한 선생님들의 글을 읽으며 우리 학교를 어떠한 마음으로 준비하였을지 마음으로 그려 나갔다. 그리고 역시나 그것이 시작되었다.

마을 교육 이해하기

우리 학교는 개교 첫해부터 마을과 연결되고 있는 학교였다. 코로나19로 정신없는 첫해부터 학부모 동아리를 모집하여 운영하도록 하였고, 학부모 동아리 활동을 방학 중 캠프로, 그것을 학기 중 방과후로 확장시켰다. 1학년 신입생과 그 보호자 20가정으로 편성한 돌봄교실을 구성하여 지원하였고, 학교 축제를 마을 전체가 참여하는 축제로 운영하기 위해 부단히 노력하고 있었다.

처음 학부모회를 시작했을 땐 선생님이 시작한 이 과업들을 학부모회에서 온전히 담당하기 위한 수고를 했다. 전임자가 이임한 업무인 것처럼. 《어쩌다 혁신학교》의 도움으로 학부모회에서 이 사업들을 왜 해야 하는지를 어렴풋이 이해한 후, 운영자가 바뀌더라도 지속될 수 있도록 협의회를 정례화하고 관리체계를 공고히 하는 등 시스템적으로 안정시키고 있을 무렵, 우리 학부모회 임원진에게 세종의 마을 교육을 고민하는 사람들이 모임을 준비하고 있는데, 함께하면 어떻겠냐는 제안이 들어왔다.

첫 모임에 나갔다. 연구소를 준비하는 동안 학습모임에 들어가 참여해야 한다고 하였는데, 그때 유우석 교장선생님의 제안으로 '제도와 마을' 분과에 들어간 것이 터닝포인트가 되었다. 세종의 마을 교육 공동체에 관한 두꺼운 연구보고서 다섯 권을 읽는 동안 우리 학교가 어디로 가고 있는지 알게 되었고, 그 안에서 우리 학부모회가 어떠한 역할을 할 수 있는지 깨닫게 되었다. 더듬더듬 조각을 맞추고 있던 나에게 누군가 완성된 퍼즐의 사진을 안겨준 것 같은 느낌이었다.

담당 선생님과의 소통과 이해, 그리고 신뢰

해밀초 학부모회의 활동이 전개된 데에는 지난 2년 동안 끊임없이 제기된 질문들, "이런 것도 해도 되나요?" 또는 "이렇게 해보고 싶은데 괜찮을까요?"가 있었고, 그때마다 "괜찮아요, 학부모회에서 그 정도는 하실 수 있죠." "그래요, 그렇게 해봐요."라고 지지해 준 학부모회 담당 선생님이 있기에 가능했다. 처음이라 생기는 시행착오, 좋은 게 좋은거라고 생각하고 넘어가자는 의지를 반드시 이기고야 마는 성격, 다시 생각해 보면 그래서 선생님이 얼마나 곤란하였을까 싶지만, 정작 선생님 본인은 한 번도 그런 불편함에 대해 언급하지 않았다.

설마 해밀이라고 모든 것이 다 가능했을까. "아~ 그건 불가. 이러저러해서 그건 안 돼요." "안 돼~ 그러면 저기서 곤란해요."라는 거절도 물론 있었다. 그래도 무조건 불가보다는 다양한 방향을 제안한다거나, 원안은 왜 안 된다고 하는지 설명하느라 수고해 준 많은 선생님들 덕분에, 나중에는 이유를 설명하지 않아도 '선생님이 안 된다고 하신 데에는 반드시 그럴만한 사정이 있을 거야.'라는 생각을 하게 되고, 결국에는 '우리 학교에서 안 되면 아마 다른 데서도 못하는 것이지.'라는 자신감까지 갖추게 되었다.

'학교에서 애들 가르치며 생활 지도하기도 힘든데 학부모들까지 상대해야 해?'라는 마음이 들 법도 한데, 나는 선생님에게 존중받지 못한다는 느낌을 한순간도 받지 못하였다. 어떻게 2년 전 무지렁이였던 나를 학교의 운영 철학을 공유하는 학부모회장으로 성장시켰을까. 그런 의미에서 김현진 선생님은 스승이다.

학부모회 활동의 동력

우리 학부모회의 활동은 여러 개의 공모사업을 중심으로 전개되고 있다. 우리 학부모회 담당 선생님은 하나가 안정될 때쯤 "이것도 한번 해보실래요?"라며 또 다른 사업의 큰 틀을 제안하면서 설계와 운영에 대한 자율권을 주어 교내 담당자들과 직접 협의할 수 있도록 하였고, 교내에서 해결할 수 없는 어려움이 발생하면 교육청과 소통하여 적극적으로 해결해 주려 노력하였다. "열심히 하는 것은 좋지만, 그렇게까지 해야 해?"라는 말들을 수 없이 웃어넘기다가, 드디어 '도대체 왜, 어쩌다 그렇게 되었을까?'를 생각하게 된 건 2년 차 임기가 끝나갈 무렵이었다. 아마 우리도 학교를 함께 만들어 나가고 있다는 자부심과, 우리와 함께하고자 하는 학부모들이 늘어나고 있다는 즐거움이 오히려 그런 질문을 칭찬으로 받아들이게 하고, 학부모회 활동을 학교에 협력하는 방향으로 지속적으로 확장하도록 만들었던 힘이 아니었을까 생각한다.

한 해를 마무리하며

우리 학교에는 오늘도 수십 명의 학부모 봉사자들이 들어온다. 학부모 동아리, 책놀이터 봉사자, 엄마·아빠품 마을학교 선생님, 협력수업에 들어오는 해밀학습프로젝트지도사, 해밀COOP마켓 봉사자까지 정기적으로 봉사하는 사람들만 해도 이 정도인데, 가끔 마을 축제나 녹색학부모회 캠페인 등의 이벤트가 있어 일시적으로 참여하는 학부모 봉사자들까지 포함하면 한 해 동안 교내에서 학부모회 활동에 협력한 인원은 꽤 큰 규모이다.

작년의 어느 날이었다. 우리는 분명 매일 마주치고 인사를 하면서 지내는 사이였는데, 어떤 학부모에 대한 이야기가 나왔을 때, "나 그분이 누군지 몰라."라며 인상착의를 물은 것이다. 학부모 봉사자들은 언

〈 해밀초 봉사자의 밤 초대장 〉

제나 각자의 위치에서 봉사하고, 학부모회 다모임에서 한 달에 한 번 만난다고 해도 매번 소개하지 않으니 서로 모르고 지내는 것은 당연한 일이었다.

'올 한 해 해밀초 학부모회의 각 부분에서 수고해 주신 봉사자님들을 초대 합니다.'

연말에 진행되는 이 행사를 어떤 형식으로 운영하면 좋을까 고민해 보았다. 간단하게 끝내자면 적당한 식당을 예약하여 감사 인사와 함께 수고한 팀원들끼리 옹기종기 모여 식사만 하고 헤어질 수도 있지만, 이 기회를 통해 서로 학교에서 어떠한 역할을 하고 있고, 그래서 여러분 들이 우리 학교에 얼마나 중요한 사람들인지 알려주는 기회가 되었으 면 좋겠다고 생각하였다. 그렇게 결정된 콘셉트는 따뜻한 우리집에서 맛있는 음식들을 차려 놓고 사랑하는 친구들을 초대하여 함께 연말을 맞이하는 것이었다.

〈 2022년 제1회 해밀초 봉사자의 밤 〉

프로그램은 식사 시간을 포함하여 한 시간 반가량 진행되는데, 처음 30분 정도는 준비된 뷔페에서 음식을 가져와 식사를 하도록 한다. 이후 장내가 정돈되면 한 시간가량 학부모회장이 발표하게 되는데, 오늘 자리에 참여한 각 사람이 한 해 동안 어떤 역할을 하였는지, 역할을 수행하던 중 어떠한 에피소드가 있었는지, 그리고 약간의 TMI(Too Much Information의 약자, 불필요한 말을 의미한다.)를 첨가해 해당자를 호명하면 그가 자리에서 일어나 자신의 역할과 소회를 밝히는 식이다. 선생님이라고 해서 입장이 별반 다르지 않다. 학부모들은 담임선생님과도 일 년에 몇 차례 못 만나는데, 교무지원팀 선생님들은 학부모들의 교내 활동을 보이지 않는 곳에서 쉼 없이 지원하지만 우리가 어떤 혜택을 받았는지는 잘 알지 못하고 있기 때문이다. 그래서 이날만큼은 모두가 해밀초 봉사자라는 이름으로 함께한다.

행사가 끝나면 '그동안 우리 뒷조사를 하고 다녔냐.'며 농담을 하는 사람들도 더러 있는데, 일 년간 교내 구성원들과의 정기적인 협의회와 교내 조직들이 주최하는 행사에 적극적인 참여, 그리고 빈번했던 사적인 수다를 통해 얻게 된 소중한 정보들이 봉사자의 밤을 따뜻하게 채우는 이야기가 된다.

2023년 12월 15일에 진행된 제2회 해밀초 봉사자의 밤에서도 60여 명의 봉사자와 그 가족들이 해밀COOP마켓에 모여 따뜻한 저녁을 함

〈 2023년 제2회 해밀초 봉사자의 밤 〉

께하였다. 이들은 올해도 각자의 자리에서 역할을 충실히 수행한 학부모들과 그들이 학교에서 주체적으로 활동할 수 있도록 학교를 열고 적극적으로 지원해 준 선생님들, 그리고 마을 교육의 반경이 더욱 확장될 수 있도록 교내에서 활동하며 마을을 연결해 준 마을 주민들이다.

내년에는 학교가 더욱 확장될 것이 예상된다. 단순히 학생 수가 증가하는 것뿐만 아니라 교육 활동이 마을로 뻗어나가 마을의 각 부분, 더 많은 사람들이 더 촘촘히 연결될 수밖에 없다는 뜻이다. 그렇게 되면 마을과 학교를 연결하는 학부모회의 역할은 더욱 깊고 넓어지고 해를 거듭할수록 더 많은 사람들이 한자리에 모여 서로가 마을 교육을 위해 부단히 노력한 무용담을 펼쳐놓을 수 있을 것이다.

V

함께 모여 햇살이 되다
〈해밀의 사람들〉

- 권혜진, 김예지, 양현화, 윤서영,
이연호, 임효린, 장은정

1.
나의 불씨를
찾아서*

교사 김예지

2020년 9월 1일 해밀초등학교가 개교하고 반년 만인 21년 3월에 특수학급을 맡았다. 처음 해밀초등학교에 온다는 것 자체가 도전이었다. 특수교육지원센터, 특수학교 경력은 있었지만 특수학급 경력이 많이 없어 첫 교실을 꾸려 간다는 것에 많은 부담이 있었다.

처음엔 1학급, 교사 1명, 특수학급 배치 학생 2명, 완전통합 학생 2명으로 시작했다. 첫 1년은 새로운 공문을 생성하면서 아무것도 없는 교실에 필요한 각종 교구들을 구비하느라 정신없이 살았다.

매월 모이는 다모임에서 나누는 다양한 얘기들을 통해 나는 '해밀에 오길 참 잘했다.'라는 마음이 들었다. 어쩌면 모르고 지나칠 수 있는 작은 것까지 공유하는 것이 참 좋았다. 나도 모르는 사이 '해밀'에 대한

---

* 이 글은 〈교육언론창〉 '교육일기-나의 불씨를 찾아서'(2023. 12. 05)에 기고한 글이다.

애정이 생기기 시작했던 것 같다.

해며들기(해밀에 스며들기) 2년 차에는 해밀초에서 운영하고 있는 두드림학교 프로그램에 구성원으로 참여하게 되었다. 두드림학교란 정서, 행동, 환경 등 복합적 요인으로 학습에 어려움을 겪는 학습지원대상학생을 지원하는 학교 통합적 지원시스템을 말한다.

그곳에서 복합적으로 학습이 어려운 학생들의 학습부진 원인을 정확하게 진단하고 함께 지원하는 협의를 주기적으로 하게 되었다. 전문가가 두드림학교 대상 학생들을 진단한 결과 특수학급에 입급되어 지원해야 하는 아이들로 나왔다.

임상심리사 선생님, 담임선생님, 학부모, 특수교사, 두드림 다중지원팀 선생님들이 모여 아이에 대해 해석상담하는 시간에 아이의 이야기를 함께 듣고 지원 방법을 찾으며 학부모의 특수학급 입급에 동의를 얻었다. 점점 특수학급 학생들은 늘어났다. 2년 차일 때 특수학급 학생 6명, 완전통합 학생 1명이 되었다. 그중 두드림을 통해 입급된 친구들이 2명이었다.

두드림은 특수교육 관점에서 '의뢰 전 중재'와 같은 역할을 하고 있다. 의뢰 전 중재란 학급의 담임교사가 장애가 있는 것으로 보이는 학생을 정확한 진단에 의뢰하기 전에 다양한 협력적 지원을 받으며 좀더 다양하고 효과적인 교수적 접근을 하는 절차를 말하는데, 진단·평가 의뢰 전 일반학급에서 지속적으로 적절한 교육을 함으로써 통합교육의 이념을 실천하고자 하는 것과 밀접한 관계가 있는 것이다.

두드림에 참여하면서 학교의 다양한 이야기들도 듣고 다양한 아이들의 이야기를 들으며 해밀 안에서의 시야가 넓어지며 나도 해밀 구성원이라는 소속감이 강하게 들기 시작하면서 내 안에 작은 불씨가 커지기 시작했다.

내가 느끼기에 해밀의 가장 큰 장점은 소통과 공유이다. 자신의 의견을 편하게 얘기할 수 있는 분위기, 그 의견을 지나치지 않고 방법을 '모두 함께' 찾아보는 액션, 그리고 피드백. 다양한 시도를 해보기에 가장 좋은 환경이다. 그래서 해밀에서의 2년 차 경험을 토대로 지금 필요한 것이 무엇인지에 집중하기 시작했다. 해밀 3년 차 때 '특수교육대상자 협력교수 전학공'을 개설하였다.

처음엔 내가 개설할 생각은 없었다. 그만한 도전을 하기에는 아직 내가 많이 부족하다고 생각했기 때문이다.

> "선생님! 생각보다 통합학급 선생님들께서 특수교육대상자 학생들을 어떻게 해줘야 하는지 잘 모르고 계시는 것 같아요. 사실 특별한 게 없기는 한데, 특수학급을 열면 도움이 되지 않을까요?"

수업두레장 선생님과 이야기하다가 이렇게 넌지시 이야기를 꺼냈다. 내가 '무엇을' 하기 위함은 전혀 아니었고, 얘기를 하면 뭔가 뾰족한 수가 나올 것만 같았다. 그런데 예상 밖의 이야기가 나왔다.

> "그럼 선생님이 전학공을 운영해 보는 건 어때요? 이렇게 생각하고 얘기를 해주시다니 선생님 정말 대단해요! 선생님 같은 선생님이 없다니까요."

생각지도 못한 칭찬 세례에 나도 모르게 '하하, 그럼 제가 해볼게요!'라는 말이 입 밖으로 나와버린 것이다. 그렇게 나의 새로운 도전이 또 시작되었다.

사실 그렇게 말을 뱉어놓고는 거의 한 달을 끙끙거렸던 것 같다. '내가 무슨 능력이 있어서 그런 걸 한다고 했을까.', '내가? 무엇을?', '제대로 운영 못하면 어떡하지.', '누가 알아준다고 한다고 했을까.' '의미 없는 시간이 되진 않을까.' 등등 부정적인 생각들이 밤마다 나를 괴롭혔다.

"자기가 알잖아. 아무도 몰라도 스스로 알잖아. 그리고 이젠 내가 알고 있
잖아."

그때 나의 괴로움들을 가만히 듣던 남편이 조용히 말하기 시작했다.
그 말에 나는 망치로 머리를 맞은 것 같았다. 순간의 두려운 마음들이 눈
녹듯 녹아버리면서 한 가지만 마음속에 맴돌았다.

'그래, 내가 알잖아. 내가 평생 기억하잖아. 아무도 몰라줘도 괜찮다. 내가 알
고 있으니까.'

감사하게도 통합반 선생님들이 모두 참여해 주었고 또 특수교육에
관심 있는 선생님도 참여해 주었다. 우리는 매월 1회 마지막 주 화요일
오후에 만나 협의회를 하고 있는데 첫 모임이 생생하게 기억난다. 무슨
이야기를 나눠야 할지, 어떤 걸 전해야 할지 몰라서 머릿속이 너무 복
잡해 오히려 아무 생각도 안 났던 것 같다. 머릿속이 하얘졌던 것에 비
해 수월하게 협의회가 진행되었다.

3월 한 달 동안 교실 이야기를 주로 나눴는데 어려워 한 점들이 비슷
비슷했다.

"어머! 선생님 저희도 그래요. 친구들과의 관계를 어떻게 해줘야 할지, 얼
마나 도움을 줘야 할지 잘 모르겠어요."

협의회를 하는 동안 가장 많이 나온 말이었다. 우리는 전학공을 통
해 각 교실의 어려움들을 나누고, 아이들이 교실에서 학습에 최대한
참여할 수 있는 방법에 대해 연구하기로 하였다. 또, 문제행동 중재 방
법에 대해서도 나누기로 하였다.

협의회를 지속하면 할수록 특수교육대상 학생들이 모두 공통으로 가지고 있는 어려움을 발견할 수 있었다. 그중에서도 친구 관계가 교실에서 가장 어려운 문제였는데, 교사의 개입에는 한계가 있기 때문이다. 우리는 전학공에서 방법을 찾고자 머리를 모았다.

"선생님! 중간놀이 시간에 아이들이 할 게 없어서 정처 없이 돌아다니는 경우가 많아요. 특수교육대상자 학생들을 위한 중간놀이 시간 프로그램 같은 게 있으면 좋겠어요."

9월 협의회에서 한 선생님이 의견을 낸 후, 선생님들이 생각을 자유롭게 말하며 다양한 의견들을 내주기 시작하였다. 아주 기쁜 마음으로 중간놀이 시간 프로그램을 만들기 시작했다. '특수교육대상자 사회성 향상 프로그램' 제목은 거창하지만 아이들이 통합반 친구들과 시간을 보낼 때 수월하게 보낼 수 있도록 교실 프로그램을 중간놀이 시간에 익혀보고 교실 놀이에 잘 참여할 수 있도록 목표를 세워 보았다.

'모둠수업에 참여가 어려워요.'
'어렵다고 하고 안 하려고 해요. 그럼 그림그리기 좋아하니까, 좋아하는 그림을 그릴 수 있도록 해요.'

통합반 선생님들은 학습에 대한 어려움도 토해냈다. 이 당시에는 특수학급에서 다양한 학년, 다양한 수준의 학생들을 데리고 수업할 때 어떻게 하고 있는지 얘기는 했지만 사실 그게 뾰족한 수가 아니라는 건 나도 잘 알고 있었다. 특수 학급에서의 경험을 통합반에서 실행하기에는 어려움이 있다. 이 일은 내가 '통합'에 대해 다시 생각해 보게 된 계기가 되었다.

올해 1학년에 입학한 다운증후군 친구가 한 달 만에 유예를 한 일이 있었는데 그 일은 통합반 선생님에게도 그리고 나에게도 많은 아픔을 남긴 일이었다. 학부모님은 처음부터 완전통합을 원했다. 특수교사인 내가 봐도 완전통합은 어려울 것 같았으나 학부모님이 너무 완고하여 완전통합으로 지내기로 하였다.

시간이 갈수록 어려움은 점점 커지고 다양했다. 아이가 학교생활을 버거워했다. 그 문제로 교실을 이탈하는 횟수가 점점 잦아지고 있었다. 다행히 아이는 특수학급을 좋아해서 이곳으로 찾아오거나, 교장실, 보건실로 다녔다. 그래서 발 빠르게 다시 교실로 돌려보낼 수 있었다.

그런데 한 날은 꽤 거리가 있는 6학년 교실까지 간 것이다. 나는 이 아이의 행동반경이 빠른 시일 내에 넓어지고 어쩌면 학교 밖으로 교탈(학교 울타리를 벗어남)도 일어날 수 있는 상황이라는 것을 직감했다. 담임선생님과 상담하고, 학부모님과 상담하면서 아이를 특수학급에 입급할 것을 권유하였다. 하지만 학부모님은 아이의 모든 어려움을 알고 계셨음에도 불구하고 특수학급 입급은 거부하면서 결국 유예를 선택하였다.

부모님도 속상하겠지만 교사 입장에서 아이의 고통을 알면서도 모르는 체하는 부모님에 대한 원망의 마음이 들었다. 아이가 불쌍했다. 그러면서도 부모님이 '한번 특수학급에 가면 고착되어서 앞으로 쭉 특수학급에 가야 할 것이다. 그걸 원치 않는다.'라고 한 말이 무슨 말인지 조금은 이해가 되었다.

3월 그 일이 있을 때 학부모님이 말하는 '통합'이 뭔지 알다가도 몰랐는데 2학기쯤부터 그때 학부모님께서 말씀하신 '통합'이 무엇인지, 진짜 '통합'이 무엇인지, 내가 꿈꾸는 '통합'은 무엇인지 알 것 같았다.

통합교육은 다양한 교육적 요구와 능력을 지닌 학생들이 함께 교육받는 것을 말한다. 즉, '통합'이란 다양한 아이들이 한 교실에서 교육받는 것을 말한다. 현재도 교실에는 다양한 아이들이 있다. 특수교육대상 학생뿐만 아니라 다문화 학생, 위기학생, ADHD 약 복용하는 학생, 학습부진 학생 등 정말 다양한 아이들이 한 교실에 있다. 꼭 특수교육대상 학생이 있어서 통합반이 되는 것이 아니라, 요즘에는 전부 통합반이라고 생각된다. 위의 정의가 맞는다면 요즘 모든 초등학교 교실은 통합교육을 실시하고 있는 것과 마찬가지라는 생각이 들 정도이다. 그래서 지금은 통합교육이 더 중요하다고 생각된다.

내가 생각하고 꿈꾸고 있으며, 해밀초에서 그려가고 있는 통합교육은 거창한 것이 아니다. 특별한 도움이 필요한 학생(특수교육대상 학생뿐만 아니라 일반학생 포함)을 무조건적으로 배려하고 주의를 기울이는 것이 아니라 모두가 그 특별함을 그대로 존중하고 받아들이고 '함께' 하는 것이다.

통합교육은 보편적인 사고를 벗어나야 하는 것 같다. 누군가가 만들어 놓은 기준에 맞춰서 교육하기보다 교실 안에서 우리만의 규칙을 만들어 가는 것이 통합교육이라고 생각한다. 예를 들면, 가위를 지나치게 무서워해서 가위를 전혀 사용하지 못하는 친구가 있다면 가위 사용 방법을 가르치기보다 자를 대고 찢거나, 몇 번이고 접어서 손으로 찢는 방법을 가르쳐 주는 것이다. 이렇듯 통합교육은 모든 학생이 자신의 색깔을 찾고 자신의 방법으로 배우고, 자신의 속도에 맞춰서 성장할 수 있도록 기다려 주고, 조정해 주고, 인정해 주고, 격려해 주는 것이 통합교육이라고 생각한다.

나는 통합교육이 미래 교육의 첫 발걸음이라고 생각한다. 사회가 다양해짐에 따라 학교에도 더욱 다양한 아이들이 늘어날 것이다. 그렇다면 더 이상 교사 혼자 모든 것을 감당하기에는 많은 어려움이 있을 것이다. 교실에 많은 아이들이 개별적 지원을 필요로 하기 때문에 교사와 교사 간 협력은 매우 중요하게 될 것이다. 그 첫 시작이 일반교사와 특수교사의 협력이라고 생각한다.

해밀초에서 시작했던 '특수교육대상자 협력교수 전학공'은 올해 처음 운영된 것이라 일반교사, 특수교사의 소통과 협력에 힘을 썼고 또 눈에 보이는 어려움들, 주로 학생 간 교우관계 및 도전적 행동에 대해 다뤄 보았다.

"선생님! 저는 이 전학공이 너무 좋아요. 정말 많은 도움이 돼요."

그냥 아무 날도 아닌 어떤 날 4학년 통합반 선생님이 해준 이 말이 올해 나에게 가장 위로가 되고 행복을 준 말이다. 살다가 문득 힘든 날 잠자리에서 이 말을 떠올리면 모든 게 괜찮아질 만큼 따뜻한 말.

내 안에 피어오른 작은 불씨를 꺼트리지 않고 나아갈 두 번째 불씨는 통합반에서 실시하는 보편적 학습설계이다.

2.
서당개
삼 년 이야기

교사 양현화

서당개 삼년이면 풍월을 읊는다.

나는 풍월을 읊을 수 있을까?

2021학년도 질풍노도의 5학년

내가 해밀초를 선택한 이유는 딱 하나였다. 바로 세종으로 전세 계약한 곳이 바로 해밀 마을이었고, 나의 자녀가 곧 입학을 앞두고 있었기에 내 집 근거지에 있는 학교에 갈 거라 생각했고, 그렇게 해밀과 나의 인연이 시작되었다.

2월부터 뭔가 이상했다. 두레, 다모임, 기획회의, 연석회의, 햇살 교육과정 등 내가 알 수 없는 이야기들이 오고 갔다. 난 내가 경력이 꽤 있는 교사라 자부하고 있던 터라 이런 생소한 이야기가 오갈 때 살짝 당황하였지만 곧 평정심을 유지하였다. 이 또한 문서상, 절차상 이뤄지는 것이며, 지금까지 나의 학급 생활에는 크게 영향을 미치지 않을 것이라고 생각했다.

　그것은 큰 오산이었다. 여러 가지가 혼란스러웠다. 뿌리 깊은 이해가 없고, 혁신학교가 지향하는 가치관에 대해 관심이 없던 내가 마치 신규 교사가 된 듯한 느낌이었다. 솔직히 짜증났다. 내가 알고 있는 것들이 잘못된 것인가? 사실 지금까지 내가 쌓아온 경험들이 무색해지는 것이 싫었다. 그래서 아집을 부렸다. 그래서 학교가 쌓아 온 방향과는 다른 목소리를 내보았다. 하지만 내 목소리는 크게 영향을 미치는 것 같지 않았다. 속상했고, 이런 것들이 쌓여 삐뚤어진 마음을 낳았다. 그래서 학교가 하는 것, 학년군에서 추진하는 일반학교가 아닌 다른 방식의 것을 다 거부하였다. 내가 그렇게 거부했던 건 변화에 대한 두려움 때문이었던 것 같다. 마치 사춘기의 학생처럼 하나하나 비판적으로 분석하고, 해밀이 그동안 쌓아 온 것들에 대해 회의적으로 생각했다. 그러다 어떤 계기들이 쌓여 나의 이런 생각에 회의를 느끼게 하였다.

　상세한 계기들을 나열하자면 너무 길어질 것 같아, 간단히 한 단어로 표현하면 '열정' 때문에 나의 질풍노도의 시기를 마무리해야겠다고 생각했다. 이렇게 서술하면 뭔가 오글거리고 부끄러운 표현이지만, 달리 표현할 말이 없다. 여러 해밀 구성원들의 열정을 보며, 난 무엇을 위해 그렇게 목소리를 높이고 있었는지 나 자신을 다시 돌아보게 되었다. 서로의 교육관, 가치관이 달라 갈등이 있지만 각자의 삶을 들여다보니 그 어떤 학교의 구성원보다 치열하게 살아가고 있었고, 그 치열함과 열정을 엿본 나로서는 더이상 이 의미 없는 싸움을 지속하고 싶지 않았다.

　그리고 지난날의 나를 반성하며, 해밀 학교를 제대로 살아보고자 마음먹었다. 그리고 나의 목소리도 제대로 내고 싶었다. 그래서 나는 2022학년도 6학년 학년장을 맡아보기로 결심하게 되었다.

2022학년도 깨달음이 있었던 6학년

내가 2022학년도 6학년 부장을 맡으면서 결심했던 것은 하나다.

'오냐! 내가 한번 제대로 즐겨 줄게! 내가 이해한 것이 맞는지 보자!'

생각해 보면 나는 일반학교에서도 딱히 말 잘 듣는 스타일은 아니었다. 조직의 큰 틀에서는 벗어나지 않지만, 결코 순탄히 적응하며 살지는 않았다. 그때 당시 내가 이해한 해밀의 모습은 '자유', '형식에 얽매이지 않음', '하지만 굵직한 큰 틀은 위배되면 안 됨' 이렇게 세 개로 정리할 수 있었다. 그래서 나는 내가 하고 싶은 것, 학년에서 풀어낼 수 있는 것들을 자유롭게 펼쳤고, 그 대신 해밀에서 추진하는 큰 틀인 '학년군 교육과정', '마을 교육과정'은 벗어나지 않는 선에서 하겠다고 다짐하였다.

그리고 학년 구성원들을 위해 번잡스러운 것들은 내가 다 하기로 마음먹었다. 내가 뜻한 것들을 펼치려면 학년 구성원들의 동의가 필요하고 이런 동의들은 어느 정도 마음의 여유, 시간적 여유가 있을 때 필요하기 때문이다. 하지만 초기 나의 목표는 결과적으로 실패였다.

내가 그 당시 마음의 여유, 시간적 여유가 없었기에 구성원들에게도 그 여유를 주지 않고 몰아붙였다. 그것이 후회스럽다. 후회스러운 과정 속에서도 배움은 있었다. 그건 동료 교사들에게 있었다.

첫 번째로, 선배 선생님들의 믿음과 지지였다. 나는 학년 구성원 중에 나이가 중간에 해당한다. 경력이 중간임에도 불구하고 선배 선생님들은 나의 학년 운영에 늘 응원과 지지를 보내주었고, 내가 조심성 없이 놓치는 부분에는 사려 깊게 조언을 해주었다. 여기서 나는 선배교사가 가야 할 길에 대해서 배웠다.

두 번째로, 후배 선생님들의 열정이었다. 앞서 서술했던 열정과 이어지는 부분이기도 하다. 세 분의 후배 선생님 중 한 분은 학급 경영, 음악 쪽에 전문가였다. 학급 경영에서는 일상의 수업을 항상 고심하면서 자신의 블로그에 글을 올리고, 학부모와 동료 선생님들과 교류하는 부분이었다. 아침 활동부터 쉬는 시간, 수업 마지막 순간까지 하나도 계획되지 않은 순간이 없어 보였다. 수업 부분에서는 공개 수업 때 음악을 과목으로 선택하는 것, 더군다나 고학년의 음악수업을 공개하는 것 자체가 신기함이 있었는데 수업하는 모습을 보고 역시 능력 있는 선생님들이 참 많다는 것을 느낄 수 있었다. 공개 수업 후 느꼈던 소감은 교대 때 배웠던 각종 이론들이 이렇게 현실화되어 적용될 수 있구나를 알 수 있었다. 그리고 고학년은 무조건 음악을 싫어한다는 편견을 버릴 수 있었다.

다른 두 분의 선생님은 쿨함이었다. 어떤 쿨함이었냐면 행정적인 업무, 수업 공개 및 공동 연구 부분, 쉬는 시간의 양보 부분이었다. 행정적인 업무에서 대표적으로 볼 수 있었던 쿨한 부분은 '그림자 체험학습' 추진에 있었다. 두 분 선생님은 이전 학교에서 추진했던 그림자 체험학습에 대한 좋은 기억을 갖고 있었다. 그것을 여기 해밀에서 그려 보고 싶어 했다. 그림자 체험학습의 취지를 들어 보니, 해밀의 아이들과도 방향이 맞을 것 같아서 추진하게 되었다. 결과적으로는 성공적이었다. 하지만 이 과정에서 행정적인 업무의 어려움들이 있었지만, 학년 구성원 및 행정실 도움으로 잘 이겨낼 수 있었다.

수업적인 부분의 쿨한 부분은 '수학협력수업'이었다. 수학협력수업을 위해 두 분은 항상 소통한다. 연구실에서 교사들이 하는 소통 중에는 유의미한 것들도 많지만 정말 원론적인 이야기를 하는 것은 거의 본 적이 없었다. 평상시 이 두 분의 소통 모습을 보면 다음과 같다.

수학 교과서 및 지도서를 같이 펴서 해당 차시가 가질 수 있는 수학적 오개념이 무엇이 있는지 살펴보고, 각각의 반 아이들 중 해당 차시의 수업 이해가 어려운 아이에 대한 지도를 어떻게 할 것인지 논의한다. 이렇게 사전 논의뿐 아니라 사후 논의까지 이뤄진다. 이런 모습은 1년 내내 계속되었다.

나는 할 수 없을 거라 생각했다. 나는 본디 수업 시간과 쉬는 시간, 일하는 시간이 명확히 구분되는 사람이고, 이것이 침범되는 것을 싫어한다. 더군다나 행정적인 업무 처리를 할 수 있고 다른 수업 준비를 할 수 있는 황금 같은 전담 시간에 다른 반 부진 학생을 위해 나의 시간을 할애한다. 이것은 엄청난 열정 및 희생이 아니면 할 수 없다.

수학협력수업이 정말 좋은 취지고 추진하는 분들은 정말 열정 넘치는 훌륭한 분들이라고 자부한다.

선배, 후배 선생님들의 배움 속에서 나는 해밀학교의 학년장으로 어떤 역할을 해야 할지, 내가 하고 있는 것이 과연 맞는 것인지 혼란스러웠다. 하지만 내가 함께하는 동학년 선생님들이 이런 열정 넘치는 길을 살고 있는 것을 지켜보는 것만으로도 큰 영광이고 복이었다.

2023학년도 무적 4학년

무적 4학년 이야기는 2월부터 시작되었다. 2월의 첫 만남을 떠올리자면, 4학년 구성 선생님들 모두 나와는 처음 만나는 그전까지는 딱히 인연이 없었던 구성원들이라 설레임이 가득했다.

첫 만남과 교육과정을 짜던 2월의 시기를 겪고 학년에 대해 내가 느꼈던 단어가 아직도 기억난다.

'무적'
거칠게 없어 보이는, 날 것 그대로의 느낌
그래서 적이 없을 것 같았다.
외부의 적도, 내부의 적도……

이 날의 느낌은 아직까지도 지속한다. 각각의 구성원들을 살펴보면, 절반 이상이 일과 후의 시간이 부족한 분들이 많았다. 육아, 공부 등 각자의 개인 일정이 많은 분들이 많았다. 또한 4학년 경험이 없는 분들이 대다수였다. 하지만 나의 첫 느낌이 왜 무적이라 생각했냐면, 4학년 경험이 없기 때문에 경험 있는 선생님들의 의견을 다들 최대한 수긍하는 분위기였고, 수학협력수업, 각종 교육과정 재구성에 대해 논의했을 때, 수월하게 한 방향으로 나아갈 수 있었고, 이러한 과정을 보며 4학년 선생님들의 모습에 무적이라 느꼈다.

사실 이 시기에 나는, 2022학년도 6학년 학년장으로서 격동의 1년을 보내고, 4학년 학년장으로 올해 한살이를 마무리하면 어느 정도 혁신학교에 대한 답이 나오지 않을까 싶어 1년 더 시도해 보고 싶었다. 지난 2월부터 지금까지 내가 바라본 4학년 동학년 선생님에 대한 내 대답은 배려 있는 긍정이 무적이 될 수 있었다는 것으로 결론 내릴 수 있다.

사실 우리 학년 구성원들 사이를 보면 교집합되는 부분이 없다. 나이로 보았을 때 동갑도 없고 같은 세대도 없다. 엄청나게 과거 친분이 있었던 사이도 아니고, 학급 운영 방식, 교육관이나 가치관도 동일하지 않았다. 도덕 시간에 흔히 하는 표현이지만 별로 지켜진 적이 없었던 문장 '차이를 차별하지 않았다'가 이루어진 학년이었다. 어떤 학년 구성원 간에 논점이 되는 주제가 있을 때 각자의 주장을 내세우지만 서로 배려하며 의논하였다. 이런 것이 가능했었던 이유는 '우리는 같이 살아가고 있는 4학년 공동체이며 서로의 처지를 이해할 수 있는 교사다.'라는 생각 때문이 아니었을까? 이러한 생각 아래 우리는 학년의 다양한 것들을 쉽게 해결할 수 있었다.

예를 들면, 수학협력수업에서는 서로 할 수 있는 부분이 어디까지인지 충분히 논의하여 유동적으로 적용할 수 있게 하였으며, 행사 또한 학급의 상황에 맞게 학급의 행사, 학년의 행사를 각기 선택하여 진행할 수 있도록 하였다.

그중 하나 애초 계획했던 것 중에 가장 벗어나게 추진되었던 것은 공공기관 그림자 체험학습이었다. 작년 6학년의 경험을 살려 이번에도 무리 없이 그림자 체험학습을 추진하고자 하였으나 가장 큰 걸림돌은 바로 우리 주변의 공공기관이 협조하지 않았다는 것이다.

당초 계획했던 것들이 크게 벗어나면서 학년장으로서 큰 고심에 빠졌다. 이때 학년 선생님들이 앞장서서 이 문제를 해결하기 위해 노력해 주고, 원래의 방향과는 달리 되었지만 별 무리 없이 1학기 공공기관 체험학습을 무사히 마칠 수 있었다.

이러한 4학년의 유연한 사고방식과 긍정적인 태도는 나에게 큰 원동력이 되었고 1년 농사를 꾸준히 진행할 수 있었다. 그때의 나나 지금의 나로 생각해 봐도 아직까지도 해밀 학교에서의 학년장 의미를 잘 모르겠지만, 이제는 그 정답을 굳이 찾고 싶지 않아졌다. 정확한 답을 모르겠지만 한 가지는 알겠다. 우리는 같은 공동체이기 때문에 서로 이해하고, 차이를 적응해 가며, 살아가야 한다는 것이다. 이 원초적이고 상투적인 표현이 최종 결론이라는 점이 독자들에게는 지루함으로 다가올 수 있겠지만 아무리 생각해 봐도 이보다 더 나은 멋있는 답변을 떠올릴 수 없다.

앞으로 혁신학교의 학년장을 맡을 동료 선생님께, 또 학년장 선생님께 힘이 되어 줄 수 있는 학년 구성원의 든든한 지지를 바라며 석 달간의 경험을 통해 내가 느낀 바를 적어 보겠다.

앞으로 해밀을 살아갈 사람들에 대한 조언

학년 초 구성원들의 성향 파악하기

선생님인 우리가 학생들을 처음 만났을 때도 학생들의 성향을 파악하듯이 학년장도 학년 구성원의 성향을 파악하는 것이 중요하다. 어떤 것에 관심이 있는지, 여가 시간을 어떻게 보내는지 등등에 대한 것들에 관심을 가져야 한다. 그리고 초기에 파악한 것들을 바탕으로 친분 쌓기가 중요하다. 교육의 가치관이 동일하면 괜찮지만, 여러 사람이 사는 세상이라 모든 학년 구성원들의 교육 가치관이 동일할 수 없다. 하지만 교육 가치관이나 이해 방식이 달라도 양보와 배려를 부탁할 수 있다. 양보와 배려를 부탁하려면 어느 정도 인간관계와 신뢰 형성이 중요하다고 생각한다. 이 또한 인간이 사는 세상이라 가능한 것이다. 학년 초 학년 일을 나눌 때 학년장은 느낌이 온다. 우리 구성원들이 어떤 성향을 지니고 있는지. 여기서 '무엇이든지 열심히 하겠다.'라고 말해 주면 학년장 선생님 입장에서는 큰 힘이 되고 동기 부여가 된다. 그렇지만 어떤 일이 나에게 손해가 되는지부터 따지는 선생님들이 간혹 있다.

여기서 당황하지 말자. 이것으로 모든 것을 다 파악하고자 하면 일년살이가 힘들어진다. 최대한 이 사람이 왜 부정적인 성향을 지니고 있는지 세밀하게 관심을 가져야 한다. 그리고 조심스럽게 학년의 방향에 맞게 이 사람을 나의 흐름, 학년의 흐름에 녹아들 수 있도록 고민해야 한다. 이것이 학년장의 역할이라 생각한다. 이는 혁신학교의 학년장이 아닌 일반학교에서의 학년장 역할로도 필요한 부분이라 생각한다.

욕심을 버려라

그럼 일반학교와 다른 혁신학교의 학년장이 갖추어야 할 요소가 무엇이 있는지 생각해 보면 '욕심을 버려라.'라는 핵심 문장이 떠오른다.

혁신학교는 다른 학교와 다르게 일반적인 교육과정 예외의 것을 다양하게 시도한다. 따라서 선생님들의 부담이 크다. 부담이 있으면 여유가 없게 되고 초반에 기획했던 일들이 점차 설득력이 없어지고 의지가 없어진다. 그 이유는 '지침'이다.

이 지치는 것을 줄이고 우리가 끝까지 처음의 리듬을 유지하지 하려면 욕심을 버리고, 과감히 못할 것은 버려야 한다. 나의 리듬, 나의 여유가 있어야 학급, 학년, 학년군 등을 원활하게 헤쳐 나갈 수 있다. 아무리 초기에 계획했던 좋은 것도 학년 구성원과 학생, 학부모들이 싫어한다면 과감히 포기해라. 그것은 포기라는 부끄러움이 아닌 학년 전체를 선택하는 용기이다.

겪어보자

해밀이라는 혁신학교를 지내면서 나 자신에게 가장 잘했다고 생각하는 부분은 '겪어보자'였다. 이 말은 해밀학교의 학년장뿐만 아니라 해밀초에서 방향을 잃은 선생님들에게 하는 당부의 말이다.

지금 방향을 잃고 헤매고 있다 하더라도 이 또한 1년이면 끝낼 수 있는 시련이다. 단언컨대, 해밀은 교사로서 한 번은 겪어봐야 하는 것이다. 해밀에서의 경험이 해피 엔딩일지, 새드 엔딩이 될지는 모르겠지만, 이 또한 겪어봐라. 겪어봐야 필자가 말하고자 하는 바를 이해할 수 있을 것이다. 겪어보면 교사로서 어떤 방향으로 나가야 할지 큰 실마리를 얻을 수 있다.

해밀에서 3년을 보냈다. 삼 년이 지난 나는 어떤 풍월을 읊어주고 싶을까? 다음과 같은 메시지를 들려주고 싶다.

해밀을, 혁신학교를 너무 미워하지 말자
다 사람 사는 동네이고, 열심히 살아가고 있다.

우리 그냥 서로 살아가는 사람에게 힘이 될 수 있는
응원의 한마디를 해주자!
나 자신을 위해, 우리 모두를 위해!

3.
우리 학교 급식을
소개합니다

학생 임효린

우선 급식은 '학교·직장·병원 등 가정 밖의 일정한 장소에서 특정 이용자를 대상으로 지속적으로 밥을 제공하는 일'을 말합니다. 하지만 학생 수가 약 1,000명이 넘는 우리 학교에서는 어떻게 맛있는 급식을 만들 수 있을까요? 영양사님의 말씀을 넣어 그 이유 3가지를 설명해 드리겠습니다.

첫 번째로는 급식 메뉴를 선정하는 방법입니다. 학교에 있는 학생, 선생님의 취향을 모두 다 알아보고 각각 줄 수도 없으니 영양 양 고려, 예산, 조리기구, 난이도, 선호도를 고려한다고 합니다.

우선 영양 고려는 완제품이나 패스트푸드만 있다 보면 건강이 안 좋아집니다. 그래서 적당한 채소와 과일, 그리고 학생들이 좋아하는 아이스크림이나 치킨 또는 햄버거 등을 골고루 섞어 급식 메뉴를 선정한다고 합니다. 채소와 과일을 고를 때에는 시들었는지 싱싱한지를 먼저 보아야 합니다. 급식으로 많이 나오는 사과를 예로 들어보겠습니다. 사과 꼭지가 푸른색이 돌고 물기가 있어 보는 것이 싱싱한 사과입니다. 그리고 반찬으로도 많이 나오는 가지를 고르는 방법은 색이 선명하고 윤기가 있는 가지가 싱싱하다고 합니다.

예산도 엄청나게 중요한 문제입니다. 아무리 영양이 골고루 되어 있고 맛있다고 하더라도 예산을 고려하지 않는다면 누구는 먹고 누구는 못 먹는 상황이 될 수도 있습니다. 그리고 조리도구도 있는데요, 음식을 현재 가지고 있는 조리도구로도 만들 수 있는지 고려해 봐야 합니다. 조리도구를 사는 것도 예산에 포함될 수 있을 것 같습니다.

난이도도 중요한데요, 영양사분들께서 이 음식을 잘 만들 수가 있는지도 생각해 봐야 합니다. 만약 난이도를 생각 안 한다면 어떤 학생은 맛있는 것을 먹지만 어떤 학생은 간이 잘 맞지 않은 것을 먹을 수도 있기 때문입니다.

마지막으로 선호도입니다. 사람이 많다 보니 다 좋아하는 것이 달라서 모두 만족할 수는 없지만, 그래도 대부분이 좋아하는 것을 급식으로 넣으면 만족하는 사람이 많아지기 때문에 선호도까지도 다 고려해야 합니다.

두 번째로는 제가 직접 인터뷰를 하며 알아낸 것인데요, 바로 영양사님들의 노력과 열정, 지식, 그리고 배려와 학생들을 생각하는 마음입니다. 사실 이렇게 맛있는 급식을 만들려면 조금의 희생이 필요합니다. 물론, 포기하는 것도 있고요. 대표적으로는 바로 '건강'이 있습니다. 청결하게 음식을 만들려면 여러 번 씻고 닦아야 합니다. 그래서 영양사님들께서는 청결을 유지하기 위해 소독제, 세제, 미세먼지, 이런 것에 노출되십니다. 세제를 이용하여 식판, 조리기구, 숟가락, 젓가락 등을 소독하고 소독제를 이용하여서 급식실을 청결하게 소독하고 계십니다. 게다가 조리하면서 미세먼지 많이 나오니 자동으로 이산화탄소를 많이 접하게 되어서 몸이 약해질 수도 있습니다. 혹은 높은 농도의 이산화탄소를 접하게 된다면 산소의 비중을 낮추게 되어 중독증상(예: 호흡곤란, 어지럼증, 피로 등)을 일으키며 사람을 다치게 할 수도 있습니다.

우리 학교의 가장 자랑하고 싶은 급식은 바로 우리들의 건강을 생각한 재료를 사용한다는 것입니다. 우리 학교는 사과, 배 등 과일을 많이 급식으로 활용하는데, 농약을 많이 사용한 음식물은 학교에선 쓸 수가 없다고 합니다. 싱싱하고 건강한 우리 학교 급식을 자랑합니다.

4.
아이들과 함께 만드는
행복한 학교

조이맘 장은정

    조이맘이란 기초학력 자원봉사자로서 1·2학년의 생활적응 및 기초학력 학습 집중지도를 조력해 주는 선생님이다. '조이맘'이란 용어는 조카들을 사랑하는 이모들의 마음이라는 뜻을 담고 있다.

    처음 초등 저학년을 보조하는 교육자원봉사 조이맘으로 일하게 되면서 '내가 어떤 일을 하게 될까?'라는 호기심과 아이들과 함께 할 수 있다는 설레는 마음으로 해밀초등학교에 첫 출근을 하였다. 해밀초등학교 개교와 함께 처음 2학년 4명으로 시작해 지금 2학년 9개 학급이 되기까지 해밀초가 완성되어 가는 모습을 지켜보았고, 조이맘으로서 역할을 하나하나 익히고 배우면서 해밀초와 함께 성장해 왔다.

    나에게도 조이맘은 생활의 활력이 되고 있다. 아이들이 시끌벅적하게 뛰어노는 소리, 즐겁게 이야기하며 웃는 소리에 저절로 미소가 지어지기도 한다. 때론 아이들끼리 다투기도 하지만 그 속에서 규칙을 찾아가는 아이들의 모습을 보며 어른이지만 배우는 부분도 많다.

각각 개성이 다른 아이들이 한곳에 모여 서로 어우러져 가는 모습이 "스스로 더불어 삶을 가꾸는 교육"을 꿈꾸는 해밀초의 비전과 같다는 생각이 든다.

　해밀초에서의 조이맘 생활은 특히나 감사한 부분이 많다. 교장 선생님을 비롯하여 여러 선생님들이 저희 조이맘을 단순 봉사자가 아니라 이 학교의 구성원으로 대해 주기 때문이다. 학교 운영에 대해 항상 우리의 의견을 경청해 주고 또한 학교생활에 아낌없는 지원을 해 준다. 그래서일까, 우리가 조금이나마 학교 발전에 도움이 된 것 같아 뿌듯함도 느끼고 있다.

　앞으로도 여기 해밀초의 구성원으로 아이들과 행복한 학교를 만드는 데 도움이 되고 싶다.

5.
우리의 뜨거운 겨울
제주도 워크숍**

교사 윤서영

'농사의 시작은 봄이 아니라 겨울부터'라는 말이 있다. 겨울에 땅을 재정비하고 작물을 잘 관리해 두어야 돌아오는 봄에 본격적인 재배를 시작할 수 있어서다. 이처럼 교사에게도 겨울 방학은 단순히 휴식을 위한 시간이 아니라, 돌아오는 봄에 만나게 될 학생들을 기다리며 작년보다 더 나은, 더 행복한 한해살이를 위해 치열하게 고민하고 준비하는 시간이다.

나의 아름답고 치열한 겨울방학은 2023 부장교사단 워크숍과 함께 시작되었다. 이번 부장교사단 워크숍은 무려 3박 4일 동안 제주도에서 진행되었다. 학년군제를 운영하는 우리 학교의 특성상 2년마다 부장교사단의 인적 구성이 많이 변화하기 때문에, 새로운 2년을 시작하는 올

** 이 글은 〈중도일보〉 '교단만필 – 우리의 뜨거운 겨울 제주도 워크숍 이야기'(2023. 03. 22)에 기고한 글이다.

해 부장교사단 워크숍은 다소 거창하게 시행된 것 같다. 올해 처음으로 우리 학교의 부장교사단에 합류하게 된 나는 설렘 반 걱정 반의 마음으로 제주도행 비행기에 몸을 실었다.

제주도 워크숍의 시작은 해녀박물관이었다. 어떤 지역에 가면 그 지역의 색채가 가장 뚜렷하게 드러나는 곳을 방문해야 한다는 교장선생님의 말씀에 따라 첫 일정으로 채택된 곳이다. 전시를 관람하며 조용히 걷다 보면 해녀들의 생활 모습, 삶의 애환, 해녀들 중에 항일 운동에 앞장선 이들이 있었다는 역사적 사실까지 알 수 있었고, 간간히 스피커를 통해 들려오는 해녀들의 노랫소리가 가슴을 두드렸다.

맛있는 고등어 조림으로 배를 채우고 두 손 무겁게 세종시교육청 학생해양수련원에 도착했다. 야자수와 감귤나무가 반겨주는 이곳은 학생해양수련원이라는 이름에 가려진 것이 아쉬울 정도로 여느 휴양지의 리조트 시설 못지않게 아름다웠고, 4명 정도 묵을 수 있는 독채 내부 시설도 깨끗하고 정갈했다. 숙소에 감탄하며 짐을 풀고 나서는 노트북과 필기 도구를 챙겨 들고 대회의실에 모여 본격적인 회의 모드에 돌입했다.

첫날 오후부터 둘째 날까지 온종일 이어진 회의에서는 학교 비전 공유, 올해 우리 학교가 혁신학교 3년 차로서 중점을 두어야 할 부분에 대한 이야기, 작년 교육과정 평가 결과 및 학부모 설문 결과에 따라 후속 토의가 필요한 부분에 대한 토의, 2023년도 학사 일정 및 월별 전 교직원 다모임 주제에 대한 협의, 각 업무두레의 업무 현안에 대한 협의 등이 이루어졌다.

사실 복직한 첫해인 작년에 나는 우리 학교의 학년군 교육과정이나 마을교육과정에 대해 잘 이해하지 못했고, 깊이 있게 들여다볼 생각도 하지 않았기 때문에, 한 해를 보내면서 막연하게 '해밀햇살교육과정이 이런 것일까?' 하고 의문을 품었던 것 같다. 그런데 이틀에 걸친 회의에 참여하면서 해밀햇살교육과정을 운영하려는 이유와 방향에 대해 알게 되었고, 더 나은 해밀햇살교육과정을 만들어 가기 위해 많은 고민과 노력을 하는 선생님들을 지켜보면서 해밀햇살교육과정의 미래에 대한 확신을 가지게 되었다.

사물은 본래 색을 가지고 있지 않지만 가시광선이 비치고 특정 파장의 색을 반사하면서 색깔을 띠게 되는 것처럼, 우리 학교의 학생들이 해밀햇살교육과정을 통해 가정─학교─마을의 공동체 안에서 저마다의 색깔을 찾아 영롱하게 빛나길 바라는 해밀어른들의 마음, 해밀아이들의 현재와 미래의 행복을 최우선에 두는 그 마음이 있기에, 다양한 구성원 간 소통과 갈등의 문제가 있다 하더라도 해밀햇살교육과정이라는 수레바퀴가 올바른 방향으로 뚜벅뚜벅 앞으로 나아가리라 믿는다.

셋째 날은 공동체의 도전 의식 함양을 위한 한라산 등반이 계획된 날이었다. 눈 덮인 한라산을, 그것도 백록담이 있는 정상까지 등반하게 되다니, 도전과 모험을 즐기는 나로서는 너무너무 기대되는 일정이었다. 이날을 위해 준비한 든든한 간식거리, 아이젠과 등산 스틱을 챙기고 방한 복장까지 단단히 갖춘 후에 이른 새벽 숙소 앞에 모여 차량을 타고 이동했다. 겨울치고 날씨가 춥지 않아서 숙소 근처에서는 눈 구경을 할 수 없었는데, 한라산 관음사 코스 입구에 다다르자 거짓말처럼 새하얀 눈 세상이 펼쳐졌다.

기대되는 마음과 달리 오랜만에 하는 등산이라 체력적으로 버겁지 않을까 걱정했는데 시시각각 바뀌는 한라산의 풍경도 예쁘고, 앞에서 끌어주고 뒤에서 밀어주는 선생님들이 있어 4시간이 넘는 산행이 그렇게 고되게 생각되지는 않았던 것 같다. 별다른 말은 하지 않았지만 중간중간 예쁜 곳에서 서로의 사진을 찍어주고, 간식을 나누어 먹고, 힘들거나 뒤처질 때 보조를 맞추어 주는 작은 행동들 속에서 동료 선생님들의 따뜻한 마음을 느낄 수 있었다. 교장 선생님이 등산 스틱도 없이 어슬렁어슬렁 걷는 모습을 보고 등산 고수라는 말이 전혀 믿기지 않았는데, 맨 뒤에서 뒤처진 선생님들을 끝까지 챙기며 올라오시는 모습을 보니 등산 고수가 맞구나 하는 생각과 함께, 한라산처럼 큰 산으로 우리 곁을 든든하게 지켜준다는 생각이 들었다.

이번 워크숍 일정 중에서 가장 기억에 남는 한 장면을 꼽으라면 단연코 백록담 정상에서 옹기종기 바위에 걸터앉아 눈보라를 맞으며 덜덜 떨리는 손으로 발열 식품을 먹었던 그때일 것이다. "이런 경험을 언제 해보겠어.", "절대 잊지 못할 추억이 될 것 같아."라고 춥고 힘들었던 그때를 함께 긍정적 에너지로 녹여내었다. 한라산을 등반하고 내려오니 지금 곁에 있는 동료 선생님들과 함께라면 올 한 해 무슨 일이든 할 수 있을 것만 같고, 시작이 좋으니 왠지 올 한 해가 모두 좋을 것만 같았다.

워크숍에서 돌아온 지금, 오랜만의 무리한 산행으로 다리는 흐물흐물거리고 온몸은 근육통에 시달리고 있지만, 내가 우리 학교의 부장교사로서 소속감을 느낄 수 있어 뿌듯한 마음이 크다. 올 한 해 부장교사로서 동학년 선생님들과의 소통에 힘쓰며 해밀햇살교육과정을 잘 운영하고, 가끔 사람이 밉거나 상황이 힘들어지면 이번 워크숍의 추억한 조각을 꺼내어 위로받아야겠다. 준비하느라 제대로 즐기지도 못했을 워크숍을 준비해 준 선생님들에게 감사의 마음을 전하고, 이번 워크숍은 일도 사람도 모두 잡은 완벽한 워크숍이었다고 평가하고 싶다.

6.
프로젝트지도사의 시선으로
바라본 팀프로젝트

반짝이는 아이디어와 프로젝트 수업의 경험 공유

제로웨이스트 지도사 이연호

프로젝트지도사 지원 계기는 아이가 작년에 해밀초로 전학을 오면서 학교적응에 대한 관심으로 학부모 봉사를 하게 되었다. 다른 학부모들의 활동을 보면서 나도 지식을 쌓아 다른 분들처럼 실질적인 도움이 되어야겠다는 생각에 올해 프로젝트지도사 교육을 받게 되었다.

많은 팀 중 제로 웨이스트를 선택한 이유는 평소에도 제로 웨이스트를 실천하려고 노력하고 있었기 때문이다. 장바구니 사용, 텀블러 사용, 배달 음식 먹지 않기, 음식 담아오는 용기 내기 등 어렵지 않게 실천할 수 있는 활동 위주였기 때문에 나 또한 조금 더 알고 싶다는 생각에 선택하게 되었다.

16차시 동안 수업을 하면서 프로젝트 수업이 무엇인지 막연하여 도서관, 유튜브, 주변 지인 등 정신없이 정보만 구했던 준비시간이 생각난다. 막상 첫 수업에서 제로웨이스트 C팀 아이들과 만나니 아이들의 반짝이는 아이디어와 프로젝트 수업의 경험 공유로 서포터 역할이 나의 역할임을 바로 깨닫게 되면서 막연했던 부담감이 없어지고 즐거운 마음으로 수업에 임하게 되었다. 하나의 주제로 함께하는 시간이 많아지면서 아이들도 서로 편안하게 의견을 나누고 경험이 있는 6학년 아이들이 다듬어 주기도 하며 점점 활기차게 발전하는 모습을 보며 토론하고, 참여하며, 실천할 수 있는 세계시민이 되는 세계로 DIVE의 의미를 알게 되는 뜻깊은 시간이었다고 생각한다.

마을 축제 부스를 운영할 때는 처음 참여한 나를 위해 경험 있는 6학년 아이들이 운영을 주도해 주었다. 부스 운영을 준비하는 동안 팀원들 모두 협조하고 단합했던 생각난다. 아이들의 아이디어로 퀴즈부, 홍보부, 체험부로 나누고 각자 맡은 역할에 충실히 임해 주었기에 즐길 수 있었다. 특히 우리 부스는 운영시간 내내 쉬지 못하고 운영해야 해서 체력적으로 모두 힘든 상황이었다. 운영하는 동안 힘들어하는 아이들이 있을 때 서로서로 쉬라고 배려해 주고 격려하는 모습을 보면서 너무 대견했고 감동했다.

전체적으로 느낀 점을 말하자면 마을축제를 마치고 나니 저희 팀 아이들 생각이 많이 난다. 시작할 때 잘할 수 있을까 부담을 느꼈는데 팀원들과 황현영 선생님, 다른 지도사분들 덕분에 잘 마무리하게 되어서 감사하게 생각한다. 이런 큰 행사에 조금이나마 도움이 되어서 보람도 많이 느낀다. 일주일에 한 번 2교시 정도 수업 진행이었지만 선생님들의 노고를 많이 느끼는 시간이었고, 이렇게 함께 참여할 수 있는 시간을 준 것에 감사하다. 학교는 아이들에게 공부만을 위한 공간이 아님을 느꼈다. 세계로 DIVE라는 슬로건처럼 해밀아이들이 지구촌 문제에 참여하는 민주시민이 되기를 진심으로 응원한다.

마지막으로 제로웨이스트 C 우리 팀원들 모두 너무 수고 많았고, 함께해서 너무 좋았다고 언제나 응원한다고 말해주고 싶다.

아이들과 성장, 나도 같이 성장

제로웨이스트 지도사 권혜진

작년에도 제로웨이스트로 친구들과 함께 "바다유리 목걸이 만들기"를 하며 즐겁게 준비하고 진행했던 기억이 있어 올해도 제로웨이스트를 선택하게 되었다.

처음 수업에 들어갈 때 '뭘 해야 하지? 어떤 것을 준비해야 하지?' 생각하며 엄청 긴장되고 떨렸으나, 막상 수업에 들어갔을 때 친구들이 서로 브레인스토밍을 통해 의견을 주고받으며 아이디어를 내어, 친구들에게 의견을 묻고, 종합하고 정리하는 일이 주가 되었던 것 같다.

수업 중 제일 큰 난관은 '제로웨이스트의 여러 가지 재료 중 어떤 것을 큰 주제로 하여, 무엇을 만들어 친구들에게 소개하는가.'였던 것 같다. 이 과정에서 작년에 무지개 축제에 참여했던 6학년들이 의견을 제시하고, 적극적인 5학년이 팀장과 부팀장을 맡아 주어 5·6학년 모두 자기의 소리를 낼 수 있는 기회가 되었던 것 같다.

우리 팀은 항상 책상이 아닌 바닥에 써클로 둘러앉아 준비하며 첫 시작 질문, 끝 질문이 정해져 있었는데, 우리 팀의 토킹스틱 파란 새를 안 챙기고 정신없이 수업에 들어간 날,

"선생님, 오늘 파란 새 어디 있어요?"

라며 자연스럽게 파란 새를 찾는 것을 보고 낯설어하며 쭈뼛거리던 우리가 서로 익숙해지고 있다는 생각이 들며 한 팀이라고 느꼈던 날인 것 같다.

무지개 축제 당일

"선생님! 저희 22분 만에 마감됐어요!"

라며 너무 즐겁게 이야기하는 우리 오전 팀.

"선생님! 저희는 20분 만에 마감됐어요!"

라며 한 명, 한 명 볼 때마다 이야기해 주는 우리 오후 팀.

축제 전 마지막 수업 소감에서 잘 될지 걱정 반 기대 반이었는데, 막상 축제 날 일찍 마감되어 뿌듯해 하는 우리 제로웨이스트 B팀의 얼굴이 아직도 선하다.

프로젝트지도사를 하며 가장 큰 장점은 아이들의 수업에 내가 참여하며 아이들의 성장하는 모습을 볼 수 있는 점인 것 같다. 그 모습을 보며 나도 같이 성장하는 것이 아닌가 한다.

VI

학교,
아름다움을 꿈꾸는 곳

- 유우석

1.
다양한 시선,
아름다운 여정

2020년 9월 1일 개교한 뒤, 다양한 평가의 연속이었다. 굵직한 학교 단위 평가만 해도 매년 학교 자체평가와 세종혁신학교 운영으로 인한 세종혁신학교 중간, 종합평가(24년 하반기 예정), 공모 교장으로 중간, 종합평가가 있었다. 그리고 24년에는 자율학교 지정학교로서 자율학교 운영 평가를 앞두고 있다. 이 밖에도 학교장은 매년 학교장 경영평가를 받기 위해 평가 보고서 작성한다.

평가는 현재를 진단하고 다음을 계획하는 부분에서 중요하다. 평가가 정확하고, 공정하고, 객관성을 담보했냐는 물음은 차치하더라도 다양한 평가는 학교가 가고자 하는 방향으로 가고 있는지 진단하고 성찰하고 계획하는 데 의미가 있다.

학교 자체평가 기준으로는 교육청의 공통 지표와 학교 내 자율 지표가 있다. 평가의 진행 방법은 학교마다 다르지만 우리 학교는 상반기, 하반기 5일 정도의 평가 주간을 정하여 설문과 작은공동체 나눔, 전체 나눔 방식으로 진행을 해왔다.

그중에서 교육청 공통 지표보다 학교 스스로 정한 자율지표를 살펴보면 우리 공동체가 어떠한 방향으로 가고 있는지 알 수 있을 것이다. 아래 평가 결과는 지면 관계상 일부분을 발췌하거나 편집한 표이다.

그리고 총 4년의 세종혁신학교 운영 기간 중 2년 차에 중간평가, 4년 차에 종합평가를 받는 세종혁신학교 평가가 있다. 이 평가는 외부 위원이 참여하여 학교교육과정을 포함한 보고서를 토대로 1차 평가, 현장 방문하여 교사, 학생, 학부모 면담, 학교 관찰 등을 통한 2차 평가가 이루어진다. 2차 평가는 24년 하반기에 이루어질 예정이다. 공모 교장 평가도 혁신학교 평가와 비슷한 형식으로 이루어진다.

좀 더 자세히 살펴보면 2020년 학교 자체평가는 9월 1일 개교한 관계로 개교 TF팀 활동을 포함, 6개월 남짓한 시간에 대한 스스로의 평가였다. 특징적으로 개교 학교의 열정을 볼 수 있다. 학교 방향을 설정하고, 정체성을 세우는 시기였다. 의기투합하여 공통교육활동을 세웠으나 발달단계, 물리적인 어려움 등 현실적인 문제도 있었다.

2021년에는 여전히 공통교육활동에 대한 문제의식이 있었다. 그리고 여기 표에는 없지만 21년 말에 모든 공통교육활동은 공식적으로 없어지고 필요한 학년(군)에서 하는 것으로 협의하였다. 마을참여단, 학생회 활동 등 교육과정의 품을 넓히는 시기였다. 이 당시 코로나19 마지막 시기로 방역과 다양한 교육활동 사이에서 많은 의견이 있었다.

22년에는 학생회, 학부모회, 협동조합 등의 단체 활동이 더 왕성해지고 새로 생기기도 했다. 그런 기반으로 각종 협의체가 정례화되고 정교화되기 시작했다. 형식을 갖춘 시기였다.

23년은 본격적으로 학교와 마을이 함께하는 교육과정이 주요 논의 주제로 올라왔다. 특히 이런 항목이 학교 자체평가의 자율 지표로 올라왔다는 것은 상당히 의미가 있다. 왜냐하면 지표로 정하며 평가해야 할 만큼 많은 활동이 이루어졌다는 사실을 직접적으로 보여주기 때문이다.

〈 2020학년도 학교자체 평가 결과 〉

구분	정성평가 내용
목적	어깨동무, 수학또래학습 등 학교비전을 달성하기 위한 공통교육활동의 효과 점검

구분	정성평가 내용			
주요 추진 내용	•학교비전 실현을 위한 공통교육활동 선정			

지성	심성	시민성	건강
온작품읽기 수학또래학습 해밀박사 글똥누기	회복적생활교육 악기연주 어깨동무	학급자치 마을참여단 지구별원정대	중간놀이 가자, 원수산

•공통교육활동 운영으로 학교 비전 달성 노력과 개선점 도출

구분	정성평가 내용
주요 성과	•어깨동무: 두 개 학년이 짝을 맺어 정기적으로 만나 다양한 교육활동을 펼침. 선후배간 관계맺기를 통해 학생 개인마다 삶의 영역 확대 •수학또래학습: 학생참여형 수업으로의 전환 시도와 교사 간 협력학습을 통한 상시 수업나눔의 물꼬를 틈 •회복적생활교육: 처벌적, 응보적 대처가 아닌 성장과 회복 중심의 생활교육 운영 •학급자치: 전학년 학급회의 운영으로 학생의 학교운영 참여 확대 등
보완 사항	•전학년 적용하기에 학년 발달 특성에 부합하지 않거나, 개수가 너무 많아 학년군교육과정 특색 발휘 어려움
반영 사항	•활동 개수 줄이고 학년군별 특색에 어울리는 필수 활동 선정하여 운영하기 •전학년 공통교육활동 최소화하되 모두 참여, 학년군교육과정의 빛깔 살리기

〈 2021학년도 학교자체 평가 결과 〉

구분	정성평가 내용			
목적	학생이 학습의 주체로 수업에 적극적으로 참여하기 위한 수업 운영 점검			
주요 추진 내용	•학생 참여형 수업의 기획과 운영 •학교 공통교육활동 중 학년(군)별 특성에 알맞은 활동을 선택하여 집중적으로 운영			
	지성	심성	시민성	건강
	온작품읽기 수학또래학습 해밀박사 글똥누기	회복적생활교육 악기연주 어깨동무	학급자치 마을참여단 지구별원정대	중간놀이 가자, 원수산
	•학생이 스스로 즐겁게 배울 수 있도록 참여하는 수업을 운영			
주요 성과	•협력수업을 통한 학습부진 예방과 기초학력 책임교육 실현 •마을참여단, 지구별원정대 등 학년군 프로젝트 활동으로 학생이 직접 교육활동의 내용을 기획, 운영 •학급, 학교 단위 정기적인 학생회의로 교육과정, 학교 운영에 참여			
보완 사항	•학교단위 공통의 교육활동이 너무 많아 학년(군), 교사 교육과정 운영에 어려움이 있음 •협력수업, 프로젝트수업 등 효과적 결론이 유효한 경우 교내 확산에 대한 구성원의 긍정적 검토 필요			
반영 사항	•학교 공통교육활동의 폐지와 학년(군)교육과정 안에서 학교 비전과 가치를 담는 자율적 내용 구성, 운영 •학생이 교육과정을 함께 또는 스스로 기획−운영−평가−개선하는 사례 발굴과 공유			
지원 요청	•학생의 교육기획력 신장을 위한 학생 대상 연수 참여 기회 마련 •다양한 학생 참여형 수업의 형태를 교사가 배울 기회 마련			

〈 2022학년도 학교자체 평가 결과 〉

구분	정성평가 내용
목적	3주체회 운영과 교육마을 조성을 위한 학교-마을이 협력하는 일에 구성원의 자발적 참여 정도를 스스로 성찰한다.
주요 추진 내용	• 학생회: 민주적 절차를 통한 임원 선출과 행사 기획 및 운영, 학생들의 의견을 수렴하여 학교 운영에 반영 • 학부모회: 민주적 절차를 통한 임원 선출과 행사 기획 및 운영, 동아리 운영, 학교교육활동에 적극적 참여, 학부모들의 의견을 수렴하여 학교와 소통 • 교직원회: 각자가 속한 협의체의 일정과 운영 내용을 존중하며 성실히 참여, 현안 해결을 위하여 함께 노력
주요 성과	• 학생회, 학부모회 적극적 운영을 통한 활성화 • 정기 학생회 뉴스를 통해 학생회 활동 공유가 잘됨 • 학급 SNS를 통해 학부모회 활동 공유가 잘됨
보완 사항	• 학생회, 학부모회의 활동 내용과 성과는 잘 공유되나, 교직원회의 역할은 크게 드러나지 않음
반영 사항	• 교직원회의 활성화(교직원회의 역할에 대한 구성원 공유 필요) • 교직원회 운영 내용을 연석회의에서 공유
지원 요청	• 학교협동조합, 마을학교 운영 예산 확대

〈 2023학년도 학교자체 평가 결과 〉

구분	학교-마을 협력체제 구축 학교-마을 공동체 구축을 통한 학생의 온전한 삶과 지원이 있는 학교거버넌스 세우기	학년군 교육과정 운영 학년(군) 단위의 학교중점활동 체계를 갖추어 다양한 주제의 교육과정을 편성·운영·평가
2023 추진 내용	• 해밀교육마을 협의회 정기 운영 • 해밀마을 좌담회 '해담회' 개최를 통한 공간공유 협약 인준 • 해밀마을프로젝트지도사 및 마을교사를 활용한 학교와 마을을 잇는 징검다리팀프로젝트 수업 실시 • 마을교육협의회, 해밀협동조합, 학교 3주체가 함께하는 마을축제 운영	• 학년군장협의회: 학년군 간 교육과정의 공유와 공동 기획 및 성찰 협의 • 학년(군) 징검다리팀프로젝트 운영 결과를 바탕으로 초·중·고 합동 해밀학술제 개최
2024 반영 사항	• 학년군별 팀프로젝트 및 현장체험활동의 기획-운영-평가 전 과정에 학부모 프로젝트지도사 참여 • 팀프로젝트지도사 지속적인 확보 방안 및 마을교육지원센터와의 협력 체제 구축	• 햇살교육 학교철학을 반영한 학년(군) 학교중점활동을 기획·운영·평가하는 교육과정 운영체제 마련 • 학년 협의에 따른 학년특색교육과정 운영으로 책무성과 자율성의 조화를 마련 • 초·중·고 연합 학술제 연속적 개최 노력

세종혁신학교는 2015년 처음 운영되었다. 4년을 기간으로 공모, 선정, 운영, 평가 방식으로 진행되었고, 2021년을 마지막 선정으로 일몰 사업 되었다. 즉 해밀초가 세종시 마지막 혁신학교로 2021~2024학년도까지 운영하게 되었다.

우리 학교의 세종혁신학교 중간평가(2022년) 결과를 살펴보면 학교교육과정과 교육3주체에서 지역을 포함한 교육4주체로 나아가는 교육과정 운영 주체의 확대, 교육과정을 중심으로 조직이 구성되고, 예산과 인사가 결합되는 모습이 보인다. 그리고 공동체 문화에 대해 중요성을 느끼고 지켜나가고자 하는 모습도 있다.

학교 교육과정의 이름을 '햇살교육과정'이라고 명명하고, 그 의미를 부여하고, 마을로 확대되는 실천 노력이 나름의 고유한 색깔을 갖추는 시기였다. 학교 자체평가로 대비한다면 22학년도 자체평가 결과와 23학년도 자체평가 결과 그 사이에 있다. 학교 자체평가는 당해연도 초에 지표가 만들어지고, 중간평가는 22년 하반기에 실시되어 시간 차이가 있다.

세종혁신학교 종합평가는 2024년 하반기에 실시될 예정이다. 아직 평가 결과를 논하기는 어려우나 '해밀햇살교육과정'에 대한 종합적인 평가를 토대로 '이어 갈 것', '내려놓을 것'을 논의하는 자리가 될 것이다. 어쩌면 세종혁신학교 전체를 돌아보는 계기도 될 것이다. 10년간 시행한 혁신학교 정책의 성과와 한계를 살피고 다음을 준비하는 시기가 될 것이다.

성과 및 시사점

추진 효과 및 성공 요인

O 내부형공모 학교장의 리더십

- 학교장의 분명한 학교 운영 철학과 방향성과 신설학교TF, 리더 교사들의 관점 일치
- 이후 학교공동체 모든 구성원의 학교 비전 및 운영 방향 공유와 꾸준한 합의 과정을 통하여 만들어가는 학교교육과정 운영

O 교육과정 중심의 학교운영

- 학교 신설 시기부터 교무업무팀을 운영하고 교육과정 운영 중심 예산을 편성하여 담임교사들이 교육활동 운영에 전념할 수 있는 환경을 마련
- 학교장 및 교사들의 자발적 노력과 헌신으로 학년(군)교육과정 의 내실 있는 운영과 학생 생활 교육을 통해 학부모의 전폭적인 신뢰를 얻게 되어 자발성과 책임이 더욱 강화

O 3주체의 자율, 협력 운영과 4주체로 도약

- 주체별 자치회의 운영을 학교에서 적극 지원하여 3주체회가 자율, 협력적 운영이 가능케 되었으며 이는 학교 넘어 마을까지 협력체계를 만들 수 있는 동력이 됨

O 서로 살피며 돕는 따뜻한 공동체 문화 조성

- 공동생활 교육 체계, 조직적인 갈등 조정 체계와 씨줄과 날줄로 엮인 업무지원, 협력체계를 마련하여 적응과 협력을 용이하게 하는 공동체 문화 조성

발전 과제

O 교육과정 문해력 향상을 통한 학교교육과정의 효과적 운영
- 학년군교육과정의 내실 있는 운영을 위한 공동 연구 및 운영 노력 필요
- 햇살교육과정의 특성, 의미, 내용에 대한 이해와 운영을 가능케 하는 교육과정 문해 역량 강화 필요

O 교육마을 조성을 위한 노력
- 학교−마을 연계 교육과정을 위한 유·초·중·고의 공동교육과정 협의 필요
- 학교, 주민자치센터 외 마을자원이 교육을 중심으로 협력할 수 있는 제도적 장치 마련필요(교육청, 시청의 지원 필요)

※ 종합평가 : 2024년 하반기 실시 예정

공모 교장 평가는 세종혁신학교 평가와 비슷한 시기에 이루어지는데, 교장의 임기와 혁신학교 운영상에는 6개월의 차이가 있기 때문에 평가 시기도 약간 달랐다.

공모 교장의 다양한 유형 중 내부형 공모 교장의 방식은 세종에서 처음이고 현재까지 유일하다. 그래서 자연스럽게 가지는 무게도 있지만 한편으로 잘하고 못하고의 기준 자체가 없는 셈이라 하나하나가 성과이기도 했다. 무엇보다 당사자로서 의미가 크게 다가온 것은 평가단에서 공모 당시 계획서와 현재 실천하고 있는 학교의 모습에서 이행률이 높다는 의견이었다.

물론 계획은 이상적일 수 있지만 계획서는 하나의 이정표다. 계획서는 구체적인 활동과 프로그램에 대한 언급보다는 방향과 그 방향으로

가고자 하는 로드맵을 중심을 작성하였다.

경험상 학교는 규모별로 운영 방식은 다르다. 당연히 10학급 미만의 작은 학교와 20학급 내외의 중간규모, 30학급 이상 규모의 학교에서 소통방식, 논의 방식은 다를 수밖에 없다. 그래서 내용은 작은공동체로 채우되, 작은공동체가 어떻게 꾸려지고, 어떻게 만날 것인가를 고민했다. 물론 규모가 큰 학교에 있으면서 체감하며 배웠지만, 현실 속에 가능할지, 그 안에서 학교장은 무엇을 할지는 그야말로 새로운 시도였다.

지난 4년은 비전을 세우고 그 비전을 논의하는 틀을 갖추고 내용을 채우고, 틈틈이 돌아보는 시간이었다. 그 과정에서 빈 공간을 채우고, 메워간 동료교사, 학부모, 지역사회 그리고 아이들이 있었다.

〈 2022학년도 상반기 공모교장 중간평가 결과 〉

평가 지표	평가 의견
학교	• 모두가 참여하는 교육과정의 방향 수립 • 개별화교육을 위한 '햇살교육프로젝트' 운영 (마을교육공동체, 학년군운영 등을 통하여 학생의 흥미와 적성 등을 고려한 햇살교육과정 운영)
교육과정 다양화 ·특성화	• 교육3주체 연석회의 및 학생, 학부모 자치회의 활동 지원을 통한 함께 만들어 가는 교육과정 운영 • 학교장 중심의 상담시스템 구축 및 운영 – 담임–학년(군)장–학교장으로 이어지는 상담시스템을 구축하고, 이를 교육공동체와 함께 공유, 불필요한 불안감 해소

학력생활지도 및 지원	• 생활지도 시스템 구축 　– 학년(군) 중심의 적극적인 상담 　– 학교장의 적극적인 상담 참여(파파마실 등) • 다양한 소통망 구축(학교장 편지, 해밀마실, 월간해밀, 상담 주간, 학부모 동아리, 학부모회, 해밀학교협동조합 등)
학부모 및 대외 협력 관계 지원	• 학부모와의 신뢰받는 관계 구축 　– 개교 초기 입주 전 예비 학부모 대상 퇴근 후, 주말 활용 '학교 초대의 날' 운영 • 지역사회와의 관계(해밀교육마을협의회 정기 운영)
총평	

• 공모 지원 당시 제시한 학교운영계획서의 분야별 이행과정에 대한 이행률이 높고 노력 정도가 큼

• 교육3주체가 자율과 책임의 교육공동체를 조직하고, 지역공동체와 함께 만들어가는 교육과정 운영를 통한 학교교육에 대한 학부모 신뢰도 얻음

• 학생의 배움을 지원하는 다양한 교육과정 운영으로 학교교육 내실화가 잘 이루어지고 있어, 향후 지역사회의 보다 깊은 참여를 이끌어내는 마을교육공동체 조성 및 운영 기대

〈 2023학년도 하반기 공모교장 최종평가 결과 〉

평가 지표	평가 의견
학교 비전 (학교경영계획)	• 수평적 연석회의로 교육 거버넌스 구축 – 수평적 연석회의를 통해 모든 학교경영을 자율과 책임하에 이루어지도록 지원하고 있는 부분이 우수함 • 마을의 일이 교육과정과 연결되는 다리를 놓아 교육이 마을의 일이 되도록 비전을 공유함 • 신설학교의 기초를 잘 닦음
교육과정의 다양화·특성화	• 학교와 마을교육의 연계교육과정이 잘 이루어졌으며 교육과정을 1주기에서 2주기로 연장함으로써 효율을 기함 • 해밀유·초·중·고등학교의 연계를 통한 해밀이음교육과정 운영 • 혁신학교의 운영 취지에 맞는 교육과정 재구성, 학교운영을 위해 노력하고 있음
학력신장 및 생활지도	• 담임 책임지도, 두드림사업을 중심으로 맞춤형 지원을 잘하고 있으며, 담임, 학년군장, 교장으로 이어지는 생활교육시스템이 우수함
민주적·개방적 학교 문화 조성	• 교육 3주체 연석회를 실시하여 공동체간 의견수렴과 의사결정을 잘함 • 열린 교장실 운영, 개방적인 교장실이 인상 깊음 • 교직원의 자발성을 이끌어내는 리더십이 돋보임 • 의사결정에 있어 교육 3주체 연석회의 등을 통한 과정과 공유를 동시에 개방적으로 진행함 • 학교경영방침에 근거, 민주적 절차를 통해서 목표와 과정을 밟아 나가고 있음을 확인함

학부모 및 대외협력 관계지원	• 학부모의 자발적 학교 참여를 유도함 • 해밀교육마을단지가 교육활동의 장으로 펼쳐져 다양한 활동기회를 제공함 • 마을교육공동체 실현을 위해 협의체 구성 및 운영내용, 실적이 탁월함 • 학교−학부모−학생−마을이 함께하는 해밀초등학교가 부러움
공약사항 수행정도	• 공모계획서에 제시된 공약을 수정·보완하여 잘 추진하고 있음

총평

• 4년간의 실적을 보고 공모 교장의 중요성을 느낌
• 학생·교직원·지역사회와 소통이 원활함
• 자율과 책임의 교육공동체 구축, 민주주의 실천자, 교육주체의 지원자로서의 교장 역할 수행
• 학생 한 명 한 명, 교직원 한 명 한 명에 대한 애정과 관심이 학교장의 학교경영에 녹아 들어가 있음을 봄
• 공간적 개방과 통합이 교육주체의 소통과 공감으로 확장되고 있음
• 자율과 책임의 교육공동체 운영을 위하여 모두가 참여하는 교육과정 운영을 추진하고 있음
• 평가방식의 개선사항, 학년군 생활지도 시스템 구축 등 추진내역들의 구체적인 사례를 확인할 수 없어서 다소 아쉬움

표정과 몸짓으로 보여주다

"아이들이 왜 학교를 좋아하는지 알겠어요."

영양 선생님이 우리 학교에 전입온 지 일 년쯤 되었을 때였다. 보통 급식실은 아침부터 급식 후 정리하는 시간까지는 급식실 밖을 벗어나지 못했다. 특히 우리 학교처럼 1,200여 명 점심을 챙기려면 아침 8시부터 오후 2시까지는 정말 쉴 틈이 없다.

어느 날, 어쩌다 잠깐 나오게 되었는데 그때가 중간놀이를 막 시작했을 때였고, 아이들이 학교 구석구석 삼삼오오 모여 노는 모습을 처음 보았다고 한다. 햇살을 받으며 아이들이 노는 모습이 마치 새로운 세계에 온 것처럼 느꼈다고 한다.

이런 적도 있었다. 따뜻한 봄으로 기억하는데, 우리 학교에서 충청권 4개 지역 교육감 정책협의회를 했다. 학교 한 바퀴를 돌아보는 것이 마지막 순서였다. 그때도 중간놀이와 딱 맞물린 시간이었다. 당시 봄비가 내렸는데 학교 곳곳에서 삼삼오오 아이들이 놀았다. 운동장에서 우산을 쓴 아이 절반, 혹은 쓰지 않는 아이 절반, 수십 명이 운동장에서 물길을 만들며 놀고 있었다.

"교육감 세 번짼데, 그러니 얼마나 많은 학교를 다녔겠어요? 그렇지만 이렇게 표정이 살아 있는 학교는 처음이에요."

다 끝나고 돌아가는 길에 교육감 한 분이 저에게 살짝 다가와 던진 말이다.

또 한번은 청소년, 공간, 예술문화 등을 담당하는 연구원장 몇 분이 우리 학교를 방문한 적이 있다. 그 인연이 되어 예술문화와 교육이라는 주제로 열린 세미나에 초대되었다.

> "해밀초의 진짜 모습을 보려면 쉬는 시간을 봐야 합니다. 연구 목적으로 여러 학교에 다녔지만 아이들이 어떻게 성장해야 하는지를 직접 보여주는 곳이 해밀초였습니다."

멋진 학교, 좋은 학교를 만들려고 하다 보면 멋진 프로그램이나 생각한다. 우리 학교는 어떤 학교냐 라는 질문에 답을 하다 보면 다른 학교와 차별되는 '특성화'된 뭔가를 생각한다.

우리 학교 역시 그러한 과정을 밟았다. 학교의 방향을 세우고 그에 맞는 교육과정 운영을 하기 위해 많은 선생님이 애썼다. 배움의 과정에서 A를 투입하면 A가 나오지 않는다는 것을 안다. 아니 A가 나왔다는 것을 확인하기 어렵다. 가르치는 일은 분절적이다. 그 분절이 배움의 과정에서 통합되며 때로는 B가 되기도 하고 C가 되기도 한다.

학교를 방문한 사람들이 발견한 아이들의 표정과 몸짓은 정말 의외이고 뜻밖이고 반갑다. 마치 보물을 찾아 돌고 돌았는데 알고 보니 '나'였고 '우리'였다는 평범하지만 위대한 진리를 다시 확인한 듯하다.

우리 학교는 여느 학교보다 사람과 사람의 만남이 많다. 교사와 교사뿐만 아니라 학부모와 만남, 지역사회의 만남이 많다. 어느 교육과정, 교육활동이 허투루 나오지 않는다. 어떤 사안들은 갈등도 있고, 속상함도 있다. 그럼에도 그 결과가 학교를 좋아하는 아이들의 살아 있는 표정을 볼 수 있는 것이라면 충분하다.

'아름'이란 말은 '나'라는 말에서 나왔다고 한다. 즉 '아름다움'은 '나다움'이다. 그 아이만이 가질 수 있는 표정이 있다. 그 표정을 지을 수 있도록 하는 것이 지금 학교가 해야 하는 것이라 믿는다. 당연히 해밀초도 그러했고, 그러하고 그러할 것이다.